此著作获教育部人文社会科学研究青年基金项目“现代汉语语用否定研究”（13YJC740105）资助，同时获天津市高等学校创新团队培养计划资助“国际汉语文化教育与传播”（TD13-5079）。

天津外国语大学“求索”文库

现代汉语语用否定研究

王志英◎著

中国社会科学出版社

图书在版编目（CIP）数据

现代汉语语用否定研究 / 王志英著．—北京：中国社会科学出版社，2019.6
ISBN 978-7-5203-4496-8

Ⅰ.①现… Ⅱ.①王… Ⅲ.①现代汉语-否定（语法）-研究 Ⅳ.①H146.3

中国版本图书馆 CIP 数据核字（2019）第 100775 号

出 版 人 赵剑英
责任编辑 任 明
责任校对 冯英爽
责任印制 郝美娜

出 版 中国社会科学出版社
社 址 北京鼓楼西大街甲 158 号
邮 编 100720
网 址 http://www.csspw.cn
发 行 部 010-84083685
门 市 部 010-84029450
经 销 新华书店及其他书店

印刷装订 北京君升印刷有限公司
版 次 2019 年 6 月第 1 版
印 次 2019 年 6 月第 1 次印刷

开 本 710×1000 1/16
印 张 19.25
插 页 2
字 数 315 千字
定 价 98.00 元

天津外国语大学"求索"文库

天津外国语大学"求索"文库

编 委 会

序

长期以来，否定现象一直是哲学、逻辑学和语言学研究的热点和重点内容之一，关于语义否定的研究成果已经很多，取得的成绩也很显著。当然，在取得一系列成绩的同时，也不能忽视当前否定现象研究中存在的问题，比如综合性、理论性研究成果还不是很多，尤其是结合特定语言学理论与有效研究方法的各方面的深层次探讨就更少了。毫无疑问，这些年来随着各种主观化与互动理论的引入和借鉴，研究方法的不断改进和完善，研究手段的不断更新和提升，关于否定现象的研究范围得到了进一步拓展，但是同时很多方面也还存在着各种争议与不足，比如，对语用否定的性质、特征、类型、形成动因和机制，都还有待深入系统研究。

王志英女士的这本《现代汉语语用否定研究》，正是这方面的一项重要的突破与尝试。该书运用认知语言学和语用学理论相结合的方法，全面、系统地研究了现代汉语中的五类语用否定现象，即元语否定、预设否定、羡余否定、隐性否定和否定性话语标记。着重对五类语用否定现象的总体特征、使用时的制约条件、语用功能、生成的动因和机制进行了全面分析，将重点放在了对各类语用否定现象生成动因和机制的解释上；并且运用总论性研究和个案研究相结合的方法进行了论证和解释，进而对现代汉语中的语用否定进行了广角度、全方位的描写与分析。这一研究成果无疑拓展了否定范畴的研究视野，对汉语语法研究将具有积极的推动作用，对汉语有关否定方面的教学也具有实践性指导意义。

综观全书，作者力求做到理论与实践相结合，总论和个案相结合，继承中有创新，学术水准达到了相当的深度与高度；大致有以下三方面突出的亮点。

首先，注重理论解释与理论系统的建立。作者全面深入地介绍并准确地评价了目前研究语义否定和语用否定方面的理论与研究成果，站在了理论的制高点来推出自己的专项研究，所以，能够做到理论解释和研究方法上的创新。众所周知，否定范畴一直是哲学、逻辑学和语言学研究的热点和难点问题之一，研究的文献浩如烟海，如何能从中梳理出基本的理论框架与研究线索，本身就是一项富有挑战性的工作。作者以实事求是的研究态度，以独特的学术视野，不仅中肯地评价了前人研究的成绩，而且敏锐地发现了以往研究中的一些不足，从而为自己研究做到了准确的理论定位。比如，作者根据预设否定在具体否定成因上的差异，把预设否定分为两类：一类是适宜性预设否定，其主要作用是反驳和纠正前面话语的不适宜性。另一类为反预期性预设否定，其主要作用是说话人对动词激活预设的主观评价，传递出反预期信息。这样的分类与定性，显然大大地超越了前人的研究。书中这样具有独到性的研究比比皆是，不再一一举例。

其次，总论研究和个案研究相结合。语用否定表现形式具有多样性，每一个类型具有个性，不同类之间又具有共性，个性大于共性，给宏观和系统研究带来了难度，该书采取了总论研究和个案研究相结合，通过总论研究保证研究的深度和系统性，通过个案研究更加深入展示了某一小类语用否定现象的个性，使得研究更加全面而具有说服力。特别是还将研究重点放在了对各类语用否定现象生成动因和机制的解释上。这种以点带面的研究，既能突出观察的广度，又保证了研究的深度，这无疑是该书的又一突出的成就。

最后，注重研究方法和理论运用的多样性。注重研究方法和理论运用的多样性，做到了三个充分：观察充分、描写充分与解释充分。该书作者熟知当代语言学的各种理论与研究方法，驾轻就熟地运用到自己的研究中来。通读全书，我们发现，作者没有固定的学术疆域与成见，凡是适宜于自己研究的一切理论方法都大胆而巧妙地加以运用。在研究方法上，在静态研究的基础上，更加注重对各类语用否定现象生成动因和机制的解释，使之不但要知其然还要知其所以然。该书在对各类语用否定现象总体特征研究的基础上，又用个案和专项研究进行了充分论证，以期对五类语用否定现象都作出较为圆满的解释和充分的论证；力求事实和理论相结合，描写和解释相结合。比如，在研究“小心别‘VP’”时用的是“构式语法”的分析方法；在研究隐性否定的生成动因时用的是语用学与认知语言学相结合进行解释；在研究否定性话语标记时用的是主观性与主观化的理论方法；在研究否定性话语标记“何苦呢、拉倒吧”时用的是词汇化和标记化的理论方法。这种多样方法的纯熟运用，充分地表现了作者学术的精湛与研究的气度。

总之，该书作者纯熟地运用了认知语言学和语用学相结合的方法，建立了宏观的理论框架，为五类语用否定现象研究提供了新的视角，从语言使用和人类认知的深层动因上对语用否定的生成动因和机制做出更为合理的解释。而且，该书作者尽量做到了多方参考前人的各种研究成果，认真借鉴有用的语言学理论，注意对各种具体语料的搜集、整理、归纳和分析。所以，各个章节基本上都能做到分析有据、条理清楚，说明解释也相当到位；所提出来的一系列独到见解，对相关语言现象都做了合理有效的解释。我认为，该书无疑是一部有新意、有创见、有深度的语言学著作，是迄今为止探索汉语语用否定方面的一项全面、系统的研究成果，其研究对整个否定研究体系的建立，具有促进和推动作用。

王志英女士曾经是我指导的博士研究生，2009 年到 2012 年她在上海师范大学跟随我攻读博士学位。在读博期间，就有了前瞻性的探究计划。毕业以后她以自己的博士论文为基础申报教育部人文社科项目，并且顺利获批。现在，这项研究成果作为学术专著即将正式出版了。作为导师，我当然十分高兴：一来，她的研究成果，当年是在我的精心指导下完成的；二来，该书的出版是她学术道路上一个重要里程碑。作为老师，看到学生能够不断成长，内心异常欣慰。

实事求是地说，语用否定现象的研究，不是我的研究强项。不过，我在上海师范大学带了很多届博士研究生了，从不强求学生的研究方向必须跟导师保持一致。既然王志英对语用否定现象表现出高度的兴趣，而且也已经有了多方面的积累与研究心得，那我自然赞同她对这一重要课题进行更加深入的挖掘。

王志英女士的研究特点就是勤于探究思考，善于发现问题。她在上海这三年以及毕业以后的这些年中，不但按时完成了高质量的博士学位论文，还撰写了一系列高质量的学术论文，目前已有多篇学术论文在《语言教学与研究》、《外语学刊》、《汉语学习》、《语言研究集刊》、《励耘语言学刊》等学术期刊上发表了。而且，更为重要的是，她今年再次成功获批了教育部人文社科项目。所以，我相信，王志英将来一定会有更多的研究成果面世。

上海师范大学　张谊生

2018 年 7 月 24 日

目　　录

绪论

第一篇　元语否定

第二篇 预设否定

第三篇　羡余否定

第四篇　隐性否定

第五篇　否定性话语标记

绪　论

第一章　研究对象和研究方法

一　研究对象

语言的否定形式是一种应用很广、很重要的范畴，在表达方式和手段上具有多样性。以往对否定性质的分类也具有多样性，如有语义否定和语用否定、局部否定和全部否定、显性否定和隐性否定、双重否定等，标准不同分出来的类别也有差别。本书根据否定的性质和理解时是否需要语用推理，把否定性质分为语义否定和语用否定两个大类。语义否定是指有否定标记词“不（是）”“没（有）”“非”等，否定的是语句的命题，只表示一种否定判断。语用否定是说话人为了满足特定的交际目的和需要、传递特殊的主观情态，所使用的一种言语策略和表达手段，表现形式通常可以没有否定标记词但是表示否定义，也可以有否定标记词“不（是）”“没（有）”“别”等，但是语用否定必须具备以下两个特征之一：一是否定的是语句的非真值条件；二是对语句的理解需要语用推理。语用否定在表现形式和表达手段上具有多样性，我们很难限定语用否定的研究范围，所以我们无意于建立语用否定的范畴系统，本文选取了语用否定的五个角度进行研究，即元语否定、预设否定、羡余否定、隐性否定和否定性话语标记。这五类否定各具特色又存在共性，以此五类语用否定为切入点，主要是因为这五类否定体现了语用否定的一些典型特征，对语用否定的系统研究有推动作用。

元语否定具有否定标记词“不（是）”和“没（有）”，但否定的是语句的非真值条件，即否定的是语句表达的适宜性；预设否定具有否定标记词“不（是）”“没（有）”“白”“瞎”等，但是否定的不是语句的命题而是语句的预设，即语句成立的前提条件；羡余否定具有否定标记词“不（是）”“没（有）”“别”，但是其否定词不表示否定义，即否定词不否定语句的语义真值，它体现了肯定与否定的不对称，其肯定形式和否定形式在表层语义上是相同的，其否定标记词在此是一个主观标记词，传递了说话人的主观情态；隐性否定是语句中没有否定标记词“不”和“没（有）”，语句却具有否定意义，并且得出其否定义需要一定的语用推理；话语标记在口语交际中具有特殊的语用功能，话语标记在语句中不影响命题的真值条件，属于语用范畴，所以我们把表示否定的话语标记放入了语用否定范畴进行研究。

它们之间既有交叉又有各自明显的个性，相对于隐性否定来说前三者都是有标记词的；元语否定和羡余否定都没有否定语句的真值条件。羡余否定和隐性否定都体现了肯定与否定的不对称性；否定性话语标记是语用否定中一个很特殊的类，它不作句子成分，有无不影响语义的真值，但是它对话语的组织衔接和理解，以及人际互动都具有很重要的语用价值。

二　选题意义和研究目标

否定范畴一直是语言学研究的热点问题之一，国内语言学界对语义否定的研究已经很充分了，在否定标记词、否定焦点、否定范围等方面都已进行了深入研究。汉语中的一些语用否定现象已经引起了语言研究者们的广泛关注，因为语用否定现象涉及语义—语用界面问题，所以给研究带来了很多争议和障碍，一直是语言学研究的难点和热点。以往对语用否定的研究主要是针对某一小类的研究，还比较零碎、争议颇多、研究过程中理论运用比较单一，所以语用否定研究还有很多需要细化和深入的地方。

我们之所以选择上面提到的五类语用否定形式进行研究，主要是因为这五类否定的生成和运用体现了人类的认知机制和言语表达的策略性。以往对语用否定的研究主要是运用语用学的合作原则、礼貌原则、关联理论、顺应论等理论进行分析，没能真正揭示语用否定生成的深层动因和机制；近些年有些研究者尝试运用认知语言学理论来探讨各类语用否定现象，如高航（2003）、王文博（2003）、梁晓波（2004）、赵旻燕（2010a），但总体上来看，语用否定的研究还不够深入，有许多亟待解决的问题。语用否定作为一种普通而重要的语言现象，它是人们采取的一种交际策略，具有很强的主观性，它的生成和使用受到人类认知机制的制约，以往有关语用否定的研究很少注意人类认知机制、交际者意图、语境等语用因素对其的影响，有待我们深入细致进行分析。再是，以往对语用否定的研究多是静态的，很少把语用否定放在动态的交际过程或言语表达策略的角度去分析。最后，以往对语用否定的研究范围比较窄，基本是把语用否定等同于元语否定，我们的研究扩大了语用否定的研究范围。基于以上情况，我们把语用否定放在动态的语境中去分析和解释，本书无意于建立一个汉语语用否定范畴系统，只想对其五个类型做专题研究。首先分析每一种类型的特征、性质、表达形式、类型以及成因等问题，然后以个案的形式运用认知语言学和语用学相结合的方法对其实例的句法和语义特征、语用功能进行分析，重点是解释其生成的动因和机制，揭示言语表达背后的认知动因和语用目的。以期对五类语用否定现象作出更为合理而全面的解释，使得人们能够更好地使用和理解语用否定现象。

三　理论运用和研究方法

本文运用认知语言学和语用学理论相结合的方法来研究语用否定现象，认知语言学和语用学同属于功能主义学派，它们都研究语言的使用和语言使用者在意义生成和解读中的作用，两者的结合奠定了更加宏观的理论基础。两种理论研究各有侧重，又有其内在的联系。“‘认知语言学家认为语言研究就是研究语言使用’（Fauconnier，2002），它力图勾勒出制约语言使用的认知过程，以及人类的认知能力如何反映在语言使用中。而语用学，顾名思义，是以语言使用和语言理解为研究对象的学问，它反映人们使用和理解语言的客观规律（孙亚，2008：9）。”语用学在 Verschueren 看来是一种功能性的视角或综观，与语言有关的方方面面都有可能成为语用学的研究对象；并且语用学的研究主要依靠语境和语用推理过程（Verschueren，1995：1；何自然，2007：74—79）。运用语用学的合作原则、礼貌原则和关联理论对各类语用否定形式进行研究，可以对语言理解作出比较合理的解释，但是对其生成的认知动因无能为力。认知语言学的观点和研究方法给各类语用否定研究提供了新的视角，使研究者能够跳出语义—语用的纠纷，从语言使用和人类认知的深层动因上对各类语用否定现象的生成动因和机制做出合理地解释。认知语言学中的理想化认知模式、主观性、隐喻和转喻、构式语法、概念整合、词汇化、语法化等理论，能够很好地解释某类语用否定的生成动因和机制。文中将运用以上理论结合汉语实际对语用否定进行研究，希望能对各类语用否定现象作出更加具有说服力的解释。

在研究方法上，我们将做到描写和解释并重、理论和实例分析相结合。文章把语用否定分为五个板块进行分析，每个版块第一章介绍一类语用否定的总体特征、使用的制约条件，以及其生成动因和理解机制。后面两到三章进行个案分析或专项研究，运用认知语言学和语用学理论相结合的方法对实例进行具体说明和论证，全面分析五类语用否定现象的特征、成因、理解机制以及语用功能。

四 语料来源和体例安排

我们的语料主要有以下几个来源：（一）北京大学汉语语言学研究中心 CCL 语料库（网络版）。（二）古代汉语语料来自陕西师范大学历史文化学院的汉籍全文检索系统（第四版）。（三）网络、电视剧、广告语、小说和词典。（四）有少数例句是根据行文需要自拟的；有部分例句来自参考文献，文中已注明出处。本文的语料覆盖面广，对所选用例都进行了核实，少数根据行文需要做了适当删节。

在体例安排上，首先是绪论，后面分为五篇，每篇包括三到四章，每篇第一章是总括性描写与解释，后面两到三个章节是具体研究；最后是结语部分。全文每章中的每节都到三级标题，如果有超出的使用（一）（二）（三）……和 1. 2. 3. ……序号表示法标出。例句顺序和表格顺序编号都仅限于本章范围之内，其他使用符号在文中做了说明。

第二章　否定的性质

一　引言

否定范畴一直是哲学、逻辑学和语言学研究中的重要课题，否定现象也是语言运用中的重要表达形式之一。汉语语言学界对否定的研究来源已久，自我国第一部语法专著《马氏文通》就开始了对否定句的研究，随后吕叔湘、王力、朱德熙、赵元任等人的著作中都涉及否定现象的论述，20世纪七八十年代，学者们发表了许多有关否定句的界定、否定的辖域、否定标记词、肯定与否定关系的论文，90年代以前，国内学者对汉语词汇、句法层面的否定现象进行了深入的研究；90年代以后，随着语用学、认知语言学理论的引入，很多学者开始尝试用语用和认知的理论知识对否定现象做出解释，对否定的传统研究进行了拓展。

二　否定的类型

汉语语言学界对否定句的界定一直存在分歧和争议，主要是由于参照的标准不同造成的，主要有以下三种标准。

（一）采取形式标准。例如：金兆梓《国文法之研究》（1922：78）认为，凡是肯定句与否定句的分别只需看表词中有否“不”“无”“非”“弗”　“莫”等否定副词就可以辨得出。吕叔湘的《中国文法要略》（1942：234）也指出，否定的句子必须要有否定的字样。韦世林《否定句的语形、语用初探》（1997）指出，所谓否定句，从语形上看，就是带有“非”“无”“不”等否定词的语句，但从语用上看，带有否定词的语句并不都是表达否定意味，而不带有否定词的语句，也并不都必然表达认可（肯定）意味。语形上带否定词的算否定句，反之则不算。

（二）采取意义标准。黄伯荣、廖序东的《现代汉语》（1981）主要从句子的逻辑意义出发，认为对事物作出否定判断的句子叫否定句。沈家煊《语用否定考察》（1993）在国内第一次提出“语用否定”的概念，文中指出“语义否定”是否定句子的真值条件，“语用否定”是否定语句表达的“适宜条件”。语用否定所否定的适宜条件或恰当性就是为达到特定目的和适合当前的需要，语句在表达方式上应该满足的条件。他的研究引发了国内有关语用否定的研究热潮。沈家煊对语用否定的界定范围比较窄，和 Horn（1985）提出的“元语否定”基本是一致的。

（三）从形式和意义双重标准出发来界定否定句。比较有代表性的是许利英《试论现代汉语否定句》（1986），她提出要从三个层面来界定否定句：“结构形式上须有否定词；一般表达否定判断；语用上要有语气语调。”在此已经注意到语用平面在界定否定句概念中的作用。胡清国在《否定形式的格式制约研究》（2004）中认为：“只有对整个命题或句子的谓语部分进行否定时，才算构成了否定句。从汉语的实际出发，只有否定标记紧贴谓词或置于句首时才能称得上是否定句。”这种对否定句界定采取了形式和意义相结合的标准，但是更多吸收了英语否定句的界定方法，它的合适性有待进一步验证。

我们认为无论从形式标准还是意义标准都不能完全概括出否定句的范围，如果只是从形式出发，那么有些带有否定词但不表否定意义的句子将被划入否定句；但是如果只从意义出发来界定否定句，又会扩大否定句的范围，因为汉语中有很多词语带有否定意义，例如：拒绝、难说、难于等。我们通过对前人有关否定句的界定发现，大家在界定否定句时混淆了否定范畴和否定句两个概念，否定范畴属于语义范畴，是人类认知在语言上的表现形式，否定句只是表现否定范畴的形式之一。由于对两个概念混为一谈造成至今对否定句这一概念的内涵和外延的认识还没有一个统一的看法，需要我们进一步探究合适的标准来界定。

我们在前人研究基础上从否定的性质出发对否定范畴进行分类，根据否定的是否是句子的语义真值和是否需要语用推理把否定分为语义否定和语用否定；语义否定有否定标记词，并对语句的语义真值条件进行否定，张谊生（2015）“把语义否定分为：命题否定、概念否定、真值否定、逻辑否定”；语用否定不否定句子的语义真值，有的理解时需要语用推理，它属于语用范畴，它是说话人采取的一种表达策略，是为了凸显某种主观情态，或者传递某种言外之意，而采取的一种语用表达手段，本书的语用否定包括元语否定、预设否定、羡余否定、隐性否定和否定性话语标记等。

三　语义否定

汉语对否定句的关注从《马氏文通》就开始了，20世纪40年代吕叔湘、王力、朱德熙、高名凯等人开始把否定研究推向了一个新的台阶。对语义否定的研究主要集中在否定标记词、否定的焦点与辖域、否定的性质和特征、肯定否定的不对称、否定的量级等几个方面。下面对以往研究进行述评。

（一）否定标记词的研究

哪些词可以充当否定词历来有颇多争议。20世纪40年代，吕叔湘、王力、高名凯等人对常见的否定标记词“不”“没（有）”从句法、语义、功能、否定范围、否定焦点以及两者之间的差异方面进行了探讨。20世纪50年代，袁圣（1951）、徐仲华（1959）把具有否定意义的词例如“很难”“拒绝”“难于”等都归入否定词范围，“这就混淆了语法上的否定词和语义上具有否定意味的词语，这种纯粹从词义出发的做法近年来受到了批评（朱晓亚，1992）”。

20世纪80年代到90年代学者们主要关注一些典型否定词的用法，邢福义（1982）分析了“不”字独说的现象，指出“不”字独说有简明否定和修订引进两种作用，在句法地位上，前者的“不”字算独词句，后者的“不”字应算是插说句具有关联功能。吕叔湘（1985）从形式和意义两个方面论述了“不”和“没有”的差异。（1）“不”是副词、“没”是动词和助动词；（2）“不”是单纯否定，“没”是完成态（了）和经验态（过）的否定。李瑛（1992）讨论了“不”的意义、“不”的分布情况和组合情况，并指出“不”在否定句中表示说话者的主观否定，那些表示客观性行为事物的词语不能用“不”否定。郭锐（1997）提到“不”和“没”的作用时指出：“不”是对非过程的时状的否定，即谓词性成分本身情况的否定；“没（有）”是对过程时状的否定，即是对存在的否定，包括对事物存在和事件存在的否定。以上研究已经注意到

“不”和“没（有）”在否定性质上的差异，但是都还没能进行全面论述。

进入21世纪以来，学者们更加注重从理论角度对否定标记词进行分析。戴耀晶（2000）指出：“否定可分为质的否定和量的否定。质的否定是否定事物的存在或事件的发生，语义含义是‘无’。量的否定是否认事物或事件在数量上的规定性，语义含义是‘少于’。并指出在表示质的否定和肯定时，否定标记‘没’和肯定标记‘了’的用法基本上是平行的。在表示量的否定和肯定时，‘没’和‘了’则表示出了语义上的差异。”白荃（2000）强调“不”和“没”的最主要区别在于叙述的角度是主观还是客观。石毓智（2001：31）引入连续量和离散量这一对概念区别出“不”和“没”否定上的分工，“‘不’是连续量词语的否定标记，‘没’是离散量词语的否定标记，说明名词、动词和形容词构成一个连续统（continum），往左边是离散量，往右边是连续量”。从而对“不”和“没”表否定做了统一的解释。

郝雷红（2003）列出了31个否定副词：“白、白白、甭、别、不、不必、不曾、不要、不用、非、干、何必、何曾、何尝、何须、空、没、没有、莫、徒、徒然、枉、未、未曾、未尝、无须（无须乎、无需、毋须）、毋庸（无庸）、勿、瞎、休、虚”，并根据每个副词的基本意义把否定副词分为：意愿否定类、事实否定类、行为否定类、必要否定类、逻辑否定类、推理否定类。在他列的否定词中不全都是否定副词，例如：“没”接体词时它是动词，接谓词时把它看作副词。所以这样的分类有些过于笼统。范莉（2005：9）主张从句法和语义两个角度来划分否定词：“‘不’、‘没’和‘别’等是句法和语义上的否定词；而形式上不含否定字眼，表消极意的是语义上的否定词，如‘很难’、‘很少’。”这样的区分并不合理，因为汉语中有许多表示消极意义的词语不一定表示否定意义，消极和否定属于两个不同的认知域。

王欣、祝东平（2010）指出否定句的生成分为两个有意识的过程：“首先确实‘非’常态情况的先设，然后对这个先设进行否定。用‘不’是以主观断定或主观意志否定先设的，先设肯定信息与否定都表示对同一客观情况的两种不同主观判断，是静态的。用‘没’是以客观事实来否定先设，先设肯定信息与否定分别表示对客观情况的描述，即先设和否定分别表示两种客观情况，都是动态的。”此研究涉及了对“先设”的否定，比以往研究更加深入了。

通过以上分析，我们可以得知，学者们最关注的还是最典型的否定标记词“不”和“没（有）”。事实上，在我们日常口语中常用的否定词只有：不、没、没有、别、甭等几个。有关否定词的研究值得深入研究的地方还很多，例如否定词的范围，不同否定词之间在句法、语义和语用上的差异，以及在使用上的认知心理基础是什么。再是除了典型的否定标记词还有哪些词表示否定意义值得我们进行总结和分析。

（二）否定范围和否定焦点研究

最早注意到否定范围和否定焦点问题的是吕叔湘先生，他在《现代汉语语法纲要》（1976：32）中指出：“否定句存在着否定的范围和焦点。”吕叔湘在《疑问·否定·肯定》（1985）又明确指出“否定范围是句子中否定标记词‘不’和‘没’后边的全部词语。一个词语在不在否定范围之内，有时候会产生重大的意义差别。他还指出否定句常常有一个否定的焦点，这个焦点一般是末了一个成分，即句末重音所在（即除去语助词、人称代词等）。但如果前边有对比重音，否定的焦点就移到这个重音所在。”

沈开木（1984）主要分析了“不”字的否定范围、否定中心以及“不”字句的前提。并且总结出了两条规律：“（1）指出了‘非对比性否定中心’在语法上的规律性，即在常规条件下，否定中心的优先性，如非助动词的状语紧挨在‘不’字后面时是否定中心；（2）分析了‘对比性否定中心’跟前提（即预设）的对应关系，以及获取‘不’字句前提的办法等”，涉及歧义语义与句式的依存关系问题。钱敏汝（1990）对“不”的否定范围和否定焦点从语义和语法两个角度在语言的多个层面进行了探讨，强调否定载体“不”的否定范围是它最大可能的语义作用范围，否定焦点的确定，与否定载体在表达中出现的位置、对比重音、语境有关，并指出“的、地、得”三个语助词是汉语否定焦点的句法标记。沈家煊（1999：72）指出：“一般而言，句子中被否定的成分总是出现在否定词的后面，如果出现在否定词的前面，那就要加标志，例如加特殊重音。”

徐杰、李英哲（1993）指出：“否定是非线形的语法范畴，它的作用是否定全句，因此不存在独立的否定范围，并且否定句没有一套独立的中心，否定的中心就是句子的焦点。否定中心和否定词没有直接的语序关系，否定中心的选择取决于独立于否定本身的焦点选择，而否定词的语序安排取决于它们的词类性质和同时带有焦点标记的特征，否定作为一种句法范围仅仅是对肯定的改变，并没有改变原句的焦点。”

李宝伦、潘海华（1999）论证了“不”是一个焦点敏感算子，文中指出：“在句子存在焦点时，否定词‘不’会否定焦点成分，否则，被否定的会是邻近‘不’的词。当‘不’否定邻接词时，若动词所指谓的集合属空集合，则这种修饰关系会违反预设制约，给出的句子则是非法句。并进一步指出否定标记会吸引焦点。”袁毓林（2000）针对徐杰和李英哲的观点提出了不同的看法，文中指出：“第一，否定有独立的焦点；第二，否定有独立辖域、否定在表层结构上是一种线性的语法范畴，在无标记的情况下，否定的辖域一定是否定词之后的成分，在有标记的情况下，否定的辖域可以回溯到否定词前的成分，即采用了条件性的否定的辖域概念；第三，否定的辖域和焦点跟否定词有直接的语序关系，否定词的语序安排有特定而明确的语义效用。”

胡建华（2007）在转换生成语法的框架内对否定词的辖域、毗邻否定、否定与焦点之间的关系以及否定词“不”的句法特性进行了分析，指出“否定词‘不’的辖域是它成分统制的 VP，否定词‘不’在句法上否定的是 VP 以及 VP 的中心语 V^0，而不是对焦点或与否定词毗邻的 VP 嫁接成分进行单独否定。当否定词的辖域内有焦点时，否定词在语义上否定的是由不同焦点投射而成的焦点词组 FP”。文末对否定词的位置及其句法特征做了初步的理论探索，认为否定在现代汉语普通话中并没有一个独立的功能语类来实现。

综观上述观点，我们会发现有关否定词与否定范围和否定焦点的关系，以及否定范围和否定焦点是否有区别争议颇多，我们认为否定范围和否定焦点是不同层面的概念，否定范围存在于句法层面，可以是一个词也可以是整个句子；否定焦点存在于语用层面，否定焦点的确定与语境有关，相同的表示否定的句子不同的表达目的可以有不同的否定焦点。

（三）否定、否定范畴和否定句

尽管语言学界对否定进行了很深入的研究，但是对否定概念、否定范畴和否定句的认识仍然存在很多模糊之处，有些人把三者混为一谈。否定概念是客观世界否定性本质的高度抽象和概括，它属于认知范畴；否定范畴是否定观念在语言中的映射，它属于语义范畴；作为一种语义语法范畴，否定的意义必然通过具体的语言形式表现出来，词语的形式、特定的标记词、语气或语调、特定的构式、特定句式或特定的表达意图都可以成为负担否定意义的载体，所以否定句是表示否定意义的载体之一。某些具有否定意义的形容词（难、很难、少）、具有否定意义的副词（白、白白的、徒、瞎、空等）数词（零）、有些名词性的脏字（球、屁）、疑问代词（什么、谁、哪里）、某些违背合作原则的会话含义都可以表示否定意义，都是否定范畴的载体。所以，对否定范畴的表现形式我们不能只局限于否定句，而应全方位多角度进行研究。

(四) 肯定、否定的不对称

否定和肯定是语义相对的一对范畴，在逻辑上它们是对称的，但在语言表达中它们之间呈现出明显的不对称性。主要表现为四个方面（1）表示的意义上的不对称。(2) 结构上的不对称。(3) 否定与肯定对立的消失；最主要的表现是羡余否定，在羡余否定中含有“不、没、别”等否定词但实际上并不表示否定意义，在这里否定和肯定的对立消失了。(4) 语义转向，即肯定形式表示否定意义，否定形式表示肯定意义。对这一不对称现象，朱德熙在《说“差一点”》（1959）中最先提出来，后来，他在《汉语句法中的歧义现象》(1980) 又进一步进行了论述，朱先生的文章引起了人们对这一不对称现象的关注，但以往研究只是停留在静态描写的层面，缺乏对这一不对称现象的深入解释。沈家煊（1994）采用了语用学中的礼貌原则、反语的引述理论和语法化理论，以“好不”为例，对肯定与否定的对立以及对立消失情况进行了解释。石毓智(2001) 用认知语言学理论、肯定否定公理对肯定、否定不对称现象进行了多角度分析。肯定否定的不对称是一个相当复杂的问题，有关不对称的内部和外部动因是什么、肯定否定语义转向的动因和制约因素是什么都值得我们进一步研究。

(五) 否定的量级性

以往研究对否定的量级性谈论的不多，张伯江、方梅（1996：134）分析了否定形式的相对强度，总结了一条否定强度的顺序：“简单否定句<能愿否

定句<补语否定句<无标记反问句<（有标记反问句）能愿词标记反问句<补语反问句<后疑问标记反问句<前疑问标记反问句的方向，一般来说是有一种后者强于前者的规律存在。”沈家煊（1999：95）、石毓智（2001：55）都运用了量级模型理论对否定的量级性进行论述，最后得出结论是：对一个极大量的肯定意味着对全量的肯定，而对一个极小量的否定意味着对全量的否定。如果肯定句与否定句颠倒，量级的方向也要相应地颠倒过来，极大 M 与极小 m 要交换位置，否则会出现不合语法、语义、语用的异常结果。

（六）双重否定

双重否定句是一种特殊的语言现象，马建忠的《马氏文通》中“连用弗辞相消同乎正意”就是指双重否定表示肯定的意思。吕叔湘《中国文法要略》（1942：234）谈到双重否定现象，他在《疑问·否定·肯定》（1985）对双重否定的作用进行了论述，文中概括为：“双重否定决不是像数学上负乘负得正这样互相抵消，双重否定或加强肯定、口气更加坚定，但更多的是减弱肯定、口气比较缓和，更重要的是有些场合大大改变了原来的单纯肯定意义，最明显的是助动词的双重否定。”对双重否定这一课题研究者们的热情一直不是太高，主要有关论文有：林文金《关于双重否定的几个问题》（1984）、郎桂青《双重否定的表示肯定的条件》（1989）、沈家煊《判断语词的语义强度（否定）》（1989），他们主要探讨了双重肯定表示否定的条件、结构类型、语义关系等，对双重否定的语用功能值得我们进一步深入分析。

通过以上概述，我们对语义否定的研究有了一个基本的了解，语言学界在对否定句、否定词、否定辖域和焦点、肯定与否定关系方面的研究上已经取得了很大的成果。以往的研究更多是注重对语义否定的描写，对语义否定的性质和特征、否定的功能、否定的辖域和内涵等问题还有待我们去深入研究，我们需要借助认知语言学理论的语法化、主观化、理想认知模式等理论和语用学理论对否定范畴和否定性质进行全方位、多角度的研究。

四　语用否定

基于语用否定在表现形式和表达手段上具有多样性，我们很难做全面系统的研究。本文只选取了五类语用否定现象进行研究，这五类语用否定现象前人研究成果已经很多，但是争议一直很大，并且对元语否定和隐性否定的研究主要集中在外语界，对羡余否定的研究主要集中在汉语界，对预设否定的研究相对来说成果还比较少，对否定性话语标记的研究主要是一些个案研究，缺少系统性。下面我们对前人有关语用否定的研究做一个评述。

（一）元语否定

"元语否定"这个术语最早是 Ducrot（1973：240）在研究预设问题时提出来的，他区分了两种否定：描写性否定（descriptive negation）和元语否定（metalinguistic negation）。Ducrot 认为："描述性否定是对事实的评价，能够保留预设，而元语否定是对言语的评价，取消预设（Horn，1985；赵旻燕，2010a）。"元语否定的研究真正开始于 Horn（1985），他把自然语言中的否定分为两大类："一类是描述性否定（descriptive negation），对与之相应描述事态、陈述事实的肯定性命题做出否定，因而这种否定具有真值函项（truth-functional）；另一类是所谓的'元语言否定'。作为一种标记性、非真值函项性的否定，元语言否定起着元语言手段的作用。"Horn（1989）指出否定算子（negation operator）通常有两种用法，一种为描述性真值函数否定（descriptive truth-functional negation）；另一种为元语否定，即否定算子的非真值函数用法（non-truth-functional use）。Carston（1996）对 Horn 的观点提出质疑，他认为否定算子没有歧义性，并指出否定算子 not 在任何情况下都是标准的真值否定，元语否定的功能和特征在于它的回声用法（echoic use）。汉语学界对元语否定的定义多数沿用了 Horn 对元语否定的界定，即元语否定否定的是语句的适宜条件（felicity conditions）。沈家煊（1993）在《"语用否定"考察》一文中把元语否定这一概念引进国内语言学研究领域，文中称其为语用否定，从此元语否定现象逐渐成为国内语言研究者关注的热点。近年来，元语否定及其相关的研究已经取得了很大进展，对元语否定研究的总结有利于推动对其进行系统全面的研究。这里拟选取元语否定的六个方面对国内研究成果进行归纳和评述。

1. 国内元语否定研究的起步

国内语言学对元语否定的研究从 20 世纪 80 年代开始有所关注，在语言学界邢福义较早注意到了元语否定这种特殊的否定现象，但他没有使用“语用否定”或“元语否定”的术语，邢福义（1982）在分析“不”字单说的情况时指出它有两种用法，其中一种用法就是起修订引进作用：“用‘不’字对前面的一层意思做修订性否定，引出后面更进一层的意思，使所说的话一层比一层精确，一层比一层深刻。”国内真正对元语否定的研究始于沈家煊先生，沈家煊（1993a）提出的语用否定概念和Horn提出的元语否定概念基本是一致的。文中提出：“‘语用否定’是相对‘语义否定’而言。‘语义否定’是否定句子的真值条件（truth conditions），‘语用否定’不是否定句子的真值条件，而是否定句子表达命题的方式的适合性，即否定语句的适宜条件（felicity conditions）。”文中还考察了语用否定的五种类型和三个特点，“五种类型包括：1）否定由‘适量准则’得出的隐含义；2）否定由‘有序准则’得出的隐含义；3）否定风格、色彩等隐含义；4）否定‘预设’意义；5）否定语音或语法上的适宜条件。语用否定的三个特点包括：第一语用否定都是‘引述性否定’；第二语用否定都是辩解式否定；第三语用否定和后续的肯定代表一个‘言语举动’”。自沈家煊先生的研究开始，元语否定现象引起了不少国内学者们的研究兴趣，但大多数是介绍国外的理论，在元语否定的界定、类型或对象、否定的性质、否定的范围以及特征等方面还存在很大的分歧。

2. 前人对元语否定的界定

国内关于元语否定的命名和界定一直存在很大的分歧，在命名方面主要有语用否定、元语否定、含意否定、外部否定、假性否定。在界定方面主要有以下几种观点。

第一种观点认为元语否定否定的是语句的非真值条件，代表人物有沈家煊（1993a）、徐盛桓（1994）、张克定（1999）等人。他们在元语否定的命名上有差别，沈家煊和张克定称其为语用否定；徐盛桓（1994）称其为含意否定，他认为“元语否定否定的不是被否定对象的词义，而是从句子中推理出来的隐含义”，并运用新格赖斯会话含意理论分析了两类元语否定现象，即Horn的关系否定句和常规关系含意否定句。但是他们基本都承袭了Horn的元语否定观点，他们从语义否定和语用否定或称描述否定和元语否定的区别出发，把由违背适量原则、有序原则、风格语体不适宜造成的隐含义的否定，预设否定，语音或语法错误否定都归入了元语否定。

第二种观点认为元语否定否定的是句子的真值条件，代表人物有景晓平（2002）和高航（2003）。高航（2003）从认知语言学的角度对元语否定进行研究，认为“语句的真值取决于人类的目的和对于事物的范畴化，不同的语境说话人选择不同范畴语句就有不同的真值，所选的范畴在逻辑上真实的，但是不符合当前语境中的交际目的，那么基于这一范畴的语句在其他交际者看来就是错误的，而不仅仅是不适合的”。他最后得出：“元语否定同样是对他人语句的真实条件进行否定，只不过这种真实条件不是狭隘的客观主义意义上的，而是认知语言学所关心的、相对于语境中的交际者而言的真实条件。”

第三种观点认为元语否定与命题的真值无关，而是把元语否定看作一种语言技巧，是对前面说话人话语的判断和评价。持此观点的代表性人物有孔庆成（1995）、梁锦祥（2000）、何春燕（2002）、赵旻燕（2010a）等人。孔庆成（1995）指出：“元语否定否定的是话语的不合适性，不是命题的不真，也不是语音或语法上的不正确，它是由语用因素激发的，与语义真值条件无关。”赵旻燕（2010a）指出：“元语否定属于语言的元语用法，既可以否定真值条件也可以否定非真值条件。”

对于以上观点，学术界比较认同的是第一种观点，通过对前人有关元语否定的研读我们得出有关元语否定的定义，首先我们把元语否定归为语用否定的一个小类，关于语用否定的界定已经很多，沈家煊（1993）把语用否定界定为对语句适宜性的否定，否定的是命题的非真值条件；徐盛桓（1994）结合新格赖斯会话含意理论把语用否定称其为含意否定，是通过语用推理得出的否定；何春燕（2002）把语用否定定义为，其理解只能依赖语境，否则便只是字面意义的一类否定。汉语学界对语用否定界定上的分歧，咎其源头是在引进 Horn 的元语否定时偷换了概念，再是 Horn 对元语否定的分类不准确，他的里面既有真值条件的否定也有非真值条件的否定。我们认为，语用否定是一个宽泛的概念，只要对否定的理解与语境或语用推理有关，或否定表达了说话者的主观情态、人际意义、语篇意义的都属于语用否定。而元语否定的生成和理解都需要语境和语用推理，从功能上能够表达主观情态和人际意义，因此具有语用特征，属于一种语用否定现象。但是元语否定不能等同于语用否定，因为语用否定不但能否定命题的非真值条件，也能否定命题的真值条件，所以语用否定的范围比元语否定宽泛得多，元语否定只是语用否定的一个小类。其次，我们坚持元语否定是对语句非真值条件的否定，语句表达的不适宜性是元语否定的成因，而这种不适宜性与语境和交际双方的认知机制密切相关。我们认为不适宜性和错误是两个不同的概念，在语句中如果表达上因为不适宜被否定，这时否定的是命题的非真值条件，语句的预设不受影响。如果一个语句因表达错误被否定，否定的是命题的真值，我们认为关于前人说的预设否定和由语音或语法错误造成的否定不属于元语否定，因为它们否定的是句子的真值。以往在元语否定的界定和性质上争论不休的原因之一，是把有关命题的真值条件否定和非真值条件否定都放入元语否定的范围，没有充分考虑内部成分的不一致性，所以没有形成统一的认识。

3. *元语否定的分类*

以往对元语否定类型的研究基本继承了 Horn（1985）的分类，汉语对元语否定的分类最早见于沈家煊（1993）《“语用否定”考察》，他把元语否定称为语用否定，并分为前面我们提到的五种类型，后人的研究基本没有跳出这一分类的大框架但又有所差异。孔庆成（1995）从观点不同、语体不适宜、会话隐含、违背合作原则等角度分析了元语否定的类型，他基本继承了沈家煊的类型框架，只是把沈家煊的第五类否定语音或语法上的适宜条件从元语否定中剔除，他认为：“元语否定多数发生在‘冲突性’语境中，用于反驳、否认、修正或辩解，它的出现经常与会话原则的违反有关。”他从这一标准出发认为：“Horn 所说的针对语音或语法方面的‘元语否定’不是元语否定而是选择否定；因为说话者进行否定的原因不是前语的不合适而是前语的不正确。”梁锦祥（2000）把元语否定的类型分为：否定前提、否定会话含义、否定言谈焦点或视点、否定社会内涵、否定语言表达手段，他只是从具体否定成因对元语否定进行了分类，其类型与沈家煊的分类大致相同，但是他也在文章中提出语音的错误不属于元语否定。何春燕（2002）称元语否定为语用否定，“首先把语用否定分为‘显性’和‘隐性’两大类，显性语用否定是通过言外语境推知的否定意义通常由后面的小句阐明；而隐性语用否定的否定意义不是由小句阐明，而需经语用推理来获得”。她的显性语用否定包括：由合作原则引发的含义否定、预设的否定；隐性语用否定包括：通过违反会话准则进行否定、间接言语行为的否定。相对沈家煊的分类她也没有把语音和语法的错误造成的否定归入元语否定，她的类型增加了对间接言语行为的否定和没有否定词通过违背某种会话原则传达出来的否定。邵敬敏、王宜广（2010）分析了“不是A，而是B”格式的元语否定句（文中称其为假性否定），按照A、B之间的修辞手段、语义程度以及关注焦点三个角度进行分类，主要分为了六个类型：递进性、提升性、本质性、关系性、比喻性、象征性。这一分类与前人的分类差别很大，分类的主要标准是语用目的和修辞效果。通过以上分析我们得知，对元语否定的分类还存在很大分歧，这分歧的根源是由于对元语否定性质认识上的差异造成的。

我们在前人研究成果的基础上对元语否定进行分类。首先，我们同意孔庆成（1995）和梁锦祥（2000）把由于语音或语法错误造成的否定从元语否定中分离出去的观点；既然说话人说出的话语是错误的，那么这话语就传递了语义内容，所以由语音或语法错误造成的否定，否定的是命题的真值条件，它不属于元语否定。其次，我们把预设否定也从元语否定中分离出来，因为预设否定否定的是句子成立的前提条件，预设如果不能成为交际双方共同的认知语境将被否定，一个句子的预设被否定后这个句子将不能成立，所以预设否定不属于元语否定。刘龙根、崔敏（2006）指出：“预设取消型否定与元语否定存在差异，首先，预设否定分句后面的后续分句为预设否定提供了理由即两者具有因果关系，而紧接元语否定之后的分句则起到纠正或取代否定分句的作用。其次，预设取消型否定否定的是话语中明确表达的部分话语内容，而元语否定否定的是有关表达形式，却并不涉及话语中明确表达的语义内容。第三，元语否定前后两个分句之间语义上并无抵牾，而预设取消型否定与其后续分句却存在某种张力或矛盾。”基于以上原因他们也主张把预设否定从元语否定中分离出去。

言语交际是个互动的过程，元语否定多数发生在双方交际互动的语境中，当交际双方因主观视角、认知机制不一致或语境有差异，对说话人来说适宜的话语可能对听话人来说是不适宜的，也可能说话人在话语中运用某种表达方式传递某种隐含义，听话人认为隐含义不适宜从而给予否定。我们从造成元语否定不适宜的成因出发对元语否定进行分类，在此我们只做一个大致分类，分为以下四类：①由违背合作原则造成的元语否定。②由违背礼貌原则造成的元语否定。③由主观情态不同造成的元语否定。④由语体风格和色彩不适宜造成的元语否定。还有一类元语否定不发生在言语交际中，只用于口语或书面语的主观陈述中，我们把它归入主观情态元语否定，例如邵敬敏、王宜广（2010）分析的元语否定。

4. 元语否定制约条件的研究

有关元语否定的制约条件，汉语学界已经有人关注。张克定（1999）从元语否定（文中称其为语用否定）的结构形式、词义内容、语境等方面分析了元语否定的受限制情况。分析得出：“（1）从结构上看，一般否定通常只涉及一个分句，否定仅在这一分句内起作用；而元语否定的构成总要涉及两个分句，前一个分句为否定形式称为本句，后一个分句为肯定形式称为义句，前后两个分句常用标点符号分开；两个分句通常具有相同的句式结构；元语否定中常用格式是‘不是……而是……’（2）从表义上看，本句中的否定是对已有的说法提出异议，义句则是对本句的‘校正’，是整个语句意义的‘点睛’之笔，这正是元语否定与一般否定的不同之处。元语否定的两个构成部分都是不可或缺的。（3）词义上的制约，本句和义句中的两个对应成分如果只是在词汇性质和语法功能上一致不能构成元语否定，两个对应成分还要在词义上具有以下关系之一才能构成元语否定，①荷恩等级关系（Horn Scale）；②上下义关系；③属种关系；④同义关系或近义关系。四、语境上的制约，元语否定具有很强的语境依赖性，没有语境就没有元语否定。”张克定对元语否定结构的制约和表义特征的分析继承了 Chapman（1996）的观点。他对元语否定的制约条件从句法、语义、语用角度的全面分析对后人研究很有启发意义。高航（2003）分析了语境和认知机制对元语否定的制约作用，他认为目前元语否定研究存在的根本问题是对于真值条件的看法过于狭隘，没有充分考虑到语境和认知机制的作用。认知语言学认为，语句的真值取决于人类的目的和对于事物的范畴化。不同语境中，说话人选择不同范畴，语句就有不同真值。元语否定的实质是对他人关于事物范畴的判断进行否定。他最后得出对元语否定的研究只有充分考虑语境和人类的认知机制，尤其是人类的范畴化能力，对真值条件采取动态的态度，才能取得更多的成果。高航的研究弥补了以往对元语否定的静态研究只注重言内语境的不足，他的研究言内语境和言外语境相结合，从动态角度对元语否定的制约条件及否定本质进行了深入分析。赵旻燕（2007）从焦点角度出发分析了元语否定的制约条件，最后得出：“元语否定在汉语中受到限制的机率并不是多大，元语否定受限与否，关键要看焦点的情况：焦点是否有标记，焦点是否邻接否定载体‘不’，以及焦点是否具有极差性，只有在所有的这些方面都受到制约，元语否定才会受到制约。元语否定受限的真正原因是具有级差性的焦点在邻接‘不’之后，意义上具有完整性，干扰了焦点的凸显；此类焦点的否定取‘少于’义，又阻止了元语否定的二次解读。”

外语界已经尝试运用认知语言学理论分析元语否定现象，例如梁晓波（2004）、宋铁民（2005）、宋冬冬（2007）、张楠（2007）等，但是大多是介绍国外理论和汉语实际结合的不是很紧密，还需要结合汉语运用语用学和认知语言学相结合的方法深入分析。

5. *有关否定焦点的研究*

否定的辖域和焦点一直是否定研究的热点问题，对于元语否定的辖域和焦点问题，近几年也受到了研究者们的关注，梁锦祥（2000）认为元语否定否定的是整个表达式，他认为元语否定中否定词所管辖的函项是另一语句或假设的“提及”，是一个用以回指自身的语言表述。赵旻燕（2010b）总结了 Carston（1996）的观点，认为：“元语否定和描述性否定的区别不在于否定算子本身，而在于否定辖域内容的性质：描述性否定其辖域内是对世界上事态的表征，而元语否定辖域里面的内容则是回声性成分（Echo）。”她把“是”作为焦点标记，把“不”作为否定算子。到目前为止，对元语否定的否定辖域和否定的焦点论述还很不充分。我们认为元语否定中否定的辖域和焦点与元语否定的结构密切相关，当元语否定格式是“不是……而是……”时，否定的辖域和焦点是前一个分句“不是”后面的内容。而在“不”字单用的语句中，“不”否定的辖域和焦点是“不”前面话语部分，具体否定的是与“不”后面有相对应内容的部分。

6. *关于元语否定语用功能的研究*

对元语否定的语用功能，前人的研究已有涉及，孔庆成（1995）和梁锦祥（2000）都认为元语否定的语用功能表示对话语的评价；何春燕（2002）指出元语否定是一种言语技巧，大多应用于非正式场合，如日常会话、小说中的对话等；刘龙根、崔敏（2006）认为元语否定起着元语言手段的作用，针对前述话语非命题内容的某些方面做出否定。以上研究者只是认识到了元语否定的语用功能，但是都没有深入展开分析。张谊生（2004b）详细分析了“不”单用时的元语用功能和衔接功能，他指出：“‘不’可以分别表示两种尽管互有联系但性质截然不同的功能，即语义否定功能和语用否定功能。前者属于语言的否定，后者属于元语的否定。‘不’在不同的语境中具有程度不等的衔接功能，不但衔接的语言单位可大可小，丰富多姿，而且衔接的方式可隐可显，灵活多样。”邵敬敏、王宜广（2010）指出元语否定（文中称其为假性否定）的“不是A，而是B”具有特殊的语用效果。逻辑上看似矛盾，但语用上适应和谐。运用元语否定的“不是A，而是B”句式，可以制造“话语陷阱”来获得幽默性效果，也可以进行“话语智辩”来达到主观化目的。运用该句式也可以凸显“结构焦点”“语义焦点”“话语焦点”，达到凸显性效果。就整体句式而言，可以看作是一种带有主观性的话语策略性手段。综观以上有关元语否定语用功能的研究，我们发现对元语否定语用功能的研究还比较零碎，有一些语用功能还没有被挖掘出来，需要我们进行系统深入的研究。

我们在前人研究的基础上，把元语否定的语用功能做一个总结，认为可以从以下几个角度对其语用功能进行深入分析：第一是元语功能。元语否定现象是一种交际策略，它传递的不是说话人的目标信息，它在话语中起到否定功能的同时更主要的是起到程序意义，用于调控和监督交际的顺利进行，传达出交际者的元语用意识，起语用导向作用。所以有关元语否定的元语功能值得我们深入分析。第二是情态功能。言语交际时说话人的话语多多少少都带有主观性，语句中都传递了说话人的主观认识、态度和情感等主观情态，主观态度、主观视角、认知也是元语否定的成因，以往研究在这方面还没有展开深入探讨，元语否定中隐含的多种情态功能需要我们去挖掘。第三是衔接功能。张谊生（2004b）对“不”衔接功能的分析为我们分析元语否定标记词的衔接功能提供了抛砖引玉的功效，单用的“不”字在演变过程中否定功能逐渐减弱，更多表现出的是语句前后内容的衔接功能和表达说话人的态度和语气。这是否定副词“不”进一步虚化的表现，对其新的功能我们需要深入分析。第四是凸显功能。元语否定是一种交际技巧，体现了人的元认知意识，通过否定前面内容凸显出后面肯定内容的重要性和适宜性。在元语否定中被否定部分只是背景信息，语句后面的肯定部分才是要强调的前景信息。所以凸显功能是元语否定语用功能的重要功能之一。第五是修辞功能。邵敬敏、王宜广（2010）对元语否定的修辞功能已经做了三方面总结，还有更多的修辞功能需要我们去发现和总结。元语否定的主要价值在于它的语用功能，但到目前为止对其分析还不够详尽，有很多需要深入发掘的领域。

就目前的研究现状而言，我们发现汉语界在元语否定的界定、否定的性质、类型、否定的辖域和焦点上还存在很大分歧；关于元语否定的整体研究还缺少系统性，对元语否定的生成动因和理解机制缺少一个合理全面的解释。

（二）预设否定

1. 有关预设问题的研究

至今，有关预设的研究已经经历了四个阶段：逻辑学和哲学研究阶段、语义学研究阶段、语用学研究阶段和认知语言学研究阶段，逻辑学、哲学和语义学对预设的研究为我们研究自然语言中的预设奠定了基础，使得隐藏在句子内部的信息被挖掘出来；语用学对预设的研究，实现了预设研究的动态性和语境性，解决了语义研究中遇到的一些困惑，深入了预设在言语交际功能作用的认识。近年来，随着认知语言学的兴起，Fillmore（1985）、Fauconnier（1985、1997）、Lakoff（1987）等运用认知语言学中的理想认知模式理论、心理空间理论、图形—背景理论等对预设以及相关内容进行了深入研究，使得我们对预设理论从认知上有了一个更加深入的了解。国内语言学界也开始尝试用认知语言学理论解释与预设相关的现象。王文博（2003）运用理想认知模式理论和图形—背景理论对预设消失现象进行了解释；郑亚南、黄齐东（2007）运用认知语境对预设的触发、过滤、动态变化和转移等方面进行了解释；魏在江（2010）从表达论、接受论与互动论三个方面对预设进行了动态研究，把预设研究放入交际双方的互动中去研究。目前对预设的研究已经实现了多元化和多维度，希望能引进更多的理论对预设可消除性、预设投射等有争议的问题进行合理的解释。

有关预设研究主要涉及以下几个方面：（1）有关预设的性质，属于语义还是语用范畴；（2）预设与衍推和隐含的关系，沈家煊（1993b，1994b）对三个概念进行了很好的区分；（3）预设的种类，根据不同的标准人们把预设分为不同的种类，主要有以下几类：①根据预设与语境的关系分为语义预设和语用预设。②根据得出预设的语句类型分为陈述句预设、疑问句预设和命令句预设。③根据预设内容的性质不同分为存在预设、事实预设和种类预设。（4）预设与焦点的关系，预设不同话语所强调的焦点也不同，预设是背景信息，是新信息存在的基础。对于预设决定焦点的不同还是焦点决定预设的不同一直有争议。（5）预设触发语（presupposition triggers)，Levinson（1983）把预设触发语分为13类，包括句子中的一些词语、结构和句式都可以是预设触发语，从中我们都可以推导出句子的某一个预设。（6）预设的投射，即把一简单句嵌入一个复杂句使之成为复杂句的一个组成部分后，简单句原有的预设能否继续保留并成为整个复杂句的预设的问题。最有影响的研究主要有Langendoen和Savin的“积累假说”、Gazdar的“删除机制”理论、Karttunen的“过滤条件”理论和Fauconnier心理空间理论对预设投射的解释。（7）预设与否定，即预设是否能被否定，这个问题一直争议很大，后面有专门章节进行详细论述。

2. 适宜性预设否定的研究

汉语中有关预设否定研究起步比较晚，从查阅到的文献中观察到从20世纪90年代才有所涉及。我们根据预设否定成因上的差异，把预设否定分为适宜性预设否定和预期性预设否定。适宜性预设否定否定的是预设的适宜性，其否定的目的在于纠正；预期性预设否定否定的是动词激活预设隐含信息的反预期性，其否定的目的在于凸显主观情态。

沈家煊（1993）指出“语用否定还能否定句子的‘预设’，并指出语言学家大多认为，与其将预设看作句子的真值条件，不如看作说出一个句子的适宜条件；预设的成立与否取决于语境或背景知识；并把‘预设’看作是句子隐含义的一种，而不是句子的真值条件，因此对预设的否定属于语用否定”。此文引起了语言研究者们对话论中预设否定的关注。姜宏、徐颖（1997）从否定与预设的关系出发论证了预设否定的语用功能；把否定分为两种：一种是对预设进行定义测试的普通否定，它对预设没有影响，另一种是元语否定，它是根据任何理由反驳前一句话的一种手段；把预设否定分为直接否定和间接否定；把元语否定分为引述性否定和解释性否定。该文对预设否定论述得不够充分，只是在对否定分类上触及预设否定的一些本质特征。袁毓林（2000）通过对否定的辖域、焦点和预设等概念的讨论，说明否定有独立的辖域和焦点，否定词的位置有特定的语序效果。并且从自然语言逻辑的非单调性的角度证明否定句的预设事实上是不可取消的，否定句的外部否定的释义是不存在的。文中指出：“在前一个否定句中，预设没有被否定；在后一个小句中，被前一个小句视为当然的预设以焦点的身份被否定了。正是由于前一个小句以一个虚假的命题作为前提，因而在语用上是不恰当的。而后一否定句的必要性正在于它纠正了前一个否定句中错误的预设。最后得出否定句并没有辖域歧义，也没有语义模糊。”袁毓林的研究既注意到了静态句子中的预设否定问题，也注意到了动态交际中的预设问题，对不同的预设否定现象进行了区分，对我们的研究很有指导性意义。

王文博（2003）运用理想化认知模式（ICM）和图形—背景理论解释了预设的成因和预设消失现象，“将否定分为两种：一种是ICM内的否定，在此形式下由于保持原有的ICM不变，被激活的潜在预设构成双方共同的认知环境，进而成为交际中的预设，否定后预设仍然保留；另一种是不同ICM之间的否定，由于一定因素的作用，否定词与预设相连而被凸显出来，成为前景信息，打破了原有的图形—背景图式，此否定是对预设的否定”。此研究尝试运用认知语言学理论分析预设否定现象在研究方法上有所突破，值得我们借鉴。陈建锋（2004）指出：“语用否定对预设的否定和一般否定对预设的否定不同，一般否定把预设否定之后，否定的效果得到了加强，注重的是否定本身的实质内容；语用否定把预设否定之后，实际上却削弱了前一分句的否定意味，它提供的主要是修正性信息，后一肯定项才是要说的重点，否定项起一种铺垫的作用。”刘乃实（2004）介绍了如何从认知角度探讨预设否定（文中称为先设否定），并运用认知语言学领域的框架概念、理想认知模型理论将元语否定诉诸框架间否定和理想认知模型的否定和重建。这种运用认知语言学理论解释否定现象不但能触及元语否定使用的动因，还能说明人类的认知机制是怎样在语言建构中发挥作用的。文中运用认知语言学理论分析预设否定来做具体深入的分析，但它的理论和方法为我们进一步研究预设否定起到抛砖引玉的作用。

3. 有关“白”类副词预设否定研究

邵敬敏（1986）从“白V”结构的动词分类、语义分解和心理判断入手对“白”的否定功能做了分析。他指出“‘白V’可以表示两种对立却又相互依存的意义：一是甲义：付出代价却没有获得相应的利益。二是乙义：获得利益却没有付出相应的代价，他认为这种表义特征是由动词决定的，他指出：某项动作，从价值观念上讲，往往包含两个密不可分的语义要素：A付出代价；B获得利益。而‘白’否定的是动词的潜在义”。我们认为邵敬敏的研究已经触及预设否定，只是他把“白V”可以表双向否定的功能归结于动词是不完全正确的，这是由交际的认知语境和交际主体的主观视角决定的，在确定的交际语境中只能表示一种语义。再是“白”可以表示双向否定的功能与“白”具有多个义项有关，不同语境可以激活不同的义项义。他指出“白”否定的是动词的潜在义，其实就是我们说的动词激活的预设。陈一（1987）对邵敬明（1986）的观点提出质疑，他指出：“并不是一类动词自身可以有两个表面义、两个潜在义，而是与动词组合的副词‘白’可以进一步分化，不同的‘白’对动词的‘语义分解’有不同作用。”我们支持陈一的观点，“白 VP”结构的歧义性确实与“白”语义可分解性有关，当然与交际语境和言者的主观视角也密切相关。

张谊生（1993）分析了“白”和“白白”在表达功能和句法搭配上的差异；指出“白”可以表示“无效的、徒劳的”和“无代价的、无报偿的”两种语义，把“白”能表示两种语义的原因归结于人们观察事物的立足点和判断事情的心理态势不同，从交际的角度讲是人们表述的重点和信息焦点不同；同时分析了“白”在一些本身含有“无代价地得到”或“无代价地付出”动词短语前面的羡余性。此文为研究“白、干、瞎、空”类预设否定副词拉开了序幕，并给予了研究方法上的引导，为今后预设否定副词的研究奠定了基础。张谊生（1994）是较早关注“白、空、虚、干、徒、枉、瞎”这类副词的否定功能的，他从否定的前后、正负、顺逆、隐显四个方面分析了“白”类否定副词的表义特征，指出否定词有时否定前提有时否定结果，是由于人们表述的信息焦点和强调的表义重点不同，或人们推断的心理趋向和联想的立足基点不同造成的。此文对我们研究“白”类否定副词起到引导作用。张谊生（1996）对预设否定进行了分析，文中指出：“在现代汉语中，对一个陈述的否定，实际上包括两种情况，一种是命题否定，另一种是预设否定。预设否定的否定对象不是命题本身，而是说话人和听话人共知的相关情况。”张谊生（1999）对预设否定副词进行了考察，考察了预设否定副词在表义过程中所呈现出来的种种否定特点，以及各词在起源、搭配、内涵诸方面的异同，通过比较分析说明了这些否定副词不同的语源，而虚化后具有相同功能的原因。张谊生（2011）分析了预设否定的叠加现象。首先，预设否定叠加式可以分为双重叠加与多重叠加两大类。前者包括蕴含、复置、交互，后者以再加复置作为基本的手段，包括复置+蕴含、复置+连用、复置+交互三类。其次，分析了预设否定叠加的动因主要有主观凸显、词义磨损、兼顾特色、整合结构。并指出叠加式最基本的作用与效果就是强化，而强化必然会导致否定义的羡余化。以上几篇有关否定副词研究的文章，让我们对否定副词的历时演变和功能、表义特征有了一个全面的认识，为我们深入分析预设否定提供了充分的资料和很好的方法。刘烨（2009）从句法结构层面分析了“白”和“瞎”在分布和搭配上的差异；其次，从预设否定和主观性角度分析了“白”和“瞎”的差异，指出“瞎”的主观性高于“白”，同时指出视角不同是两者主观性差异的根本所在。该文主要是在共时平面对两者的差异进行了分析，用主观化理论分析“白”和“瞎”的差异很具有说服力。

通过对前人有关预设否定的总结，我们发现预设否定是一个语义—语用界面问题，所以有关预设是否能被否定一直争议很大，目前已有研究已经注意到从静态和动态上区分预设否定现象。近年来，随着认知语言学的兴起和发展，越来越多的语言学家开始借用认知语言学的研究成果对预设进行研究，提出了一些新的视角和研究方法，值得我们去借鉴和学习。有关预设否定的类型、成因和语用功能还需要我们去深入挖掘。

（三）羡余否定

羡余否定是一种很普遍的语言现象，在一定的语言交际中有些否定形式并不表示否定意义，否定标记的有无也不影响语义真值，即否定形式和肯定形式表义上是相同的，从语义表达上来说否定标记并不是语义表达的必需，历来把这种语言现象称为羡余否定。羡余否定标记词在句法和语义上是羡余的，但它的存在具有语用价值，可以表达说话者不同的主观态度、视角以及加强否定语气。

1. 羡余否定的界定

羡余否定早已被语言学界关注，只是在界定上都是只考虑句法结构而没有考虑语用和认知因素。朱德熙（1959）通过对“差一点”和“差一点没”表义特征的对比注意到肯定与否定对立消失这一现象的存在。吕叔湘（1985）在讨论该现象时把这种现象称为“否定作用的模糊化”。毛修敬（1985）称这种现象为“对立格式”。石毓智（1993）针对此现象首次使用了“羡余否定”的名称，通过对一些羡余否定格式的分析最后得出：“有一些表面上看起来是羡余否定，实际上是两种表达不同意义的结构；纯粹的羡余否定词是没有的，它们都有一定的作用，最常见的是加强否定语气。”沈家煊（1999：43）则把它们看作肯定与否定的不对称现象。戴耀晶（2004）把此现象称其为冗余否定，“指的是在一个句子或短语中，表达否定的标记成分（‘不、没、别’等）不是理解该句子的意义所必需的；换句话说，否定标记成分的出现与否不影响句子的意义内容；并指出羡余否定现象也可以叫‘正反同义’现象”。

2. 羡余否定的表现形式

羡余否定的表现形式具有多样性，研究成果颇多，很难进行系统分类和整理，我们在此把羡余否定主要研究成果进行概述。以往研究成果颇多的主要有“差一点儿（没）”“好不 X”“（不）一会儿”“非 X 不可”“不要太 A”“VP 之前”与“没（有）VP 之前”。

（1）“差一点儿（没）”

朱德熙（1959）指出：“差一点儿”后面承接的否定形式和肯定形式有些表示语义对立，有些又表示同义现象，并从“企望”“不企望”角度出发总结出了两条规律：“（1）凡是说话的人企望发生的事情：肯定形式表示否定意义，否定形式表示肯定意义；（2）凡是说话人不企望发生的事情：不管是肯定形式还是否定形式，意思都是否定的。”朱德熙的研究是从语用学角度对羡余否定现象进行了简单而精辟的分析，为羡余否定研究拉开了序幕，从此人们开始重视羡余否定这一语言现象的存在，并开始从语用学和认知语言学相结合的角度对此现象的成因、特征、功能进行解释。

石毓智（1993）对朱德熙的上述观点提出质疑，他认为有些例外不能解决，他用“积极成分”和“消极成分”分别代替“企望发生的事”和“不企望发生的事”。他指出：“这两种说法既有相同之处，同时也存在着重要的差别：前者强调普遍性、稳定性，后者则是随说话者的主观愿望而变化。位于‘差点儿’之后的一般是述补结构或者结果动词，可以通过考察积极成分和消极成分的‘述语’和‘补语’之间的关系找到问题的答案。积极成分的述语和补语之间的可分离性与消极成分的述语和补语之间的不可分离性是解决问题的关键。”毛修敬（1985）和沈家煊（1999）也坚持从消极和积极方面对“差一点+（没）VP”进行分析。沈家煊（1999：115—146）以“一会儿/不一会儿”“除非……才/不……”“差点儿/差点儿没”为例，从心理期待值角度进行了分析，得出：“它们肯定与否定对立的消失是由心理期待值的正负值决定的，一般在心理期待是负值时肯定与否定的对立才消失。”侯国金（2008）用“合意性”和“非合意性”代替了朱德熙的“企望”与“非企望”说，我们认为侯国金的“合意性/非合意性”与朱德熙的“期望/不期望”、沈家煊的“期待/不期待”大同小异，并且其判断“合意性/不合意性”的判断标准更加主观化，缺少一个客观的尺度和标准。以上研究把语用学和认知语言学的理论引入了对羡余否定的分析，开阔了对羡余否定研究的视野，对后人研究具有理论和方法上的指导意义。

（2）“好不 X”

以往研究主要关注“好不”的来源和形成过程，沈家煊（1994）对“好不 X”从语用学、认知语言学和反语的引述理论相结合的角度进行了分析，得出：“‘好不’词义的演变和语法化过程受到褒贬义标记模式和语用原则的制约。”从此研究者们开始关注“好不 X”在肯定和否定上的不对称性。方绪军（1996）对“好+形容词”与“好不+形容词”从分布区域、结构特点、该式形容词应满足的条件等角度对其差异进行了分析。周明强（1998）分析了“好不 AP”表示肯定、否定和歧义的三种用法，认为：“三种用法的不同是由 AP 的不同语义特征决定的。表肯定义的 AP 是消极词或表品质的积极词；表否定义的 AP 是表示道义和期待的积极词；有歧义义的 AP 是表示感受、行为和实情的积极词。”邹立志（2006）主要分析了“好不 A”表肯定、否定和肯否定的来源，文中指出：“否定式和肯定式是两种基本类型，肯否式是由肯定式派生出来的；否定式的产生源于否定式委婉，肯定式的产生源于反语式委婉。进入肯定式的词语呈现出对称局面，进入否定式和肯否式的词语都呈现出不对称局面，虽然否定式和肯否式同样处于委婉的动机，但表达的手段却不一样，否定式是用‘不 A’表示‘B’，而肯否式是用反语‘不 A’表示‘A’。”前人对“好不 X”在肯定和否定方面的不对称现象运用语用学和认知语言学的方法已经做了很全面和深入的研究，为我们理解和运用此格式提供了方便。

（3）“（不）一会儿”

水行（1987）首先认识到了“一会儿”和“不一会儿”在语义上的不对称，并从组合能力、造句功能、语义、语境、心理前提和使用方式几个角度出发分析了“一会儿”和“不一会儿”的区别，得出：“‘一会儿’的使用范围与‘不一会儿’是包含关系，前者的一小部分与后者同值，同值域为：独立做状语，表示已出现的某事与前一事的间隔或完成某事所耗的时间很短，谓语动词或形容词前无‘才’相呼应，不连用。只有在这种情况下，二者才可以互换；超出这个范围，只能用‘一会儿’，而不能用‘不一会儿’。”文中注意到了两者在语义上的差异，但是没有考虑其语用功能上的差异。沈家煊（1999：115）从心理期待值角度对“（不）一会儿”进行了分析，得出它们肯定与否定对立的消失是由心理期待值的正负值决定的，一般在心理期待是负值时肯定与否定的对立才消失。刘长征（2006）从句法与语义关系出发，分析了“一会儿”和“不一会儿”的区别，文中指出：“两者的本质差异在于语义上的区别。‘一会儿’表达的短时概念具有客观性，与特定的句法手段相结合，既可以表示客观量，也可以表示主观量，既可以表示主观大量，也可以表示主观小量。‘不一会儿’体现的是说话人的主观视角或态度，是语言主观性的表现，本质上是一种表达主观性的语言形式。‘不一会儿’只能表达主观小量。”这是对前人研究的突破，但是对“不一会儿”用于未然事件的句法环境没作说明。我们认为“不一会儿”用于未然事件只能出现于表示主观推测的语句中。沈家煊和刘长征对“一会儿/不一会儿”分析都有很多值得我们借鉴之处，但是对“（不）一会儿”表客观量和主观量的成因从认知参照点角度分析更具说服力。

（4）“非X不可”

张谊生（1992）分析了“非X不Y”相关的四种格式以及其演化过程，并从表达角度总结了各种格式的表义功能，即表示意愿之必欲、情势之必须、推断之必然。洪波、董正存（2004）从语法化角度分析了羡余否定格式“非X不可”的形成，“非X不可”源于上古时代表示双重否定的“非X不Y”结构，“非X不可”在长期使用过程中，X从由体词充当逐渐变成由谓词或小句充当，同时“非X不可”结构逐渐凝固化为一个有界的形式，表示必要性和唯一性。王灿龙（2008）主要从表达视角和“知、行、言”三域分析了“不可”的隐现情况和隐现前后的差异，考察得出影响“不可”隐现的有两个关键性因素，一是表达视角；二是VP的韵律特征。从表达视角方面看，凡为当事人视角的表达，原则上说“不可”都可以隐而不现。但是，如果“VP”只是个光杆动词，即使是当事人视角，“不可”也不能（宜）隐去；当整个表达是言者视角，不管主语是有生名词还是无生名词，一般而言，句式中的“不可”原则上不能隐去。再是发现，凡属“知”域和“言”域的表达，“非VP不可”格式中的“不可”都不能隐去；凡属“行”域的表达，其中的“不可”则可以隐去。文章最后从“非”的虚化角度对“非 VP 不可”这一格式的形成做了解释说明。“非 X 不可”已经构式化，目前还很少有人从构式角度对其进行分析。

（5）“不要太 A”

“不要太 A”格式最早产生于以上海话为中心的吴语区，后来逐渐进入普通话，目前此用法在北方还不具有普遍性，但其用法在逐步扩大。“不要太 A”主要用于两种句式，用于祈使句表示“劝阻义”，用于感叹句是“不要太 A 噢”，是一种羡余否定格式，表示的是肯定的意义，该格式已经引起语言研究者们的重视。

顾之民（1996）对“不要太 A”从句法结构、表义和修辞功能上进行了分析，指出：“‘不要太 A’有两种意义：一是用于祈使句表示不应该、不希望；二是用于感叹句表示‘太、很’的意思。表示羡余否定‘不要太 A’用于感叹句，表示赞美、贬斥或者对描述程度的肯定和否定的夸张。‘不要太 A’具有很强的修辞效果，表达了说话人的主观评价，其生成和理解具有很强的语境依赖性。”该文对羡余否定格式“不要太 A”研究还不够深入，但是他对此格式的分析有抛砖引玉之作用。王敏（2000）分析了用“不要太 A”句式来表达肯定和感叹情感的修辞基础。指出：“首先，‘不要太 A’句式虽然在表面上是一个否定的表示劝阻的祈使句，其实在逻辑上它包含了一个肯定 A 的强程度的语义预设，文中得出这一预设是该句式可以表示感叹意义的逻辑语义基础。其次，文中从审美心理和文化认知心理角度分析了‘不要太 A’句式的成因。”文中对其成因和表义特征做出了比较合理的解释，但对其成因的认知心理和功能有待深入研究。吴文婷、刘雪芹（2009）从句法、语义、语用三个角度分析了羡余否定“不要太 A”的特征。张丽萍（2010）通过表祈使义和感叹义“不要太 A”对比，借助语法化、主观化、预设以及语用学理论，分析得出“不要太 A”在感叹句中已经演化为一个具有构式特征的结构，这一构式的形成是在“不要太”的语法化和主观化基础上形成的，同时指出“不要太”语法化的机制是重新分析和类推，语义动因是“不要太 A”包含了一个肯定 A 的强程度语义预设，语用动因与语言表达的主观化、修辞需要等有着密切的关系。该文从语法化和主观化、理想化认知模式以及构式角度去研究“不要太 A”格式比前人研究有了很大的进步，对其生成动因和机制做出了尝试性的解释，但是对“不要太 A”怎么从表示劝阻义演化成表示极其义没有充分论证，对“不要太”语法化的解释过多引用和介绍别人的理论，分析力度不够。对“不要太 A”格式研究起步比较晚，再是它来自方言，普及性差一些，并且还处于演变过程中，所以需要我们进一步关注和深入研究。

（6）“VP 之前”与“没（有）VP 之前”

王灿龙（2004）探讨了“VP 之前”与“没（有）VP 之前”两种形式在时间意义、语法表现以及相关的语用问题等方面的异同。文章指出：“A. 在表达微观时点义时，‘VP 之前’倾向于选择靠近 VP 发生的时间，即以靠近 VP 发生的时间为优选；‘没 VP 之前’则选择远离 VP 发生的时间。B. 在表达宏观时点时，‘VP 之前’和‘没 VP 之前’都以 VP 发生之前的时间整体作为它所表示的时间，而且‘没 VP 之前’还具有表达者着意要强调的 VP 未然性的语用义。C. ‘VP 之前’表示微观时点的用法是无标记的，表示宏观时点的用法是有标记的，而‘没 VP 之前’则相反。D. ‘VP 之前’与‘没（有）VP 之前’既具有互补性又具有同一性。”此文对“VP 之前”与“没（有）VP 之前”用法从认知参照点角度出发分析得既深入又精辟，对我们分析羡余否定具有理论和方法上的指导意义。

3. 羡余否定的特征、类型和成因

张谊生（2004，213—242）从表达作用出发把各种羡余否定式分为四类：表时量与表度量、表回顾与表推测、表劝诫与表责备、表先时与表后接；探讨了羡余否定的五种来源：标记评注类、叠合紧缩类、隐含脱落类、复现添加类、语气情态类；还从主观性分析了羡余否定的语用功能；并且比较了肯定和否定对应格式的特点和差异。文中对羡余否定的类别和来源进行了细致分类，为我们深入研究汉语否定范畴提供了很好的方法和指导作用。江蓝生（2008）以“差点儿 VP”与“差点儿没 VP”“VP 之前”与“没 VP 之前”等正反同义结构为研究对象，从概念叠加与构式整合的角度研究了羡余否定的形成，文中指出：“定式是由语义具有同一性的正反两个概念表达式叠加整合而成的，否定式是一个与其原型同形异构的新构式，异构式造成语义异指，因此在语义上跟肯定式不相对称。”近几年对羡余否定现象的形成动因和机制研究有了很大的突破，研究者开始运用语用学和认知语言学的理论进行解释，扩宽了以往的研究范围，但是鉴于羡余否定格式的多样性，需要我们对其成因和机制进一步深入挖掘。

综观以往研究我们可以看到，羡余否定的研究越来越受到学者们的重视，越来越多的羡余否定格式被研究者挖掘出来，语用学和认知语言学理论的引进为羡余否定的研究提供了新的视角，但是对羡余否定的成因和语用功能还有待进一步深入研究，我们应该在前人的基础上多角度全方位对羡余否定这一特殊现象做进一步的研究，对羡余否定的分类、成因、机制、使用的制约性和功能进行系统研究。

（四）隐性否定

1. 隐性否定的提出

隐性否定是指除了词语的表层含义之外，词语还具有深层的否定意义，这种深层否定意义是说话人真正想表达的意义。其表层结构是肯定形式，其深层意义表示否定。隐性否定根据意义的规约性程度又可分为规约性隐性否定和非规约性隐性否定。规约性隐性否定是指语句中没有“不”和“没（有）”等否定标记词，其否定义是某些特殊词语、固定格式、特殊句式等传递出来的，这种否定义已经规约化了，在理解时不需要语用推理。非规约性隐性否定是指字面意义为肯定，但是话语传递的语用信息却是否定的，听话人只有根据相关的语境因素进行推理才能得出其隐含否定义，它是一种言外之意。

隐性否定是日常交际中非常常见的语言现象，语言学界对其已经进行了多角度的研究。

20 世纪 80 年代，吕叔湘、王力都注意到反诘句的隐性否定功能，只是没有提出隐性否定这一概念。20 世纪 90 年代，隐性否定这一概念被外语界研究者正式提出，并引起了广泛关注，使得隐性否定成为语法研究的热点课题之一，对隐性否定的研究也呈现多元化和多角度的特点。从研究范围来看，汉语界主要是研究规约性隐性否定的表达形式，如反问句、间接否定祈使句、假设句等；外语界主要关注的是非规约性隐性否定，从理论运用上看，以往对隐性否定的研究主要运用合作原则、礼貌原则、关联理论、会话分析等理论；还有一些非言语形式如手势、身势语等还很少涉及，所以对隐性否定的表现形式还有待进一步挖掘；对于隐性否定的语用功能有所涉及但还需深入挖掘；对于隐性否定的生成机制和教学研究还很少涉及，有待进一步深入研究。

2. 规约性隐性否定的研究

吕叔湘（1982：291）指出："反诘实在是一种否定的方式，反诘句里没有否定词，这句话的用意应在否定；反诘句里有否定词，这句话的用意应在肯定。"王力（1985：179）提到："反诘语可以当作否定语用，这是很自然的道理，不过反诘语的语意更重罢了。"他们已经认识到了反诘句表示隐性否定的功能，但是没有明确提出隐性否定这一概念。李宝贵（2002）归纳出了五种隐性否定的表达形式，即用具有否定意味的词语表达、用反问句式表达、用假设复句表达、用祈使句式表达、用感叹句式表达，并指出隐性否定的语用功能是表示委婉和强调。对规约性隐性否定的研究主要集中在反问句和疑问词上，其他格式研究相对比较薄弱。

（1）反问句表示否定的研究

张伯江（1996）对反问形式和一般否定形式在表达功能上的差别做了分析，指出："反问式的否定强度高于陈述形式的否定式"；并对反问句的否定功能和否定强化做了详细的描写与解释。郭继懋（1997）分析了反问句表示否定的语义语用条件、类型和作用，提出："反问句是一种间接地告诉别人他的行为不合情理的方式，并且指出，说话人使用反问句的目的或听话人听到反问句之后的理解都包括两部分：一部分是显性的，是反问句的字面意义；另一部分是隐性的，即指出某一行为不合情理，这一意义属于会话隐含意义。表示显性意义主要是为了表示隐性意义，表示隐性意义是使用反问句的最终目的。"杜宝莲（2004）分析了反问句表示否定的成因是疑问句的转指和转指后固化；同时指出反问句的语用特点，其使用具有较强的针对性，是针对对方话语的反驳。反问否定比否定词的否定强度大。曾毅平、杜宝莲（2004）指出："反问具有否定属性，作为一种广义形态，当属否定的语用范畴而非疑问，因而将反问归于疑问句研究是不妥当的。反问最基本的语用功能是表否定，它与否定词的作用是相通的，虽然两者并非同一层面上的语法形式，但功能上的一致性，使之成为现代汉语中两类最主要的否定形式。"常瑛华、兰成孝（2008）分析了反问句的语用否定功能，指出："反问句的否定是语用层面而非句法、语义层面的，其功能是传达言外之意、行使言外之力。反问句语用否定的本质是反问者使用言语行为引导和干涉被反问者、从而实现其语用目的的一种曲折方式。"胡德明（2008，2010）对以往研究中把反问句的功能归结为强调、怀疑、拒绝、命令、不满等功能提出了不同看法。他根据会话含义理论、言语行为和间接言语行为理论、关联论、逻辑推理构建反问句产生机制假设，从反问句的产生机制推知，“反问句是对言论或行为的前提 P 的提问，提问的目的是否定 P，通过否定 P，进而达到否定言论或行为 Q 的目的，因此，反问句的核心功能是否定”。

通过对前人关于反问句表否定功能的总结，我们可以得知学者们早已认识到反问句表否定的功能，从 20 世纪 90 年代开始有人开始尝试运用语用学的合作原则、会话含义推导理论、关联理论等对反问句表示否定功能的成因进行分析，但是至今还没有人从认知语言学角度深入探讨在交际过程中说话人选择反问句表达否定的认知根据是什么，值得我们进一步深入研究。

（2）有关疑问词表示否定的研究

以往研究疑问代词的用法时较多关注是它的任指和虚指用法，对它的否定用法关注较少，有时在论述其他用法时有所涉及。较早注意到疑问代词否定用法的是吕叔湘，他在《现代汉语八百词》（1980）中分析疑问词时，注意到了疑问代词表否定的用法。邵敬敏（1996）以“什么”为例列举了疑问代词的非疑问用法，包括：全指、例指、承指、借指、虚指、否定性、反诘性、独用性等。

近年来对疑问代词表否定用法的研究开始受到语言研究者们的关注。寿永明（2002）以“什么”为例，分类讨论了“什么”的否定用法及其语义特征，分析了疑问代词表示否定的形成原因及语用功能。并指出：“疑问代词表示否定意义，与其他的否定表示法不同，它的使用受到了严格的语体限制和语境的制约，从而呈现出十分明显的语用特征。”刘睿研（2006）将“什么”的否定用法分为十类：以“V 什么 NP/V”和“什么 NP”为代表的两大类八小类用法，以及“什么呀”“W 什么（W）”两种特殊用法。又从微观入手立足于各用法的表达式，详细描写分析各用法的意义、功能以及使用条件。在宏观方面从语境入手，对“什么”否定用法所依赖的情景语境和上下文语境进行了考察，分析了“什么”表否定功能的语义语用条件。郑雷（2007）对疑问代词表否定用法的出现环境、意义以及功能，从句法、语义、语用三个层面进行了分析和归纳。重点探讨了疑问代词否定用法产生的机制，认为疑问代词否定用法的产生是一个渐变的过程，需要一个前提条件，然后在内部制约和外部因素共同作用下才能够产生这种用法。此文对疑问代词表否定用法进行了较为全面的梳理，在对疑问代词表示否定用法成因的解释上对我们研究否定范畴有一定的启发意义。黄喜宏（2008）借鉴语用学、标记理论、认知语言学等相关理论考察了“什么”否定用法的句法特征、出现的句法环境、语义和功能；并根据其出现的句法环境，总结归纳出“什么”否定用法的格式，探讨了各格式间的差别、联系以及各格式的使用条件。该文对“什么”的否定用法分析比较具体和深入，为我们进一步分析疑问代词的否定功能提供了一些可借鉴的方法和角度。

对疑问代词否定用法的研究还不太充分，主要是从个别词（主要有：谁、什么、哪里）入手进行分析，这一研究刚刚起步缺乏系统性和理论解释，对疑问代词表否定用法的动因、形成机制和语境制约、语体制约等还有许多需要我们深入研究的地方。

（3）其他有关规约性隐性否定的研究

对规约性隐性否定的其他表达形式，如祈使句、假设句或话语标记等已有所涉及。陈艳丽（2007）研究了隐性否定祈使句，对其性质、范围、句法形式、语义特征以及语境依赖性进行了分析，同时指出：“隐性否定祈使句没有相应的肯定式祈使句，即表现出肯定和否定的不对称性；隐性否定祈使句存在的必要条件是表示消极结果；隐性否定祈使句突出表现为一种将来时用法，即说话人是在动作行为还未发生的情况下说的，强调的是可能出现而事实上尚未出现的消极结果。”傅惠钧、陈艳丽（2007）从句法、语义、语用三个层面角度具体分析了“V（了/着）”式和“V补”式两种具体格式；指出：“在句法上隐性否定祈使句主要有语义上进入隐性否定祈使句的‘V’多具有［+消极］或主观上认定为［+消极］的语义特征，若本身消极义不明显，则必须具有导致消极结果产生的可能性，如添加含消极义的补语等，另外还应是致使行为动词；隐性否定祈使句在时体上突出表现为一种将来时用法，强调的是可能出现而事实上尚未出现的‘消极结果’，这种‘消极结果’是说话人的一种预见和假设，这种‘可预见性’特征，使‘消极结果’在现实层面上是非现实的，但在人们的心理层面上确实是真实的。”彭振川（2009）提到了假设句的隐性否定功能，但是没有专门进行论述。潘晓军（2010）提及了插说语“理论上”和“原则上”的隐性否定功能，文中指出：“当后段表达实际情况的成分在句中没有被表达出来时，原来的隐性否定意义在句中便被‘原则上’与‘理论上’单独吸收，这使得它们的否定意义更为显豁，也是使得表达更为简洁。”

对于表示规约性隐性否定的祈使句和假设句的研究成果相对来说还很少，对其否定的成因、机制以及制约条件有待我们深入研究。对于构式或话语标记等固定格式表达隐性否定的研究才刚刚起步，还有待我们深入发掘。

3. 非规约性隐性否定研究

外语界对非规约性隐性否定研究颇多，但名称很不统一，主要有：隐性否定、隐含否定、会话含义、含蓄否定、间接否定等。

孔庆成（1998）指出：“含蓄否定也叫隐性否定，指不具有否定形式却具有否定意义的否定。并指出含蓄否定在表达效果上具有委婉和强调的语用功能。”姜宏（1998）结合俄语实例对隐性否定进行了分类，首先把隐性否定分为规约性隐性否定和非规约性隐性否定，并分析了非规约隐性否定的理解和生成与语境和是否违反合作原则密切相关。陈兴（2002）指出：“含蓄否定既是一种句法现象，更是一种语用现象。它可以使语言表达更加委婉含蓄，使语言显得礼貌得体，不仅提高了语言的表达效果，而且还增强了语言表达的生动性和灵活性。因此，在交际活动中，我们既要深刻领会含蓄否定的会话含义，也应该注意含蓄否定的灵活运用。”钱琴（2002）分析了隐性否定表示反对、指责、奇怪、吃惊、怀疑、同意或不同意肯定的判断、讥笑、讽刺、否定必要性、愤怒、委屈、安慰等几种语用意图。周静（2003）从词法、句法和语用三个角度对无否定标记词的隐性否定的表达形式进行了总结：在词法上，部分动词、形容词、数词、疑问代词、副词表示否定意义；在句法上，一些固定格式如“谓词或谓词性短语+个+X”“A 就是/终究/到底 A”，反问语气或虚拟条件句可以表示否定意义；在语用上，利用语境、反语、重复、转移话题、省略或认知推理可以表示否定意义。冯学民、王珍（2007）首先分析了隐性否定在语音、词汇、句法形式以及其他形式上的表达方法；接着分析了隐性否定的使用动机，隐性否定有时违背了合作原则的某一准则或同时违背几个准则，但是它遵循了礼貌原则，保护了交际双方的面子，提高了人们的交际效率，协调了人际关系。曾莉（2011）以关联理论为基础把非规约间接否定分为三大类六小类：显义非规约间接否定（包括命题意义类和指称指派类）、预设非规约间接否定（包括语义预设类和语用预设类）、寓义非规约间接否定（一般寓义类和弱寓义类）。文中提出对非规约性间接否定的理解是一个寻找关联的明示—推理过程，包括三个步骤：间接度的识别（明说意义），语境假设的建构（隐含前提）以及会话含义（隐含结论）的获得。并指出其产生原因主要有四个：①顾及面子需要，②保护自我需要，③增加美感需要，④表达情绪需要。

对于非规约性隐性否定的定义争议不大，都认为其主要特征是没有否定标记词而表达否定意义。以往对非规约性隐性否定的研究主要是运用会话含义、关联理论、合作原则、礼貌原则、语境制约等进行解释，对非规约性隐性否定的生成和理解机制没能充分地给予解释，我们在后文将进行深入研究。

（五）否定性话语标记

话语标记对话语的构建和理解具有很强的解释力，又具有很多特殊的语用功能，所以近几年受到了学者们的关注。对否定性话语标记研究主要成果有以下内容。刘丽艳（2005）分析了“不是”从否定判断短语到话语标记的过程，重点介绍了“不是”作为话语标记的使用模式和功能。殷树林（2011）分析了话语标记“不是”的两个使用效果：一是体现说话人的自我中心；二是提示冲突性。并较为详尽地分析了“不是”在话语中的六种使用模式。侯瑞芬（2009）分析了“别说”和“别提”从动词短语经历词汇化和语法化演化成话语标记的过程；运用语用学中会话中的“质”的原则和“量”的原则分析了“别说”和“别提”的语义演变过程，并指出语用推理和听说双方的互动也是话语标记形成的主要动因。曹旸旸、秦兆平（2012）对话语标记“拉倒吧”的表义、语用概念进行了描述。胡乘玲（2014）运用话语标记理论和语篇分析的方法，对话语标记“不对”的特征和语用功能进行了分析，研究得出“不对”作为话语标记的语用意义是表示突然想起或表醒悟，也有自我修正和补充说明的语用义。

以上研究主要集中在对否定性话语标记的使用效果、使用模式、语用功能的研究方面，对话语标记的形成动因和机制以及演变过程还很少涉及，对于在话语标记形成过程与词汇化、语法化、主观化、交互主观化的关系值得我们进一步深入研究。

通过以上总结我们发现对于各类语用否定现象的研究前人更多是基于静态层面，很少把各类语用否定形式放在言语交际中去研究，我们认为语用否定是一种言语表达策略，体现了说话人的主观情态和交际意图，应该放入动态交际中去研究。再是，我们不但要考虑发话人的表达意图，也要关注受话人的理解机制和推理能力。因为交际是一个双方互动的过程，如果只考虑交际者一方则无法对其否定表达意图进行真正解读。最后，我们建议对语用否定的研究要运用认知语言学和语用学相结合的方法，要考虑到交际意图、语境、受话人的解读能力、人类的认知机制等因素对语用否定表达形式生成和理解的影响。

第一篇　元语否定

第一章　元语否定的性质、成因以及语用功能

一　引言

元语否定研究最早始于 Horn（1985）的《元语言否定和语用歧义》（*Metalinguistic Negation and Pragmatic Ambiguity*）。在汉语学界沈家煊（1993）在《“语用否定”考察》一文中首次引进此概念，他在文中称其为语用否定，但他的界定和 Horn 的元语否定是一致的。汉语学界以往对元语否定的研究主要关注发话人话语是否适宜，而很少考虑受话人的认知语境和认知机制对元语否定生成的影响，对元语否定生成的真正动因和制约机制没有深入分析，对其分类分歧也很大；对说话人自我陈述句中的元语否定现象关注不够。我们运用语用学和认知语言学相结合的方法，对元语否定的性质、成因、类型、否定的辖域和焦点、制约机制和语用功能进行了分析。

二　元语否定的性质和界定

（一）元语否定的性质

元语否定的研究真正开始于 Horn（1985），他区分了描述性否定和元语否定，并提出元语否定具有语用歧义。Horn 认为：“元语否定与真值函数否定的差别在于它是一种元语言算子，可以被解释成为‘我反对你的话语 U’，U 是言语，而非抽象命题，这一点至关重要，由此才称为元语否定。它否定的不是（命题的）真值，而是（言语的）可断言性，也就是说元语否定并不是否定命题的真值条件，而是要断言说话者不愿意断言

这个命题（Horn，1985；赵旻燕，2010）。”通过上述叙述我们可以得知，Horn 说的元语否定实际上指的是语言的元语用法，即是通过话语来解释前面话语。Ducrot（1973：240）之所以给这种否定现象冠以“元语言否定”之名，主要是考虑到这种否定针对的是语言本身，即具有自指特性，发挥的是元语言功能（赵旻燕，2010a：18）。

元语言（metadiscourse）是近几年来语篇分析研究中经常使用的一个术语，它是 1933 年波兰逻辑学家 Tarski 为了解决“说谎者悖论”问题而提出的一个命题。在语言学界 Williams（1981）是首次使用 metadiscourse 一词的人，并定义为“关于话语的话语，包括所有不涉及话题内容的东西”。此后“元语言”一词被语言学界广为接受，不少学者从不同角度对元语言进行研究。Crismore（1989）认为：“无论是哪种形式的言语交际，都包括两个层面：基础话语（primary discourse）和元语言（metadiscourse）。基础话语表达关于话题的命题信息，由主题和指示意义组成；元语言告诉读者如何理解、评述关于话题的命题信息，由主观态度、人际意义和语篇意义等组成。”

元语否定否定的对象是前面的话语，它只是否定语言自身的一部分不适宜的特征和表达，而不是否定一个语言事实，所以属于语言的元语用法。我们同意沈家煊（1993a）提出的语用否定否定的是语句表达的适宜条件（felicity conditions）。但是具体否定的是真值条件还是非真值条件与语境和交际双方的认知机制密切相关。我们认为不适宜性和错误是两个不同的概念，在语句中如果表达上因为不适宜被否定，这时否定的是命题的非真值条件，语句的预设不受影响。如果一个语句因表达错误被否定，否定的是命题的真值。所以我们把由语音或语法错误造成的否定从元语否定中排除，因为它们否定的是句子的真值。把预设否定也从元语否定中分离出来，因为预设否定否定的是句子成立的前提条件，预设如果不能成为交际双方共同的认知语境将被否定，一个句子的预设被否定后这个句子将不能成立，所以预设否定不属于元语否定。基于以上原因，我们也主张把语音与语法错误造成的否定和预设否定从元语否定中分离出去。Geurts（1998）认为 Horn 界定的元语否定内部并不具有统一性，他把 Horn 的元语否定分为：含义否定、预设否定、命题否定、形式否定；他认为“含义否定和形式否定是一样的，是修正其否定的言语；预设否定和命题否定是一样的，是否认一个先行言语”。可见 Geurts 也认为预设否定否定的是真值条件。例如：

（1）A 毛泽东真是个了不起的人。

B 他不是“人”，是“神”。（孔庆成 1995 用例）

（2）A 你的凉（liàng）鞋太旧了，该买双新的了。

B 不是凉（liàng）鞋，而是凉（liáng）鞋。

（3）A 李老师的爱人在哪里工作啊？

B 李老师还没结婚呢。

例（1）中受话人认为发话人对毛泽东评价的力度还不够，从合作原则上讲是违背了量的原则，当然这是受话人的主观认识，认为发话人的话语不适宜所以给予否定，这时否定的是语句的非真值条件，毛泽东是人的本质并没有被否定，所以属于元语否定。例（2）属于发音的错误，如果发音错了，那证明这事物是不存在的，这时对此错误的否定否定的是命题的真值条件，所以不属于元语否定。例（3）中发话人 A 的话语隐含了潜在预设“李老师已经结婚了”，受话人 B 根据自己的认知得知李老师还没有结婚，所以对发话人 A 话语的潜在预设进行否定，使得这一预设不能成为交际双方共同的认知语境，所以被取消，对预设的否定证明发话人 A 的话语是错误的，所以这时否定的是话语的真值条件，它不属于元语否定。

关于沈家煊（1993a）提出的元语否定如果去掉“否定预设意义”和“否定语音或语法上的适宜条件”，剩下的第一否定由“适量准则”得出的隐含义、第二否定由“有序准则”得出的隐含义、第三否定风格和色彩的隐含义，这三项否定的是语句的非真值条件。

（二）元语否定的界定

我们在前人研究的基础上对元语否定进行界定。首先，把元语否定归为语用否定的一个小类，关于语用否定的界定已经很多，沈家煊（1993a）把语用否定界定为对语句适宜性的否定，否定的是命题的非真值条件。汉语学界对语用否定界定上的分歧，咎其源头是引进 Horn 的元语否定时偷换了概念，再是 Horn 对元语否定的分类里面既有真值条件的否定也有非真值条件的否定，也就是说其内部没有统一的机制。本书对元语否定的界定是：元语否定属于语言的元语用法，它是对其前面先行话语表达适宜性的否定和修正，它不涉及命题的真值条件。例如：

（4）A 昨天晚上跟你在一起的那位小姐真漂亮。

B 她不是什么“小姐”，她是我儿子的班主任，来家访。（徐盛桓 1994 用例）

（5）A 这个城市和以前不大一样了。

B 不是不大一样而是大不一样。（赵旻燕 2010 用例）

例（4）中B对“小姐”的否定，是受话人认为说话人把自己儿子的班主任称为“小姐”表达方式不适宜，因为“小姐”一词在现实社会中含有贬义，指从事不正当职业的女性，所以给予否定，这时否定的只是表达的不适宜性，没有否定语句的真值条件，属于元语否定。例（5）是受话人 B 认为发话人 A 的话语违背了合作原则中的量准则，在表达上是不适宜的，所以给予否定并用后面话语给予修正，这时并没有否定命题的真值条件，属于元语否定。

以往在元语否定的性质和界定上争论不休的原因之一，是把有关命题的真值条件否定和非真值条件否定都放入元语否定的范围，没有充分考虑内部成分的不一致性，所以没有形成统一的认识。我们认为元语否定否定的是语句的适宜性，是对命题的非真值条件的否定，不涉及命题的真值条件。

三 元语否定的成因和类型

（一）元语否定的分类

我们根据元语否定出现的句法环境和成因将其分为两类：A 类是出现在说话人自我陈述中，称其为自述式元语否定；B 类是出现在双方交际互动的环境受话人的话语中，称其为互动式元语否定。两类的句法环境不同，但是其成因具有共性：它们都与说话人的主观认知有关；但各自又具有个性：A 类自述式元语否定主要是由于说话人的主观认知认为自己的言语表达在某些方面不适宜所以给予否定。B 类互动式元语否定是在互动的交际语境中，受话人认为发话人的言语在某些方面不适宜所以给予否定，这是由于交际双方没有形成共同的认知语境造成的，B类的具体成因主要包括以下四个小类：①由违背合作原则某一准则造成的元语否定。②由语序差异造成的元语否定。③由语体风格和色彩不适宜造成的元语否定。④由表达主观情态上的差异造成的元语否定。

（二）A类自述式元语否定

A类自述式元语否定的成因主要是由说话人言语表达的主观性决定。主观性（subjectivity）是指语言的这样一种特征，即在话语中多多少少总是含有说话人"自我"的表现成分。也就是说，说话人在说出一段话的同时表明自己对这段话的立场、态度和情感，从而在话语中留下自我的印记（Lyons，1977：739；沈家煊，2001）。A类元语否定是说话人为了表达自己的主观认知采取的一种言语策略，它常常采取说话人自述的方式表达，它不但可以传递说话人的主观认知，还可以起到修辞效果或凸显焦点等功效；它常用的否定标记是"不是……而是……"或"不"字独用。例如：

（6）魏子军看到买票人排得长队很是心急，想到重病的母亲就想去插队，走到排在前面的一位姑娘面前怯怯地说："小姐，不，同志，你能带我买张票吗？我有急事要赶回老家。"（卞庆奎《中国北漂艺人生存实录》）

例（6）中发话人意识到把女孩子称为"小姐"是不适宜的，因为"小姐"这一词有表示从事不正当职业的女子的含义，所以用"不"对其进行否定，用后面的"同志"给予修正。

（7）这一吵吵得店主来了，肉里另有两条蛆也闻声探头出现。……店主取出嘴里的旱烟筒，劝告道："这不是虫呀，没有关系的，这叫'肉芽'——'肉'——'芽'。"（钱锺书《围城》；沈家煊1993用例）

（8）这个孤独的老人就只有和他的狗消遣寂寞。对他来说，这不是一条狗，而是他身边的一个亲人。（张贤亮《刑老汉和狗的故

事》，邵敬敏、王宜广 2010 用例)

例（7）说话人认为把“蛆”称为“虫”在风格和色彩上是不适宜的，所以给予否定并称其为“肉芽”，这是说话人运用言语策略诡辩的一种技巧，这时事物的本质并没有被否定，否定的是言语的非真值条件。例（8）“不”对前面话语的否定也没有否定其真值条件，只是为了凸显自己的主观认识和情感，认为前面话语在表达上是不适宜的，所以给予否定，“不”后面话语表达的是说话人的主观情态。

（三）B 类互动式元语否定

B 类互动式元语否定生成的句法环境是互动的交际语境，言语交际是一个话语生成和理解的过程，这个过程包括编码和解码两个方面；编码和解码都是交际者根据语境做出选择的过程，以往对元语否定成因的分析把焦点放在了发话人是否违背了合作原则中某一条准则上。其实，发话人所说的话语是根据交际目的和认知语境作出的选择，发话人不会故意去违背某一准则，如果遵守了某一准则对其他准则忽略也是为了表达某一特定的交际目的。同时，语言的解码同样也是一个建构和推理过程，在这一过程中人类的认知机制和认知语境对语言的选择起着决定作用。言语交际的基础是双方共有的认知语境，所谓共有的认知语境是指双方共有的知识经验或认知假设。但是在大多数交际中双方不可能绝对形成共同的认知语境，因为人与人之间在社会生活、经验经历、知识结构、记忆能力等方面的差异，会造成对外界事物的理想化认知模式、主观视角等方面的差异，所以要达到交际中的绝对共识是不可能的，这就为共同认知语境的形成造成了障碍，就为元语否定提供了可能。受话人会以自己理想化认知模式中形成的认知语境为认知参照点对发话人的话语进行推理，由于认知语境上的差异，有时受话人推理出来的意义并不一定是发话人想表达的意思，所以言语交际有时成功有时会失败，误解对方的情况时常会发生。所以 B 类互动式元语否定的成因是受话人对发话人表达目的和前提的误解或认知语境冲突造成的。例如：

（9）A 昨晚和你在一起的那个女人是谁啊？

B 她不是什么女人，他是我妻子。（沈家煊 1999 用例）

（10）A 打扮完了吗？都快迟到了。

B 什么叫“打扮”啊？不就换件衣服吗？

（11）A 今天的晚饭有点咸。

B 不是有点咸，是太咸了。

（12）A 现在的女孩子都很爱美，冬天穿的很少。

B 那不是爱美，而是臭美。

例（9）中受话人 B 认为从表达方式上把自己的老婆称为“女人”是不礼貌的，违背了合作原则中的方式准则和礼貌原则，所以给予否定，其否定的只是表达上的适宜性，没有涉及语句的真值条件。其实发话人用“女人”指称他见到的人并没有错误，和受话人在一起的本来就是一个女人；再是，可能发话人想表达听话人在外和其他女人约会的言外之意。受话人并没有理解发话人的用意，所以双方没有形成共同的认知语境，为元语否定的形成提供了条件。例（10）中受话人认为发话人把“换衣服”说成“打扮”在语体风格上是不适宜的，所以给予否定。例（11）和（12）都是受话人认为发话人的表达从量级上是不够的，所以给予否定，这时否定的是表达的适宜性，没有否定语句的真值条件，同时“而是”后面表达出了受话人的主观认识、态度和情感。

四　元语否定的表达方式

元语否定否定标记词有：“不（是）”“没有”“什么”“谁”等，但最为常用的是“不是”和“不”，元语否定在句法上主要有两种格式，一是“不是……（而）是……”；二是“不”单独使用。

（一）“不是……（而）是……”格式

“不是……（而）是……”格式既可以出现在说话人自己的陈述中，也可以出现在交际双方互动的语境受话人的回答中，在交际互动语境中元语否定“不是……（而）是……”格式常常处于相邻对（adjacency pair）[①] 格式中。例如：

① 相邻对是指会话中由不同的人先后说出的由两轮话语组成的序列，第二轮话语是对第一轮话语的应答（George Yule，1996，转引自李桔元，2002）。

（13）A 郭芙蓉：她没有欺负你吧！

B 佟湘玉：不是欺负，而是虐待！（宁财神《武林外传》，邵敬敏、王宜广 2010 用例）

元语否定常常处于“不是……而是……”的复句结构中，“不是”部分是本句，对前面话语进行否定，前面话语可以是说话人自己说出的例（14），也可以是其他人说出的或客观事实例（15）；“而是”部分是义句，义句内容是对本句内容的说明或辩解，同时传达了发话人的主观情态。例如：

（14）我呢，还会想到我的母亲……不，她甚至不是一个母亲，而是推心置腹的朋友。（张洁《爱，是不能忘记的》）

（15）他只是忏悔对那个男孩的残杀，他感到自己杀死的似乎不是那个男孩，而是自己的童年。（余华《难逃劫数》，邵敬敏、王宜广 2010 用例）

（二）“不”独用格式

“不”单独使用表示元语否定主要是出现在自我陈述的语句中。这个“不”在句子中表元语否定的同时还起到了衔接前后语句、表达主观情态和凸显话题等语用功能。例如：

（16）终于他（苏乐民）静静地揭开了白布一角，啊，一个年轻的清秀的中国女子！圆脸如雪一般洁白，不，比没有玷污的雪原还要清冷和凄美，她死了吗？她已化成了一座汉白玉雕像，白得无暇、白得悲凉、白得令人心碎！（胡辛《蒋经国与章亚若之恋》）

（17）一个作家，不，一个人，某些时候对某些事，大抵总难免要皱皱眉，摇摇头，或者瞪瞪眼睛的。（梁晓生《一个红卫兵的自述》）

例（16）中说话人用“不”对前面话语的否定只是因为主观上认为，用“不”前面话语不能完全表达苏乐民的那份情感和态度，这时否定也是语句的非真值条件，属于元语否定。例（17）中“一个作家”也是“一个人”，所以“不”否定的只是自己表达的不适宜性，属于元语否定；但是如果没有“不”的连接句子将不能成立，所以“不”在句子中起到了衔接作用。这类否定是一种言语表达策略和修辞手段，是为了凸显“不”后面话语的重要性和传递发话人的主观情态。

五　元语否定的制约条件

在具体的语言运用中，元语否定在语义、语境和认知等方面都受到制约。

（一）语义上的限制

在元语否定格式“不是……（而）是……”中，“不（是）”后面内容和“而是”后面内容或“不”前后内容之间在语义上必须有关联性，否则它们否定的不是非真值条件。它们之间常常具有隶属关系、同指关系、比喻关系、递进关系、荷恩等级关系等。例如：

（18）一九五七年六月二十一日，罗隆基刚刚在万隆会议上为共产党出了一场风头，飞回祖国，到达昆明机场，一盆冷水，不，是一盆冰水，便兜头向他泼了过来。（李异鸣《我所敬佩的三条硬汉——说说中国自由主义知识分子的命运》）

（19）我们终于拥有了除了教科书以外的两本闲书，不，是两本藏书。（黄阿忠《藏在心中的书》）

例（18）被否定的话语和后面修正话语之间是同指关系同时也蕴含了荷恩等级关系，“冰水”比“冷水”温度更低，把“一盆冷水”代表的状态作为背景来凸显后面的“一盆冰水”代表状态的程度。这属于非真值条件否定，它并没有否定“一盆冷水”表达的状态的存在，说话人只是认为这样表达程度在量上是不够的，所以给予否定。例（19）中“不”前面“两本闲书”和其后的“两本藏书”属于同指关系，这样表达是一种言语表达策略，只是为了凸显发话人对书的主观情态。

(20) 你记住，你扫的不是地，而是你那颗蒙尘的心！（宁财神《武林外传》）

(21) A 昨晚班长送了王芳一束花。

B 班长送的不是一束花，而是一束玫瑰。

例（20）中“不是……而是……”后面内容之间是比喻关系，语句把对本体的否定作为背景信息，来凸显前面喻体的特征，同时表达发话人的主观情态。例（21）中“不是……而是……”前后内容之间属于种属关系，“玫瑰”是“花”的下位概念，受话人认为把班长送的“玫瑰”说成“花”是不适宜的，因为“玫瑰”更具有深层内涵，代表爱情，所以给予否定，但是它并没有否定语句的真值条件，所以属于元语否定。

（二）语境和认知机制上的限制

元语否定具有很强的语境依赖性，它必须发生在冲突的语境中，这种冲突的语境可以是交际双方互动中产生的，也可以是说话人自己陈述的话语前后相冲突，冲突语境的形成与人类的认知机制密切相关。

1. 说话人自我陈述中元语否定的制约条件

自述式元语否定语句的生成主要受人类言语表达的主观性制约，如果此类语句只是一个客观陈述就不能构成元语否定。例如：

(22) 看到这一座座大楼也许你会以为这准是在兴建商贸大楼，不，这是佛山改建旧城区的第25小学工地。(《报刊精选》1994年第10期)

(23) 在“北国之春”大酒店的一幕，难道只是几个大款与他个人的交锋吗，不，这是两种价值取向的碰撞，是两种人生态度的碰撞。(《报刊精选》1994年第12期)

(24) 王昭君已经不是一个人物，而是一个象征，一个民族友好的象征；昭君墓也不是一个坟墓，而是一座民族友好的历史纪念塔。(邵敬敏、王宜广2010用例)

例（22）只是一个客观陈述，不带有主观性，所以不属于元语否定，它否定的是语句的真值条件。例（23）中“不”对其前面话语的否定没有否定语句的真值条件，它只是采取此表达手段把“不”前面内容作为背景信息，来凸显“不”后面内容表达的信息，这种表达手段主要是为了传递说话人的主观情态，人类表达的主观性对其生成起到制约作用。例（24）是发话人为了表达自己对王昭君的主观态度和情感而采取的一种言语策略，它没有否定王昭君作为一个人的本质特征，发话人的主观动因是通过此表达方式来凸显王昭君的象征意义，这一表达方式受到人类认知机制的调控。

2. *互动式元语否定的制约条件*

交际活动是一个互动的过程，在交际过程中人类的认知机制起到调节和监控作用，语句中传递的信息是否适宜与双方的理想化认知模式、认知参照点、主观视角、认知语境密切相关。发话人在言语表达时会尽量遵循会话准则传达明确的信息除非为了某种特殊语用目的，但是发话人的话语只是为受话人提供了一个推理的认知语境，至于这一认知语境能否成为交际双方共同的认知语境与受话人有着密切的关系。受话人会以自己的理想化认知模式作为认知参照点来理解发话人的话语，如果发话人的话语提供的认知语境与受话人的认知语境基本一致，交际就可以顺利进行，如果相互冲突就会影响交际顺利进行，而这种语境冲突为元语否定的生成提供了条件。以往的研究只注重发话人话语的含义，而对受话人对话语的解读关注不够，受话人对话语的解码是一个推理过程，其相关推导是根据交际语境和自己的认知语境作出选择的过程，可是受话人会根据自己的主观视角和认知模式对接收到的信息进行判断其是否适宜，如果交际双方在认知模式、认知视角或认知语境上存在差异，交际双方就不能形成共同的认知语境，受话人就会否定发话人表达上的不适宜，也就是说，认知上的差异为元语否定的生成提供了机会。可目前有关元语否定的研究大部分还是局限于语用上的合作原则、会话理论、关联理论和顺应论等角度分析，很少涉及认知机制。高航（2003）指出：“元语否定研究存在的根本问题是对于真值条件的看法过于狭隘，没有充分考虑到语境和认知机制的作用。”我们认为从认知机制角度出发分析元语否定的生成和理解机制，才能揭示元语否定的真正成因，因为元语否定使用的真正制约条件是人类的认知机制。例如：

（25）A 昨晚停电听说你秉烛夜战，写了一晚上？

B 什么“秉烛夜战”，是点蜡烛，少给我文绉绉的。（孔庆成 1995 用例）

（26）A 彼特很喜欢苏珊。

B 彼特不是喜欢苏珊，而是爱苏珊。

例（25）是对语句语体色彩的否定，否定的成因是受话人主观上认为把“熬夜学习”称为“秉烛夜战”是不适宜的，所以给予否定，交际双方没有形成共同的认知语境的原因是双方主观认识上的差异。例（26）受话人对发话人语句的否定，是因为受话人认为发话人的话语违背了合作原则中的量准则，彼特对苏珊的感情已经到了爱的程度。受话人形成这一认识的动因是受自己理想化认知模式制约的，交际双方在现实生活中都根据自己的经验、环境、文化等对事物和现象形成了自己的认知语境，对事态的判断也以自己的认知语境作为认知参照点，所以会造成认知语境冲突。发话人认为彼特对苏珊只是喜欢，可受话人认为彼特爱苏珊，这种差别是双方的理想化认知模式上的差异造成的，所以说元语否定的生成受人类认知机制的制约。

六 元语否定的辖域和焦点

元语否定的辖域和焦点与元语否定的格式和语境密切相关，所以对元语否定否定辖域和焦点的确定我们必须从元语否定的格式和语境出发。

（一）“不是……（而）是……”格式

当元语否定格式是“不是……（而）是……”并处于交际互动语境中时，强调的是受话人认为前面发话人的话语在某一方面是不适宜的，所以给予否定，“而是”后面内容是对前面他人话语的反驳、辩解和修正。这时否定的辖域和焦点是前一个分句“不是”后面的内容，而语句的信息焦点却是“而是”后面的内容。例如：

（27）A 小刘今天怎么这么高兴啊？

B 他不是高兴，而是欣喜若狂。

例（27）中否定的辖域和焦点是“不是”后面的“高兴”，句子的信息焦点是“欣喜若狂”。

当元语否定格式是“不是……（而）是……”并处于说话人自我陈述的语境中时，是说话人主观上认为其前面陈述是不适宜的所以给予否定，这时“不是”后面内容是否定的辖域和焦点，“而是”后面是说话人想表述的内容，也是语句的信息焦点。例如：

（28）我这养的不是孩子，而是个讨债鬼。

例（28）中被否定的辖域和焦点都是“孩子”，而句子的信息焦点是“讨债鬼”。

例（27）和（28）都是因为说话人认为前面的话语表达不适宜从而给予否定。在语句中“不是”后面的内容是句子的背景信息，“而是”后面的内容是语句要表达的前景信息。

（二）“不”独用格式

在“不”字独用的元语否定中，虽然也是认为前面话语不适宜从而给予否定，但被否定的话语是说话人自己说出来的，更多传达的是说话人自己的主观情态，“不”否定的辖域和焦点是“不”前面的话语部分，具体否定的是与“不”后面有相对应内容的部分，这时“不”前面被否定的部分是语句的背景信息，“不”后面与前面否定相对应的内容是语句的前景信息，是语句的焦点。例如：

（29）那是一幅时代画像，浓郁的又是闭塞的，混沌又是透露时代光明的，不，我真正想说的是那是一幅山东大汉闯关东的真正的“移民图”。（《报刊精选》1994年第8期）

（30）读完《长江三日》，可那两段诗一般的文字，不，应该说乐句，还在我心里飞翔。我迫不及待地借来这本小册子，如饥似渴地读下去。（《罗莎的眼睛》，《读书》1982年第2期）

例（29）中否定的辖域和焦点是与“移民图”相对应的“一幅时代画像”，语句的信息焦点是“移民图”；例（30）中否定的辖域和焦点是与“乐句”相对应的“那两段诗一般的文字”，语句的信息焦点是“乐句”。“不”在此更多起到表达主观情态和衔接功能，把前后两个内容对比凸显事物或现象的特征，而语句的信息焦点是“不”后面与否定焦点相对应的部分。

由以上分析得出：第一，在元语否定中，语句的否定辖域和否定焦点是一致的，而语句的信息焦点和否定焦点是不一致的。第二，元语否定的格式、语境以及认知上的主观性是确定元语否定否定辖域的决定性因素。第三，元语否定是一种对比性否定，通过对前面内容的否定凸显后面语句的信息焦点。

七 元语否定的语用功能

元语否定具有特殊的语用功能，它作为一种交际策略，能够传递说话者的主观情态，凸显语句的焦点，使得语句更加生动有趣，元语否定主要有以下语用功能：辩解修正功能、补充证实功能、承接连贯功能、强调凸显功能和修辞功能。

（一）辩解修正功能

元语否定是对话语本身的否定，它是通过否定前面其他人的话语或自己前面提出的话语，来凸显否定内容后面的话语传递的信息，后面信息是对其前面否定部分的辩解和修正，主要是说明否定的理由或修正前面表达的不适宜之处，所以前人研究中把其特征称为引述性或辩解性否定。例如：

（31）A 昨晚的世界杯中国队又没赢。

B 不是又没赢，是又输了。

（32）袁友春说：“大家说你这艺术家的习气是在法国拉丁区坐咖啡馆学来的，说法国人根本没有时间观念，所以‘时间即金钱’那句话还得向英文去借。我的见解不同，我想你生来这迟到的脾气，不，没生出来就有这脾气，你一定十月满足了还赖着不肯出世的。”（钱锺书《猫》）

例（31）B 是受话人对前面发话人话语适宜性的否定，受话人认为说中国队没赢是不适宜的，所以给予否定，并用后面的话语说明中国常常输的状况，并传递了说话人对中国队的主观评价。例（32）中“不”否定的是其前面的话语，说话人认为自己前面的话语还不够准确，所以给予否定，“不”后面进一步说明自己的主观看法，这时否定的也只是话语的适宜性，更主要是为了凸显自己的主观看法。以上都体现了元语否定的元语用功能。

（二）补充实证功能

在元语否定语句中，否定标记词对其前面不适宜表达否定以后，后面会补充出来适宜的表达方式和内容，或用更加适宜和充分的话语来证明前面表达的不适宜性。例如：

（33）他看了看女儿，心中忽然一阵难过，不是怒，不是恨，不是气，而是忽然来到的一点没有什么字可以形容的难过。（老舍《文博士》）

（34）我不是为了建立家庭才结婚，是结了婚才有家庭的。（谌容《懒得离婚》，沈家煊 1993 用例）

例（33）中“不是……而是……”前后内容属于递进关系，作者认为用“怒”“恨”“气”都无法形容文中主人公的感受，所以在“而是”后面做进一步补充说明，更多的是为了表达出文中主人公的主观情态“没有什么字可以形容的难过”已经包括了“怒”“恨”“气”，所以后面话语是对前面话语适宜性的否定。例（34）后面“是结了婚才有家庭的”是对前面否定内容的补充实证，通过前后对比凸显了对结婚的态度和认识。

（三）承接连贯功能

元语否定中的标记词“不是……（而）是……”和“不”否定的是句子的非真值条件，其否定功能已经很弱，更多表现出的是对语句前后内容的承接连贯功能和表达说话人的态度和语气。在“不是……（而）是……”中“不是”已经演化成关联词语；单用的“不”字在表元语否定时否定功能已经很弱，更主要的是起到衔接前后小句的功能，这是否定副词“不”进一步虚化的表现。例如：

(35) 博士似乎还没看清楚这个使她们都立起来的女子，她就仿佛是个猫，不是走，而是扶一把椅子，又扶一把桌子，那么三晃两晃的已来到玉红的身旁。(老舍《文博士》)

(36) 从呱呱坠地的那一刻起，不，从生命的信息突然发生在自己的肚子里，孩子的一哭一笑，一动一止，一声一息都牵动着母亲的心。(王蒙《蝴蝶》)

例（35）和（36）中否定标记词都是必不可少的，它们不但用于表达元语否定功能，还起到对语句前后小句的衔接功能，没有它们的衔接句子将不能成立。

（四）强调凸显功能

元语否定作为一种言语表达策略，是一种对比性否定，体现了人的元认知意识，通过否定前面内容凸显出后面内容的重要性和适宜性。在元语否定中被否定部分只是背景信息，后面肯定部分才是要强调的前景信息，所以凸显功能是元语否定的重要语用功能之一。

(37) 他们的一切行动，即使是买一块豆腐，都会给自己惹来灾祸，都会被送到进去就死的牢狱里去。他们既不是日本人，也不是中国人，而是还会吃饭的死人。(老舍《火葬》)

(38) 让我再次向您保证，绝对不会扰乱您平静的生活。无论如何，请让罗严克拉姆公爵，不，应该说是让您弟弟如愿以偿。(田中芳树《银河英雄传说》)

例（37）从文章上下文我们可以得知，牢狱里关的都是被日本人抓的中国人，“而是”后面这些“还会吃饭的死人”指的也是中国人，所以“不是”否定的不是语句的真值条件，只是通过否定背景信息来凸显前景信息，强调日本人是怎样虐待中国人的。例（38）中“不”前面的“罗严克拉姆公爵”和后面的“弟弟”指的是同一个人，所以在此“不”否定的也不是语句的真值条件，只是通过否定来强调一种亲情关系。

（五）修辞功能

元语否定具有修辞功能，可以运用否定标记词前后话语之间的象征关系或比喻关系达到修辞效果，体现出话语表达的幽默和形象生动性，同时传递出说话人的主观情感和态度。例如：

（39）刘翔用网络流行语形容自己："我跨的不是栏，而是寂寞。"（邵敬敏、王宜广 2010 用例）

（40）还是这同样的废墟，不，我应该说同样的伤痕，这三年来，我在广州、武昌、梧州、桂林、金华都见过了。（巴金《先死者》）

例（39）和（40）都是比喻的用法，例（39）中通过对本体的否定来凸显喻体的形象生动性。例（40）中"不"前后都是比喻用法，其前后有递进关系，发话人认为前面的比喻不贴切，所以给予否定，并且用"不"后面话语进一步强调，使得那张脸的特征能够更加形象生动地呈现在读者面前。这种言语表达策略的运用起到了很好的修辞效果。

八 小结

本章从元语否定的性质和界定、否定的成因和类型、制约条件、否定的辖域和焦点、语用功能六个方面对其进行了论述，元语否定这一概念来自国外语言学，汉语学界对元语否定的界定主要是借鉴了 Horn 有关元语否定的论述。我们同意前人关于元语否定定义的说法，即元语否定否定的是语句的适宜性。我们从元语否定的成因出发对元语否定进行了分类，分为两个大类：一类是自述试元语否定，即说话人对自己前面话语适宜性的否定；另一类是互动式元语否定，即受话人对发话人话语适宜性的否定。我们从语义、语境和认知机制三个角度分析了元语否定的受制约情况：在语义上否定前后的话语必须具有关联性，它们之间常常具有递进关系、同指关系、比喻关系、荷恩等级关系、隶属关系；再是，元语否定必须处于冲突的语境中，其生成受到人类认知机制的制约。元语否定否定的辖域和否定焦点是一致的，而语句的信息焦点和否定焦点是不一致的，否定的焦点是否定标记词前面的内容，语句表达的信息焦点是否定标记词后面的内容。元语否定是一种对比性否定，通过对前面内容的否定凸显后面语句的信息焦点。对元语否定的语用功能从辩解修正、补充实证、承接连贯、强调凸显、修辞功能五个方面进行了分析，元语否定作为一种言语策略具有很强的语用功能和语境依赖性。我们的研究只是从语用和认知角度对元语否定研究做的一种尝试，元语否定在汉语学界研究历史还比较短，有很多值得深入研究的内容有待我们去挖掘，我们应该运用语用学和认知语言学相结合的方法，多角度、全方位地对其进行深入研究。

第二章　“不是X，而是Y”构式的元语否定功能

一　引言

“不是X，而是Y”这一格式既可以表示语义否定，又可以表示语用否定，本章通过两种不同否定的对比分析说明“不是X，而是Y”这一构式的形成过程和表示元语否定的用法、特征和功能。“不是X，而是Y”在表示元语否定时已经元语化和构式化，它表示主观强调义，我们在前人研究的基础上，从构式语法（construction grammar）的角度分析“不是X，而是Y”这种构式的特征和功能，对构式框架“不是X，而是Y”的表义类型、构件X和Y的关系、构式的原型与变式的传承关系，以及构式与构件的互动等问题提出我们的看法。

为了行文方便，我们把“不是”后面内容称为X，把“而是”后面内容称为Y。

二　有关“不是X，而是Y”前人研究成果

现代汉语“不是X，而是Y”这一结构，在黄伯荣、廖序东（1988：161）和胡裕树（1995：358—359）主编的《现代汉语》，张斌（2010：646）主编的《现代汉语描写语法》中都把此表达式看作并列关系。汉语学界一些学者对这一结构的表义特征已有所关注，万一（1986）分析得出“不是X，而是Y”这一表达式中X和Y之间有转折和递进两种语义关系，最终得出关联词“不是……而是……”所表达的不是并列关系，而应是选择关系。余晓环（2004）分析得出“不是X，而是Y”这类表达式连接两个成分，可以表示并列关系，也可以表示递进关系；他并且指

出表示并列关系属于语义否定，表示递进关系属于语用否定，否定的是语句的非真值条件。卢英顺（2010）从构式角度对“不是A，是B”的特征和构式义进行了分析，指出其构式义是“主体NP通过某种方式获得或者消除B所表示的状态”。邵敬敏、王宜广（2010）分析了“不是……是……”的非真值否定的功能和价值。可见前人的研究已经注意到“不是X，而是Y”这一表达式在表义上的多样性，对其表示语义否定的分析已经很充分，对其表示语用否定近几年才有所涉及，但是对其表语用否定的特征、成因和功能还需要我们深入分析。

我们认为“不是X，而是Y”这一表达式在否定非真值条件时属于元语否定，我们对元语否定的定义继承了Horn（1985）的观点，他认为元语否定否定的是语句的适宜性，否定不涉及语句的真值条件。“不是X，而是Y”在表示元语否定时常常出现的话语环境有两种：第一种是在相邻对格式中，有前后两个话论组成，“不是X，而是Y”出现在第二个话论中，对前面发话人的话语中不适宜部分进行引述性否定；第二种是出现在说话人自我陈述的语句中，是说话人对自己前面的话语的不适宜性进行否定，后面说明自己想进一步强调的信息。第一种话语环境前人从会话中的合作原则、关联理论、顺应论出发做了较为全面的分析，缺点是以往的分析只是关注发话人是否违背了合作原则，对受话人对话语的解读关注不够。对“不是X，而是Y”出现在第二种话语环境中的分析，我们只在余晓环（2004），卢英顺（2010），邵敬敏、王宜广（2010）文章中见到，还值得我们深入发掘它的特征、成因及其语用功能。为了行文统一，本书只研究其处于第二种话语环境中的情况。

三 “不是X，而是Y”结构前后语句的关系

对“不是X，而是Y”结构的语义关系一直争议颇多，主要有并列关系、转折关系、递进关系三种看法。我们坚持此格式表示语义否定时是并列关系；在表示元语否定时是递进关系，即使是在X和Y之间没有程度关系时，元语否定是为了凸显“而是”后面内容，从深层语义上前后也具有递进关系。

（一）“不是X，而是Y”表语义否定

“不是X，而是Y”在表示语义否定时前后语段之间是并列关系，X和Y代表的两个事件、状态、事物或人是对立的；“不是”完全否定前一个分句表达的内容，“而是”肯定后一个分句表达的内容。X和Y既可以是词、短语，也可以是小句。并且“不是”有时可以省略，只要前面内容是否定的句子即可成立。例如：

（1）作为一种视觉艺术、时空艺术，舞美不是被动地处于配合的从属地位，而是参与表演并决定着演出形式。（卞庆奎《中国北漂艺人生存实录》）

（2）鸭嘴兽的生殖方式很特殊，不是胎生，而是卵生。刚孵出的幼兽，全身无毛，由母兽用乳汁来哺育。（《中国儿童百科全书》）

（3）马克思列宁主义并没有结束真理，而是在实践中不断地开辟认识真理的道路。（毛泽东《实践论》，万一1986用例）

从例（1）和（2）“不是”对其后面分句的内容都是完全否定，被否定的内容与“而是”后面内容是对立的。例（3）前分句省略了“不是”，用“没有”取代，但前分句必须是否定意义语句才能成立，其前后分句表达的内容也是对立的。这类否定属于语义否定，“不是”是对其后分句内容的全部否定，否定的是语句的真值。

（二）“不是X，而是Y”表元语否定

“不是X，而是Y”这一格式在表示元语否定时，其前后X语段和Y语段总的来说是递进关系，Y语段是对前面X语段否定话语的纠正、补充、深化或转移。“不是X，而是Y”表示元语否定时，后一分句比前一分句在表达的范围、数量、程度、时间、情感或其他方面更进一层。“不是”不是完全否定其后面分句的内容，它只是否定语句的适宜性，不涉及语句的真值条件。“而是”后面是说话人肯定或想凸显的内容，这种构式的运用体现了人类认知机制对言语表达的调控能力和言语表达中的元语用意识，是一种言语表达策略。有时“而”可以省略，不影响语义的表达。“不是”是绝对不能省略的，否则语句将不能成立。例如：

(4) 只是当我从头到尾把它们读了一遍的时候，渐渐地，那些只言片语与我那支离破碎的回忆交织成了一个形状模糊的东西。经过久久的思索，我终于明白，我手里捧着的，并不是没有生命，没有血肉的文字，而是一颗灼人的、充满了爱情和痛苦的心。（张洁《爱，是不能忘记的》）

(5) 谈到这次演唱会的特点……罗大佑解释《恋曲 2100》不是一首具体的歌曲，而是一个概念："过去的十年就像是一场梦，像是过山车，所以想把目光放在未来。2100 这个数字也是一个有待填写的开放空间。"（网易娱乐 2011 年 6 月 1 日）

(6) 屈原：哼，真没有想出，你会这样的陷害我！可你陷害的不是我，是我们整个儿的中国啊！（郭沫若《屈原》）

(7) "犀利收碗哥"收的不是碗，是青春的别样风采。（《犀利收碗哥陈文原》，《呼伦贝尔日报》2011 年 6 月 1 日）

例 (4) 说话人读的绝对是"文字"，所以"不是"对其否定并没有否定其真值，只是以这一否定为背景信息，来凸显"而是"后面的内容，后面 Y 语段是对其前面 X 语段内容的纠正，纠正的目的是为了表达说话人的主观认识。例 (5)《恋曲 2100》是罗大佑演唱会上的主题歌，但罗大佑说它不是一首具体的歌曲，是通过元语否定的表达方式来凸显这首歌的真正内涵，后面 Y 语段通过补充说明的方式来解释这首歌的内涵，这是一种言语表达策略，起到了主观强调的功能。例 (6) 中被害的是说话人本人，所以"不是"并没有否定语句的真值，后面 Y 语段内容是对其前面 X 语段内容的深化，是说话人认为凸显陷害他的严重性，采取此种表达手段。例 (7) 中通过上下文我们得知，大学生陈文原是因为在食堂收碗勤工俭学出名的，语句中是通过否定现象来凸显本质，通过话语转移来表达出说话人的主观情态，同时也起到了修辞效果。

（三）"不是 X，而是 Y"元语否定特征

通过上面"不是 X，而是 Y"表示语义否定和元语否定的对比，我们得出"不是 X，而是 Y"表达元语否定时的特征，主要有以下几种：

第一，"不是 X，而是 Y"表示元语否定时，"不是"否定的是语句的非真值条件，语句表面上是否定的，其深层语义却是肯定的。

第二，“不是X，而是Y”表示元语否定时，“不是”是不能省略的，否则语句将不能成立，因为在这一构式中“不是X”是作为整个结构的背景信息存在的，如果“不是”被省略掉，“而是Y”表达的内容就无法凸显出来。

第三，“不是X，而是Y”表示元语否定时，语句前后是递进关系，后面Y语段是对X语段的纠正、补充、深化和转移，后句在数量、范围、程度、情感或其他方面比前句更加深入，“而是Y”部分是语句凸显的焦点部分。

第四，“不是X，而是Y”表示元语否定时，具有很强的主观性，是说话人主观认识、情态的表露，它表示强调义。

四　“不是X，而是Y”的构式鉴定及其构式义

（一）构式概念的界定

有些认知语言学家把能够被完全预测的结构称为“常规构式”，把不能被完全预测的结构称为“特殊构式”，这样所有的句法研究就都归入了构式，我们的研究坚持构式的狭义定义，只把不能被完全预测的结构称为构式。

对构式概念最经典的解释要数Goldberg（1995），她对构式的定义是：“当且仅当C是一个形式—意义的结合体〈Fi，Si〉，且形式Fi或意义Si的某些方面不能从C的构成成分或其他已有构式中得到完全预测时，C是一个构式”（Goldberg，1995：4；吴海波译，2007：4）。Goldberg（2006：5）对构式的定义进行了更新，她认为“构式是后天学得的，形式与语义功能或语篇功能的匹对体”（王寅，2010：34）。通过以上定义，我们可以总结出以下观点：第一，构式的整体意义大于部分意义之和，构式义不是其组成成分的简单相加。第二，构式义具有不测预测性，构式义是结合语境和语用推理为表达特定功能形成的，构式义是一种整合义。第三，构式在结构上应该有其形式化特征。

（二）“不是X，而是Y”表语义否定时的构式鉴定

“不是X，而是Y”既可以表示语义否定，又可以表示元语否定。我

们认为“不是X，而是Y”在表示语义否定时还没有构式化，一是因为表示语义否定时“不是”可以不出现，只要前面语句表示否定意义语句即可成立，在“不是”中间常常可以插入副词，如一定、仅仅；有时“是”可以省略，只用“不……而……”即可，所以说此结构还没有固化。二是在表示语义否定时“不是X，而是Y”的表义是语句表层语义的简单相加，没有形成语句整体的构式义。例如：

(8) 生活就是这样，它总在阴差阳错之间改变一个人。这种改变不是和风细雨式的，而是暴风骤雨式的大改变——把你改变得连你自己也不认识自己了。(卞庆奎《中国北漂艺人生存实录》)

(9) 1972年7月，28岁的地质学家丁道衡到这里考察，终于揭开了这个千古之谜。原来，这是一座铁矿山，吸住马掌铁的不是神力，而是磁铁矿的强磁性。这就是白云鄂博铁矿，称得上是天然的大磁铁。(《中国儿童百科全书》)

(10) 某些长句之所以让人感到别扭，倒不一定是因为句子长，而是因为内部包含一个长修饰语。(叶景烈1980用例)

(11) 应该把这个问题提到新的认识上来，不要避讳这种批判，而是要从正面指出这个问题。(周恩来《关于我国民族政策的几个问题》，万一1986用例)

例（8）—（11）中“不是”否定的内容和“而是”肯定的内容是并列关系，它们是语义的简单相加，没有出现整个结构的浮现义；并且“不是”之间常常插入评注性副词或范围副词，如例（10）；“不是”还常常可以省略，用其他否定语句代替，以上特征说明表示语义否定的“不是X，而是Y”还没有固化也没有其特定的语用伴随义，所以还不是一个固化的构式。

（三）“不是X，而是Y”表示元语否定时的构式鉴定

“不是X，而是Y”表示元语否定时完全符合上述构式的鉴定标准，第一，“不是X，而是Y”表示元语否定时有其固定的结构形式。“不是……而是……”在其结构框架中都不能省略，否则就不能构成元语否定。“不是”否定的内容是为凸显前景信息的背景信息；“而是”后面内

容是语句中的信息焦点，是语句中被凸显的前景信息。其中的X和Y形式比较自由，可以是词、短语、小句等形式。第二，“不是X，而是Y”表示元语否定时其表义上不是其组成成分的简单相加。其表义上具有不可预测性，“不是X，而是Y”表面是否定形式，可是其深层语义表示肯定，“不是”并没有否定其后语句的真值，只是通过此否定来更加凸显后面内容的重要性和说话人的主观情态。第三，“不是X，而是Y”表示元语否定时已经形成了其固定的构式义，即表示强调义，这一构式义依赖于此特定的结构和语境。例如：

（12）她几乎可以不要个丈夫，她懒，她爱睡觉。假若她也要个丈夫的话，那就必须是个科长，处长或部长。她不是要嫁给他，而是要嫁给他的地位。（老舍《四世同堂》）

（13）无论小仲马对阿尔丰西娜的感情如何，他敏锐地感受到这位不幸的风尘女子之死不是一桩孤立的事件，而是一种具有深刻含义的社会现象。他由此想到了自己的那位可怜的亲生母亲，想到了社会的种种残酷和不平。（王聿蔚《茶花女》译本序）

（14）当时刘伯承年仅23岁，后来在重庆找到一个德国医生给他治伤，为了完成他富国强兵的理想，要保护脑子，他拒绝手术使用麻药。……后来这位医生常对人说：“我没想中国人这么勇敢，我曾经给一个青年军官做手术，他有超人的毅力，他不是军人，而是军神……”（鲍成成《话长征，忆传统——访刘伯承元帅夫人汪荣华》）

例（12）—（14）都处于“不是……而是……”的结构框架内，这一结构已经固化其中任何一个标记词都不能省略或替换，否则就不能构成元语否定。例（12）中“她”嫁的当然是人，但说话人为了凸显主人公看重社会地位，通过元语否定的方式把它表达出来。例（13）中“阿尔丰西娜”的死其实只是“一桩孤立的事件”，但是说话人主观上认为这个事件具有深刻的社会意义，为了凸显说话人的想法，所以采取元语否定的方式表达出来。例（14）中我们都知道刘伯承是一个军人，可是说话人为了凸显刘伯承的坚毅，所以把他比作“军神”。例（12）—（14）表面上都是否定的，可是其否定并没有否定语句的真值条件，从整个句子的表义上却是肯定的，它们在表义上具有不可预测性，语句的整体表义大于部分语义之和，并且它们都形成了表示强调义的语用义，是说话人主观上想强调“而是”后面的内容或说话人的主观情态。所以“不是 X，而是 Y”在表示元语否定时已经构式化了。

五 “不是 X，而是 Y”构式的形成过程

认知语法认为，构式是在若干具体用法的基础上概括而成的，具有图式性，且数量相对有限，基于它带入具体词语就能允许产生出若干具体的语式（Construct）（王寅，2011：267）。Lakoff（1987）认为：“如果一个构式的结构是从语言中其他构式承继而来，那么该构式的存在具有某种程度的理据性（转引自吴海波译，2007：68）。”Goldberg 进一步提出：“理据性并非等同于可预测性，它介于预测性和任意性之间。在连接主义网络中，如果新信息被分析为已知信息的变异，那么新信息可以被更容易地吸收。她假定语义上和句法上相关的构式之间存在非对称的承继连接，即构式 A 是构式 B 存在的理据，当且仅当 B 承继 A 的特征。”（Goldberg，1995：69—72）有关“不是 X，而是 Y”构式的形成及其承继关系必须运用认知语言学的原型范畴、构式压制、主观性等理论才能做出更好的解释。

（一）“不是 X，而是 Y”构式的来源

“不是 X，而是 Y”构式的形成是具有理据性的，“不是 X，而是 Y”在表示语义否定时 X 和 Y 之间是并列关系，是两个对立的判断句，并且否定的是语句的真值，如果 X 和 Y 之间没有语义等级关系，这时它们之间是并列关系，如果 X 和 Y 之间有了在程度、范围、数量等方面的等级关系，这时 X 和 Y 之间隐含了递进关系，表示对 Y 表达内容的强调，这种句法环境为“不是 X，而是 Y”表示元语否定奠定了基础。例如：

（15）古时候，人们以为露水是从别的星球上掉下来的宝水，所以许多民间医生及炼丹家都注意收集露水，用它来医治百病及炼就“长生不老丹”。其实，露水不是从天上降下来的，而是在地面上形成的。（《中国儿童百科全书》）

(16) 为避免在一个国家中同时存在着两种日期，实际日界线并不是一条直线，而是折线。它北起北极，通过白令海峡、太平洋，直到南极。这样，日界线就不再穿过任何国家。（《中国儿童百科全书》）

(17) P.J. 卡尔西蒙（前 NBA 主教练，在芝加哥为姚明测试的教练）：测试前我只在录像中见过姚明。让人发出惊叹的不是他的某个动作，而是整场的表现。他能运球、跑、投篮、传球。他高达7英尺6，重达300磅。(姚明《我的世界我的梦》)

(18) 而权威思想的崩溃瓦解则不同于一般的社会动荡、改朝换代，它不是某种局部的颓毁衰坏，而是整个价值体系、道德准则、行为模式的总崩溃，是整个文化基础的动摇。(马良怀《崩溃与重建中的困惑——魏晋风度研究》)

例（15）和（16）中X和Y是并列关系，属于语义否定，否定的是语句的真值；例（17）和（18）中X和Y在语义上有等级关系，所以其中隐含了一种递进关系，但这时否定的还是语句的真值。“不是X，而是Y”的结构和句子中这种隐含递进关系为“不是X，而是Y”表强调义构式的形成提供了句法和语义基础。

（二）“不是X，而是Y”构式的形成阶段

当“不是X，而是Y”结构中X和Y之间具有明确的递进关系时，并且X和Y之间属于同一属性不同程度时，“不是”否定的不是语句的真值条件，它只是通过否定前面信息来凸显“而是”后面信息的重要性，从句子表层来看是否定，但其深层语义是肯定的，属于元语否定，这时表示强调义的“不是X，而是Y”构式义就已经形成了。这一构式的成因主要是说话人主观上想凸显某一视角造成的，语句中传递了表达者的主观情态。表强调义的“不是X，而是Y”构式承继了表示语义否定的结构格式。对于表示递进关系的“不是X，而是Y”构式我们称为A类。例如：

(19) 由于照片里的不少造型都是李大齐为她设计，周迅也甜蜜地宣称：“大齐不是好，而是很好。”(邵敬敏、王宜广2010用例)

(20) 奥运会从未在南美大陆举办过，因此里约曾被认为获胜机

率很大。里约出局后，巴西奥委会技术主任弗雷雷对国际奥委会以治安为由抛弃里约表示不服气。他失望地说："这种结果不是给巴西人泼了一盆冷水，而是一场倾盆大雨。"（新华社2004年新闻稿）

表强调义的"不是X，而是Y"构式的A类其X和Y之间是递进关系，它们具有相同的属性，Y比X在数量、程度、范围等方面在语义等级上更高。"不是"否定只是一种言语表达策略，通过"而是"后面的肯定信息，我们可以推知肯定Y包含了对X的肯定，是为了凸显Y所传递的信息，所以属于元语否定。例（19）中"很好"比"好"在语义等级上更高，对"好"的否定是说话人认为"好"不能充分表达自己的主观认识，所以给予否定，通过后面的肯定传递出说话人的主观认识和情态。例（20）中X和Y在量级和程度上都存在差异，通过对X的否定凸显Y传递的信息，来表明事态的严重性和说话人的主观评价。

（三）"不是X，而是Y"构式的成熟阶段

当表示强调义的"不是X，而是Y"构式固化以后，表示除递进关系以外其他关系的内容也可以进入此构式，主要有比喻关系、象征关系、身份关系、属性关系、现象本质关系、因果关系等。已经固化的表强调义的构式具有压制作用，它对于进入此构式的其他关系将进行赋义，使其具有强调义，这类表其他关系的"不是X，而是Y"构式我们称为B类，B类构式比A类抽象化程度更高，是表主观强调义的"不是X，而是Y"构式的成熟阶段。Goldberg（1995：67，72）指出："构式形成一个网络，它们有传承性关系连接起来，传承性关系为许多特定构式的特征提供了理据；当且仅当构式B从构式A传承其特征，那么A就为B提供了理据。"（王寅，2011：210）表强调义"不是X，而是Y"B类构式就是通过隐喻性连接和仿拟压制（Parody Coercion）在A类基础上形成的，A类构式是表示强调义的原型范畴，B类构式是在A类基础上形成的，它们有传承关系。A类X与Y之间语义关系更加具体一些，B类X和Y的关系更加抽象化。例如：

（21）哥抽得不是烟，是寂寞。（网络小说《美好的大学生活》）

(22) 正如，经历了一个世纪的时光，巴黎地铁早已不是交通动脉，而是已经成为巴黎人的生活命脉一样。超过300万的巴黎人在地铁车厢里往返穿梭的时候，它早就不只是一个空间，而是一个世界。(新浪房产2011年6月1日)

(23) 我们看残奥会，主要不是看他们比赛，而是看他们的精神，参与精神，拼搏精神。(新华社2004年新闻稿)

(24) 在首都马德里，有230多万人冒雨走上街头，人数超过该市总人口一半。他们打着伞，举着标语牌，呼喊着口号，愤怒的人群挤满各大街小巷，抗议的队伍绵延数公里。参加游行的青年学生门德斯说：“这不是在下雨，而是马德里在哭泣。”(新华社2004年新闻稿)

例（21）—（24）属于B类表示强调义的构式，它们和A类构式结构一样，构式义相同，都表示强调义，只是B类构式抽象化程度更高，表主观情态程度更高，不可预测性程度更高。它们已经抽象化为成熟的表示强调义的构式。例（21）中通过表面上否定具体的动作来凸显动作发出的原因，即抽烟是因为寂寞。例（22）中巴黎地铁作为“交通动脉”和“空间”的本质属性并没有被否定，只是把被否定内容作为背景信息来凸显人们对地铁看作“生活命脉”的主观情感。例（23）中看的还是比赛，通过比赛才能看到残疾人的精神，只是说话人为了强调残疾人的精神，通过否定现象来强调本质。例（24）中“下雨”的事实是不可能被否定的，只是说话人通过这种元语否定形式作为背景信息来凸显后面的信息，“哭泣”是一种比喻用法，通过否定本体来凸显喻体，用来强调马德里人民的那种痛苦之情。其实它们都没有否定命题的真值，只是通过对具体事件或现象的否定来强调后面说话人要表达的信息和主观情态。

六 “不是X，而是Y”构式与构件的互动

构式语法认为，构式整体与构件之间存在互动关系，构式语法把此关系称为“压制”(override)。在构式语法理论中对压制现象研究最为深入的是Michaelis，她（2003，2004，2005）较为详细地论述了“强制原则”(the override principle)，即“压制原则”，并将其定义为（2004：25；

2005：50—56)："如果一个词汇项在语义上与其形态句法环境不兼容，词汇项的意义就当遵守其所嵌入运用的结构的意义。"（转引自王寅，2011：338）

（一）"不是 X，而是 Y"构式对构件的压制

"不是 X，而是 Y"表强调义时作为一个构式整体对构件的整合作用之一，表现为对构件 X 和 Y 在语义和语用上的压制。在语义上，进入表强调义的"不是 X，而是 Y"框架使得 X 和 Y 在语义上必有关联性，即 X 与 Y 之间隐含有逻辑语义关系，而且 Y 在语义等级或表义程度上比 X 更加凸显，使得 Y 在语句中被凸显出来成为句子的信息焦点，在语用上表达主观情态和凸显功能。"不是 X，而是 Y"表示元语否定时从表层看是矛盾的语句，因为语句深层语义表示肯定，语句表层却用了否定词"不是"，但是当这一句式用于强调义为凸显"而是"后面内容时就能够成立，所以在此构式中"不是……而是……"这个框架也是不可或缺的。在"不是 X，而是 Y"构式中"而是"后面是被凸显的内容，在此构式中"而是"关联性很弱，凸显焦点的功能更强。例如：

（25）女人的心在滴血，身体在颤抖。她已晓得，为救男人，自己却落入陷阱。强盗在欺凌她，不是肉体，而是心灵。（尤凤伟《石门呓语》；余晓环 2004 用例）

（26）禅城区中心幼儿园与清远市阳山县畔水小学举行了一次互助联谊活动，更令人难忘的是，在这所地处贫困山区、四面环山的畔水小学里，这天还举行了一场特别的"拍卖会"。他们拍的不是普通的菜，而是满满的、沉沉的、浓浓的爱。（《广州日报》2011 年 5 月 30 日）

（27）科涅夫和巴拉诺夫走到小阳台上抽支烟，才看到楼下地面上散布着被爆炸抛出的反应堆碎片和大块石墨。后来他们才明白当时阳台上有多危险，他们抽的不是烟，而是自己的命。（新华社 2004 年新闻稿）

例（25）中人的肉体和心灵是一体的，强盗欺凌的是女人的肉体，"不是"对"肉体"的否定并没有否定命题的真值，只是通过这种否定形

式来凸显被欺凌女人精神上和心灵上的那种痛苦。例（26）中从语句我们可以推知他们拍卖的就是普通的菜，可说话人为了表达的主观认识采用了元语否定的形式，从了凸显了拍卖菜的象征意义，其中的X语段和Y语段是本体与喻体的关系。例（27）中其中的X和Y内容之间隐含了本质和现象关系，本质和现象之间并无递进关系，而是进入此构式后，说话人主观上想凸显其本质属性，所以语句通过否定某一事实的现象来凸显其本质属性，并且否定的不是语句的真值条件，属于元语否定，否则此结构不能表示强调义。

（二）构件对构式的压制

一个句子的表义是其词汇义和构式义相互作用的结果，在构式的最初形成阶段是由于某些非常规用法进入某一结构造成的，所以构式压制不仅仅是构式对构件的压制，也可能是构件对构式的压制。当X和Y表示递进关系、比喻关系、象征关系、身份关系、种属关系、现象本质关系、因果关系时，“不是X，而是Y”这一构式只有表示元语否定时语句才能成立，否则就不合乎语义逻辑。例如：

（28）买房前很多青岛市民会了解很多、咨询很多才出手。不过买家总没有卖家精，还是有不少购房者误踩“雷区”，花费上百万，买回的不是房而是“麻烦”。在购房时，订金打水漂、迟迟收不到房、精装修变成劣装修等是常遇的“雷区”。(《齐鲁晚报》2011年6月1日)

（29）1949年冬，庄希泉最后一次告别南洋，在新加坡各界侨胞举行的欢送庄希泉回国就任中侨委副主任的欢送会上，他郑重地许下诺言：“我这次回国不是去做官，而是去做公仆。”历史表明他确实“言必信、行必果”，没有辜负侨胞们对他的希望。(《侨界世纪老人庄希泉轶事》，人民政协网2011年5月31日)

（30）医生，对于很多人来说只是一个普通而又平凡的职业吧！然而在何伟院长看来他的眼科医院和手术给盲人带来的不仅仅是光明，更使得他们的生命也因重返光明而获得了重生，就像记者在给何伟院长的总结时说到的一样：医好的不是眼睛，而是生命。(《辽宁何氏医学院：让眼睛重见光明，让生命再度重生》，中华网2011年6

月 19 日）

例（28）—（30）中 X 和 Y 之间都是比喻关系或本质和现象关系，“不是”否定的是本体或现象，“而是”强调的是喻体或本质，此时“不是 X，而是 Y”构式只有表示元语否定语句才能成立，它并没有否定语句的真值，只是通过这种否定方式来凸显“而是”后面内容的重要性和说话人的主观认识。

七 小结

“不是 X，而是 Y”构式表示强调义，具有元语否定功能，语句的真值条件没有被否定但是语义重心转移到“而是”后面上；“不是”后面是背景信息，“而是”后面内容具有心理上的凸显性。X 和 Y 在关系上具有依赖性，“而是”在结构上对“不是”也具有依赖性，否则语句将不能表示强调义，不具有元语否定功能。通过“不是 X，而是 Y”表示语义否定和元语否定的对比得出，“不是 X，而是 Y”表示元语否定时已经构式化和元语化。同时我们分析了其形成过程、构式与构件的互动；从而得出“不是 X，而是 Y”在表示元语否定时已经固化为一个很成熟的构式，其构式义是表示强调义，它可以凸显说话人的主观情态和视角，同时也是一种言语表达策略，可以起到修辞效果。

第三章 “不”字独用的元语否定功能

一 引言

所谓“不”字独用是指“不”字单用，或“不”的叠用或连用形式在使用时，前后有语音停顿，在句法上“不”与前后成分不发生结构关系，书面上前后都有逗号或分号与其他成分或小句隔开。“不”独用时，既可以表示语义否定又可以表示元语否定，表示语义否定时否定的是命题的真值条件，表示元语否定时否定的是命题的非真值条件。为了行文方便，我们称“不”前面相关成分为X，其后面相关成分为Y，如果在语句深层语义上X≠Y，这时“不”否定的是语句的真值条件，属于语义否定。如果在语句深层语义上X≈Y，这时“不”否定的是语句的非真值条件，“不”只是对前面话语在表达上的不适宜性进行否定，没有否定语句的真值条件，这时是元语否定。以往对“不”否定语句的真值条件的研究已经很充分了，在本章只分析“不”字独用否定语句非真值条件的用法，即“不”的元语否定用法。从以往研究来看，语言学界对“不”独用的元语否定用法还没有充分进行论述，值得我们进一步深入研究和探讨。

二 “不”字独用的前人研究成果

在沈家煊（1993）提出语用否定之前，一些前辈已经注意到了“不”独用在否定上的一些特殊用法和功能。邢福义（1982）指出：“‘不’字独说有两种作用，一是简明否定，二是修订引进。‘不’字独说的修订引进作用，指的是用‘不’字对前面的一层意思作修订性否定，引出后面更进一层的意思，使所说的话一层比一层精确，一层比一层深刻。……总之，都不是可以全然否定的对象，说话人也不想用‘不’字对它作全然的否定。”吴士艮（1985、1986）提出一种“故作否定”，与邢先生的观点基本一致。他们所说的“修订引进否定”和“故作否定”就是我们所说的元语否定，它没有否定语句的真值条件，只是说话人采取的一种言语策略，凸显“不”后面的焦点信息和表达说话人的主观情态。张谊生（2004b）从语用否定的角度分析了“不”单用的元语否定功能，并指出表示元语否定的“不”已经具有了关联功能，正在向否定性连词转化。

三 “不”字独用表元语否定的句法特征

（一）句法特征和功能

“不”独用表元语否定时只能位于句中，在前后语段中起衔接功能，去掉“不”句子将不能成立。“不”独用表达元语否定是一种言语表达策略，“不”前面X语段是说话人故意设置的“靶子”，X语段表达的内容在程度、数量、范围或表达上从说话人角度看来是不适宜的，所以给予否定，并用后面Y语段给予补充或修正。“不”在中间起到衔接前后语段的功能。例如：

（1）一任归心似箭的他，心跳咚咚心旌猎猎并顽童般发出啊啊的惊喜。不，是狂喜。人在急于赶路而又缩地乏术之际，倍能领略高速的壮美。（《人民日报》1995年2月）

（2）一如往昔，这旋律仍旧撩动着我的情绪。不！远比过去更激烈地撩动着我、摇撼着我。（村上春树《挪威的森林》）

（3）他旁观者似的站在人群之外，背着手儿，眯着眼儿，仿佛正在欣赏一幅难得的好画儿。不！更好像一位唱压轴戏的名角儿，台前的“急急风”敲得越响，他就越不急于出场，越沉住气。（冯苓植《落凤枝》）

例（1）—（3）都是说话人对自己前面话语表达不适宜的否定，

“不”否定其前面信息并用后面话语进行解释或修正，这是说话人采取的一种表达策略，通过前后对比来凸显后面内容的性质和特征，同时传递说话人的主观情感和认识。

（二）否定的辖域和焦点

“不”否定的辖域和焦点是其前面的话语，但是句子的信息焦点是“不”后面与其否定焦点相关的部分。在此结构中“不”前面X部分是背景信息；“不”后面Y是语句要凸显的焦点，所以是句子的前景信息。“不”的衔接功能属于对比性衔接，通过对比“不”后面内容被凸显出来。例如：

(4) 恭平发现这个人虽已呼吸微弱，但却还活着。不，更确切地说是还没死。(森村诚一《人性的证明》)

(5) 她是他生活中的一个重要部分。不，她是他生命的生命。他离不开她，他不能离开她。(曾卓《文学长短录》)

(6) 她费劲地想着一个比喻，“这么说吧：和他坐在一间屋子里，屋里就像有两个女人。不，一个女人，一个唠叨老婆子！”（张承志《北方的河》）

(7) 在无垠的塔克拉玛干沙漠里，干涸的和田河沿上，一个人在慢慢地爬行，不，在蠕动。他的行动是那么地迟缓，几乎使人觉察不出他在动弹。(《读者》1993年合订本)

从例（4）—（7）我们可以看到，语句中“不”否定的焦点都是其前面的话语；“不”后面话语是对前面话语的说明和修正，是语句要表达的信息焦点，这是一种言语表达策略，把前面话语作为背景信息来凸显后面信息的重要性。如例（6）否定的辖域和焦点是“两个女人”，语句的信息焦点是“一个女人，一个唠叨老婆子！”语句是为了凸显“不”后面话语表达的状态和特征；“不”把前后话语衔接起来，同时把前后内容进行对比从而凸显了后面话语传递的信息的重要和特殊性。通过分析我们得知“不”独用表示元语否定时，否定的焦点和语句的信息焦点是不一致的，语句中通过“不”的连接把句子的信息焦点凸显出来。

（三）叠用和连用

“不”独用表达元语否定时可以叠用和连用用来强调其前面话语的不适宜，同时凸显“不”后面内容传递的信息，主要起到强调功能同时更能传递出说话人的主观情感。“不”连用又可分为紧邻连用和跨语段连用两类。“不”还可以与否定词“不是”连用来加强语气和凸显情态。例如：

（8）“宗二哥！不、不不，宗二爷！您给咱这儿争脸了！”（冯苓植《虬龙爪》）

（9）冼星海同志指挥得那样有气派，姿势优美、大方；动作有节奏，有感情。随着指挥棒的移动，上百人，不，上千人，还不，仿佛全部到会的，上万人，都一齐歌唱。（吴伯箫《歌声》）

（10）泪水褪去，我发现这一切原来这么有趣，想想看，我做过的一切不是，不，不是的，我是以自己的方式生活过的。（罗伯特·蒙代尔《蒙代尔和他眼中的人民币汇率政策》）

例（8）是“不”连用和叠用形式；例（9）属于跨语段连用；例（10）“不”与“不是”连用也是为了加强否定语气。“不”的叠用和连用比单独使用“不”更能加强语气和凸显说话人的主观情感和认识。

四 “不”前后语段的关系

（一）“不”前后语段的关联

“不”独用表示元语否定的语句一般都用直接陈述、类比、复述、反语等形式表达出来；“不”前后必须有 X 和 Y 两部分组成，缺一不可，因为“不”独用的元语否定用法是用 Y 表达的内容与 X 中与 Y 相关的部分对比，显示出 X 部分的不适宜性，Y 是对 X 的进一步修正和解释。“不”前后 X 和 Y 代表的语言片段在深层语义上必须具有关联性，只是在表达方式、程度、数量、范围等方面存在差异，否则不能构成元语否定。例如：

(11)《醉乡》把湘西土家族当前的人生现实，不，应该说是整个湘西当前的人生现实展现在人们面前。（朱墨《神酣意热话〈醉乡〉》）

(13) 只要你按照我说的去做，并且不向别人透露我对你说的话，我保证你会过得很好。不！应该说是好得了不得。(罗恩·哈伯德《地球杀场》)

(14) 这位先生忘乎所以，全神贯注地看我这枚邮票，也忘了找信了。莫非这枚邮票有文章？我真有点丈二和尚摸不到头脑之感。这位先生问我：“陈老头，不，陈老先生，你这邮票可以交换吗？”(黎泽重《台湾老兵的三封信》)

由例（11）—（14）分析可知“不”前后的语句缺一不可，否则就无法构成元语否定，说话人认为其前面话语是不适宜的，所以给予否定，并用“不”后面话语给予修正。其中“不”后面的内容比前面的内容范围更大、程度更深或表达更加适宜，并且包括了前面的内容表达的范围或程度，“不”前后内容在语义上具有相关性，所以这类否定并没有否定“不”前面语句的真值条件，属于元语否定。例（14）中“不”前后的“陈老头”和“陈老先生”是指同一个人，只是说话人认为称其为“陈老头”有些不适宜，所以用后面话语给予修正，它并没有否定语句的真值，所以属于元语否定。

（二）“不”前后语段关系的类型

“不”独用表达元语否定现象是一种言语表达策略，它是对“不”前面话语适宜性的否定，这种否定传递了说话人的主观态度、认识和情感，“不”后面内容是说话人主观上想凸显的信息，作为一种言语表达策略，它在语言表达中对话语起到了调节和监控的作用。在“不”独用表元语否定时，其前后语段的关系比较复杂，可以从多个角度进行分类，我们从“不”否定的前段X与其后段Y的语用关系出发对其进行分类，主要分为以下三类。

1. 追加深化

在“不”表示元语否定时Y语段常常是对X语段的追加，使得表达更加贴切和深入，X和Y一般是在程度、数量、范围等方面存在差异，

“不”对X的否定原因是说话人从自己的理想化认知模式和认知参照点（cognitive reference points）出发认为自己前面的表述在程度、数量或范围等方面是不适宜的，所以给予否定，“不”的后段Y是对前段X的进一步说明，Y在程度比X更高，或在数量或范围上比X更大。例如：

(15) 河滩上响起一阵复仇的枪声。我们家的仇人，不，全龙家寨的穷人的仇人金阳人，像一个死王八，四脚趴着啃地皮去了。(马忆湘《朝阳花》)

(16) 除了钱以外，做一个成功的发行人对你而言又有何意义，在你没有干这行以前，你还不是一样有名气，不，更有名气。(德莱塞《天才》)

(17) 在“昭和”的初创时期，姚副经理尤其显得是一个庸常之辈。不，何止是一个庸常之辈，简直就是一个无能之辈。(梁晓声《激杀》)

例（15）中“全龙家寨的穷人”包括“我们家”；例（16）—（17）中“不”后面内容比前面表述更进一步，这是一种言语表达策略，是通过追加凸显后面Y在数量、程度和范围等方面的特征。

但是有时Y在程度、数量或范围上也会比X低，但是这种情况比较少见，这也是说话人认为前面的表述是不适宜的，所以给予否定，这时X和Y之间没有深化关系，只是追加说明。例如：

(18) (端午桥) 尚没出京，便遭到我们四川人——不，只能说是成都绅士的反对。(李劼人《大波》)

例（18）中X的范围比Y大，说话人从自己认知出发认为自己前面的表述在范围上是不适宜的，所以给予否定，“成都绅士”也是“四川人”，所以这时的否定没有完全否定语句的真值，属于元语否定。

2. 辩解修正

“不”的前段X和其后段Y也常常指称同一个事物，只是在表述风格、语体或方式上有些差异，它们之间属于同指关系，说话人从自己的理想化认知模式出发认为X的表述是不适宜的，所以对其否定，并在Y中说出适合的表述内容来辩解和修正。例如：

(19) 所有这些断章残句都是从爱伦堡的回忆录中摘出来的，可那部书是在巴黎受难后二十年才写成的。它没有陈旧。不，它永远吸引人。(柏元《不是战争的战争》)

(20) 1996年3月我到一家保险公司做人寿保险推销员。这份工作，不，这项事业，为我展现了我从未见到过的广阔天地……(《人民日报》1996年5月)

(21) 在不断创新上，在严肃对待自己的作品（表现在大量割弃），刘以鬯都和西西相似。不，应该说西西和刘以鬯相似。(《读书》总第117期)

例（20）中的“这份工作”和“这项事业”，指的是同一份工作；例（21）中“刘以鬯和西西相似”和“西西和刘以鬯相似”在表义上没有区别，说话人从自己的理想化认知模式出发认为先出现的比较有名的应该是模仿的对象，所以把“刘以鬯”放在后面是适宜的，所以对前一种表达方式进行否定，再用后面Y段表达给予辩解和修正，这种表述方式更多传递了说话人的主观情态，表达了说话人对“不”后成分的强调和认同。

3. 强调凸显

“不”的前后语段有时是类比关系，“不”前面X语段表达的是事物或现象的本质特征；“不”后面Y语段是说话人了为了凸显自己对事物或现象的认识和情感，采取的比喻的用法。这类表达说话人并没有否定X语段表达的事物或状态的本质，只是通过X与Y的类比强调凸显出说话人对事物或状态的独特情感。例如：

(22) 自从辞了职经商以来，他就不曾有过多少顺心的时候。他像掉进一个怪圈里，不，是黑洞里，越陷越深，再也无力爬上来。(骆圣宏《最后的合影》)

(23) 他（曹振德）声音铿锵有力地说：“孙俊英！自江仲亭同志参军，你的表现就很不好。不，应该说是你从早就是坏的。党给了你多次教育，长时间等待你转变，对你真是仁至义尽。(冯德英《迎

春花》)

(24) 我拿起兰子的“毁灭”再读一遍。一篇绝妙的散文，不，一首绝妙的诗，竟有些像诗人平日的笔意，这样文字真配纪念志摩了。(苏雪林《北风》)

例（22）—（24）中X语段表达了事物和状态的本质特征和属性，Y语段是与X语段相对内容的比喻用法，通过前后对比，说话人对事物的主观情态凸显出来了。

如例（23）否定前面的“不好”是为了凸显后面的“坏”，“坏”只是程度上比“不好”更高，通过前后对比可知并没有否定X语段的真值，属于元语否定用法。

五 “不”独用表达元语否定的成因

在自述句中“不”独用表达元语否定的生成与人类的认知机制密切相关，这类表述可以用肯定句表达，沈家煊（1999：55）指出：“否定句的意思包含了一个肯定的先设和对这个先设的否定，处理否定句的心理操作步骤就要比处理相应的肯定句复杂。”那为什么说话人还会采取这一比较复杂的表达方式呢？这是因为否定句具有更高的认知凸显性，“不”独用表示元语否定使得被否定部分作为背景信息、作为后面内容的参照点；“不”后面补充说明的部分是句子的前景信息，是句子凸显的焦点。通过“不”对其前面信息的否定并与“不”后面信息对比，更加增加了“不”后面信息的认知凸显度，使得“不”后面内容注意力窗口化。在自述句中“不”独用表达元语否定时，“不”前面X语段并不是口误，而是说话人故意设置的一种表达方式，是人类认知机制在话语的编码中留下的烙印，说话人先设置一个假设，再对其否定，最后补充出最想表达的信息。这一修辞性话语策略的实现是在以下过程中形成的。

（一）认知上的假设

认知语言学认为，言语表达是语言知识和很多心理表征相互作用的过程，即言语表达是一个认知过程，而这一复杂的认知过程通过复杂的语言符号来实现表层化。对任何一种语言现象，如果先说出不适宜或不确切的表达，然后给予否定，再补充出更加适宜和确切的表达，这种表达其认识的力度要大于直接给出对这种现象的直接陈述。其前面 X 语段不适宜或不确切的表达是说话人认知上的假设，是为了取得特殊修辞效果，所采取的言语表达手段和策略。X 语段只是说话人故意设置的一个被否定的“靶子”，否定它的目的是为了凸显 Y 语段的信息，X 语段是说话人故意设置的背景信息，Y 语段才是说话人要凸显的前景信息。例如：

(25) 乔致庸提醒了我们，以后我们和乔致庸之间，不，是和山西的商家之间，要争的已经不是一桩桩生意了。（电视剧《乔家大院》）

(26) 我想，当你读了四位文坛老人的致词、贺诗后，你的心会同我一样极不平静。你一定会感受到几位大师对于我国文学艺术事业、对于文艺界所寄予的期望，不，是厚望，何等感人至深！(《人民日报》1996 年 12 月)

以上例句可以用肯定形式表示与否定形式相同的语义，但是其肯定形式无法达到特殊的修辞效果，无法凸显说话人的主观情态，所以自述句中“不”的元语否定用法是在人类认知调控下形成的，凸显了特殊的表达效果。

(二)“不”表达元语否定的形成

“不”字独用最常见的形式是在跨话论中，对对方的陈述或提问进行否定，这属于语义否定。当说话人在自述句中想通过“不”字独用否定方式达到某种修辞手段或凸显某种主观情态时，说话人在认知上先设置一个假设，这种认知上的假设所引发的语言表达上的追求是修辞上的动因，寻求在一定的语言表达方式中得到实现并将其发展为一种话语策略。为了实现这个假设，说话人常常是虚拟一个话论：首先说话人提出一个被否定的靶子，然后用“不”给予否定，最后在后面补充出来想凸显的信息。形式上虽然没有夸话轮但是语句本身隐含着一个跨话轮，所以在自述句中“不”随着元语否定功能的形成也语篇化为句子间的衔接成分。例如：

(27) 茂才哈哈一笑，道：“致庸兄，不，我该叫你乔东家了！

乔东家，我是听说贵府有难，你身陷重围。”（电视剧《乔家大院》）

（28）小蝎已不易见到，他忙得连迷也不顾得招呼了，我只好到街上去看看。城中依然很热闹，不，我应当说更热闹：有大鹰的头可以看，这总比大家争看地上的一粒石子更有趣了。（老舍《猫城计》）

例（27）说话人如果直接运用肯定句称其为“乔东家”未尝不可，但是说话人选用了否定形式，是为了采取一种言语表达策略传递更多的隐含义：一是凸显乔致庸身份的变化，二是凸显说话人对乔致庸的主观态度。例（27）是说话人想凸显热闹的程度，通过“不”前后对比，用“不”前面被否定的背景信息衬托出其后面内容的程度更加强烈。

六 “不”独用表元语否定的表达效果

“不”独用表达元语否定时是一种言语表达策略，它是对“不”前面话语适宜性或确切性的否定，这种否定传递了说话人的主观态度、认识和情感，“不”后面内容是说话人主观上想凸显的信息，作为一种言语表达策略，它增加了语言表达的灵活性、提高了语言的表达效果。

（一）增加语言表达的灵活性

“不”独用表达元语否定时，是为了表达特殊的修辞效果所采取的一种编码策略，它增加了语言表达的灵活性，并且能传递出说话人的主观情态。例如：

（29）是上天可怜致庸，可怜天下商民，把你赐给了我，不，是赐给了天下商人，甚至应当说是赐给了天下苍生……（电视剧《乔家大院》）

（30）这一本小小的书还保留着我的一段美妙的梦景，不，它还保留着与我同时代的青年的梦景。我将永远珍爱它。（《读书》20年合集，1990年）

从例（29）和（30）中我们可以看出，语句中去否定标记“不”和前面的X段话语，语句照样成立并且意思不变，说话人之所以采用否定的形式来表示是为了达到特殊的修辞效果，也体现了语言表达的灵活性。

（二）提高语言的表达效果

“不”独用的元语否定表达方式也可以直接用肯定形式表达，但是这种先将受话人的认知导向不适宜的、不确切的信息，然后在否定的基础上再说出更加适宜更加确切的信息，这样前后对比更加凸显了说话人对后者的重视和在认知上的主观情态，使得语言表达更具有表现力。例如：

（31）长栓道：“二爷，这您可不用担心，雪瑛姑娘，不，何家少奶奶，她可厉害着呢，把何家上下管得服服帖帖，都怕她！”（电视剧《乔家大院》）

（32）他选定这样一段话印在书的封面上，以此来概括全书的情绪。不，实际上他试图以此来概括他所体验到的这一代人的无奈。（金大陆《苦难与风流》）

以上例句都可以采取肯定形式表达同样的意思，但是说话人故意采用否定的形式，如例（31）“不”前面的“雪瑛姑娘”与其后面的“何家少奶奶”是同一个人，“不”对“雪瑛姑娘”的否定只是否定表达方式的不适宜，而用“何家少奶奶”的称呼更能凸显说话人对“雪瑛”尊敬的态度，所以“不”独用的元语否定用法比其肯定表达更能提高语言的表达效果。例（32）中X语段和Y语段表达的是同一个主题，“全书的情绪”也是“这一代人的无奈”，只是说话人认为后一种表达适宜，X只是与Y表达视角不同，对X的否定并没有否定语句的真值，只是把主题更加明确化了。

七　小结

通过对“不”独用表示元语否定从句法、语义、功能以及成因上的分析，我们可以得出“不”独用表示元语否定的一系列特征：第一，“不”独用表示元语否定否定的是语句的非真值条件，是对语句表达方面适宜性的否定，它并没有否定“不”前面语句的命题意义。“不”在此更多起到的是衔接作用，是一个关联性副词。“不”后面语句是对其前面语句的进一步修正和说明，对于整个语句来说表达上是肯定的。第二，“不”独用表元语否定具有很强的主观性，是说话人主观情态的表露，传递了说话人的主观态度和情感。第三，“不”独用表达元语否定时，“不”前后语句在表义上具有关联性，只是在表达方式、范围、程度等方面存在差异；如果“不”前后语句深层语义不一致则不能构成元语否定，属于语义否定。并且“不”前后的语句都是必不可少的。第四，“不”独用表达元语否定是一种言语表达策略，是说话人为了把要表达的信息或情感凸显出来，是为了使注意力窗口化所采用的一种表达策略；“不”前面语段是背景信息，其后面语段是前景信息，是语句凸显的焦点信息。“不”字独用的元语否定用法比其相应的肯定形式更具有表现力，更能凸显说话人的主观情态。

第二篇　预设否定

第一章　预设否定的性质、特征和类别

一　引言

预设最早是由哲学和逻辑学关注的概念，斯特劳森（P. F. Strawson）最早把预设引入了语言学的研究领域。关于预设是否能被否定，争议一直颇多，很多学者从预设的不可取消性角度出发提出预设是不能被否定的。沈家煊（1993a）《“语用否定”考察》一文涉及预设否定问题，引起了学者们对预设否定的关注。本章我们运用认知语言学理论解释预设否定问题。

二　预设概念的提出和定义

（一）逻辑学中的预设

预设（prosupposition），又被译为“前提”和“先设”，最早由德国数学家、哲学家、逻辑学家弗雷格（Gottlob Frege）在《论意义和指称》（1892）一文中作为一个逻辑概念提出的。他认为在任何一个命题中，总有一个明显的预设。例如，“开普勒悲惨地死去了”这一命题有一个预设是“有开普勒这个人”，“开普勒没有悲惨地死去”这一否定命题同样存在“有开普勒这个人”这一预设，这也说明一个论断中的名称是有所指的，如果论断中的名称无所指，那么这个论断就无真值可言。弗雷格的“意义和指称”理论中提出的预设现象对后来的哲学、逻辑学和语言学都有重要的影响。

1905年，英国哲学家罗素（Bertrand Russel）在《论所指》一文中提出了他的指称理论原则，即“指称词组本身不具有任何意义，但在词语表达式中出现指称词组的每一个命题都有意义”。后来他又发展了这一观点提出了摹状词理论，主要是批评弗雷格的预设理论，他认为，当一个摹状词没有所指时，包含该摹状词的论断仍然有真值，例如“圆的正方形是不存在的”，这个论断中的摹状词“圆的正方形”没有所指，但是整个论断仍然具有真值。罗素还有一个著名的例子“当今的法国国王是秃子”，他指出这个句子是包含了三个支命题的联言命题：“有一个法国国王”并且“只有一个法国国王”并且“法国国王是秃子”，因为“当今法国国王”是不存在的，所以不能满足联言命题第一个支命题为真的条件，而在联言命题中只要有一个支命题为假，整个命题就为假，所以“当今法国国王是秃子”是一个假命题。罗素的摹状词理论是以古典二值理论为基础的，罗素对以上句子的分析尽管有些违反语言直观，但是在当时他的理论成果得到了很多逻辑学家和哲学家的支持。

20世纪50年代英国语言学家斯特劳森批评了罗素的摹状词理论，而支持弗雷格的理论，他认为罗素没有区分句子和句子的使用，他在《论指称》一文中指出：“意义（至少就一种重要的含义来说）是语句的一种功能，而提到和指称，真和假则是语句的使用或语词的使用的功能。提出语词的意义（就我使用这个词的含义来说），就是为了把这个词语应用于指称或者提到一个特定对象和特定人而提出一些一般的指导。”斯特劳森还在文中指出：“当人们作出一个包含摹状词为主词的论断时，并非像罗素那样推衍了一个存在命题，而是预先假定有这样一个指称对象存在，即认为这个摹状词是有所指的，论断内容便是对摹状词的陈述，当一个摹状词没有所指时，人们就不会作出以这个摹状词为主词的论断。……所以，斯特劳森指出摹状词指称对象的存在就是命题取真或假二值的必要条件。”后来斯特劳森还把预设引入了语言学的研究领域，他认为，自然语言中有意义的语句都能推导出一个背景假设，并将这类现象看作自然语言中一种特殊的推理关系。

以上涉及预设的观点都是从逻辑学的真值角度给以分析，所以有人称其为逻辑预设或语义预设。

（二）语言学中的预设

20世纪70年代，语言学界开始关注预设，使得预设成了语用学研究的热门话题。语言学界对预设的研究与逻辑学和哲学关注的角度不同，逻辑学和哲学注重一个命题的真值条件，他们的研究往往是脱离语境的静态研究；而语言学对预设的研究是结合言语交际的具体语境进行的，所以实现了预设研究的动态性，在此基础上提出了语用预设，对语用预设定义最有影响的斯托内克尔（Stalnaker，1974），他认为："如果一个命题是说话人在特定语境中的语用前提，这个命题就是说话人本人设想或相信的；它是说话人设想和相信他的说话对象也是如此设想和相信的；它又是说话人设想和相信他的说话对象能够清醒认定的。"英国语言学家利奇（Leech，1983）把预设看作是一个语义—语用范畴，主张由语义学和语用学共同研究，因为预设不但与语句中的词语和结构有关，和言语交际中的语境也有密切的关系。"Gazdar 提出了潜在预设（potential presupposition），他认为从语义分析得到的预设，只是一种潜在预设，潜在预设一旦进入交际语境中，便出现复杂多变的情况，有的被消除，有的则成为实际的预设（actual presupposition），Gazdar 既希望避免语义层面和语用层面的相互纠缠，又希望在两者之间架起沟通的桥梁。"（转自杨翠，2006：12）

随着对预设研究的深入，逻辑学家和语言学家都发现，预设对语境的依赖性很强，所以只从命题的真值条件研究预设太片面，应该把预设作为一种语用推理去研究，研究思路的改变使得预设问题成为语用学研究的重要课题之一。

（三）预设的特征及定义

预设是一种语言现象，但与逻辑思维也密切相关，这给预设的定义带来了困难，传统上把预设分为语义预设和语用预设，这是根据预设是语义的还是语用的进行的分类。语义预设是把预设看作句子与句子的真值关系，把预设看成语义中稳定而不受语境约束的部分。这样的定义使得语义预设遇到了以下问题：（1）二值逻辑背景下的定义公式含有谬误；（2）预设有时在语境中会消失；（3）复句预设并非是各分句预设之和。由于以上问题，越来越多的语言学家认为预设是一种语用现象而非语义现象（Stalnaker，1974；Levinson，1983）。Stalnaker（1974）提出了"语用预设"概念，他将预设定义为："一个说话者在谈话中的某一给定时间里预设 P，仅当在他的语言行为中，他倾向于这样行动：好像他认为 P 当然真，也好像他假定了他和他的听众一样地认为 P 当然真。"现在有关语用预设的阐述有很多，概括起来主要有以下几种：（1）从说话人的角度出发，把预设定义为某一命题为真的出发点。（2）从言语交际的功能出发，把预设定义为说话人假定的他与听话人共享的背景信息。（3）从言语行为角度出发，把预设定义为实施有效言语行为的适宜性条件。（4）有的学者从宏观角度出发，认为预设是一种语用推理，预设是属于言者，但预设最终能否实现依赖于听者的合作。

对于语义预设和语用预设的关系，我们认为它们是句子中预设的两种性质，就像是一个事物的两个面，是密切相关不能分离的，只是研究的角度不同。语义预设属于静态的研究，它把预设看作句子成立与否的真值条件，是句子内部与一定的词语或结构有关的基本语义关系；语用预设是与语境密切相关的概念，它属于对预设的动态研究，语用预设研究把预设作为交际双方共知的背景信息。预设属于语义—语用范畴，单独从语义或语用分析预设都会遇到麻烦，例如，语义预设的研究无法解释预设的可取消性，语用预设的研究如果脱离语义的研究就会成为无源之水、无本之木。如果一个句子的语义预设是假的，那么这个句子就没有交际功能，它的语用预设就不可能存在，所以说语义预设是语用预设的存在条件，我们根据语境推理出来的预设属于语用预设，它只有适应当前的交际语境和双方共知才能使得交际顺利进行，所以适宜性和共知性是语用预设的两个重要特征。

根据前面对预设特征的分析和前人对预设的定义，我们总结了预设的定义：预设属于语义—语用界面的接口，从语义上讲，它是句子成立和交际顺利进行的先决条件，从语用上讲是交际双方共享的认知信息。

三 预设与否定

有关预设的否定问题争议一直颇多，主要有两种观点：第一种观点认为预设不能被否定。持此类观点的学者从预设的不可取消性来否定预设否定的存在，因为传统逻辑学和语义学用“否定测试法”（negation test）来区分蕴含（entailment）和预设，认为在句子中预设是句子的真值条件，是不能被否定的，否则句子将不能成立。例如：

（1）A 小李的哥哥是工程师。

B 小李的哥哥不是工程师。

C 小李有哥哥。

B 是 A 的否定命题，C 是 A 和 B 的预设，如果 C 为假，A 和 B 将没有意义。现代语言学家一般也把否定测试法作为鉴别和定义预设的一个主要标准。第二种观点认为预设在一定的语境中是可以被否定或可取消的。他们认为否定测试法在一些句子中受到了挑战，因为预设在一定的语境中也具有可消除性，例如：

（2）A 转换生成语法已经过时了。

B 转换生成语法并没有过时。——它还没有真正开始呢。

（3）A 小张的妻子怀孕了。

B 小张还没结婚呢。

有些学者认为例（2）中 B 是对 A 的预设“转换生成语法曾开始过”的否定；例（3）中 B 是对 A 的预设“小张有妻子”的否定，从而说明预设在一定语境中是可取消的。第一种观点讲到的预设否定指的是语义方面的，是关于句子真值条件或命题的否定。第二种观点一般认为讲到的是结合语境的语用否定，它否定的是句子的非真值条件，而不是句子表达的适宜性。

我们认为两种观点都没有错，只是研究的角度不同而已，第一种观点是有关预设的静态研究，一个命题如果预设不存在，一个句子就没有存在的可能性，所以预设作为一个句子成立的真值条件确实是不能取消的。但是这是针对一个语句能否成立来说的，在交际中预设的真值与语境和人类的认知机制相关联，如果一个语句的预设隐含的信息不合语境或交际双方在认知上存在差异，这时预设是可以被否定的。第二种观点强调的是动态交际语句中的预设，言语交际中的预设是具有动态性的，在言语交际中，交际双方由于理想化认知模式上的差异造成关注的焦点不同或主观视角不同，会使得在逻辑上等值的命题在交际双方心理上不一定等值，在一定语境中如果听话人认为说话人言语表达中有不适宜性，或者与其预期结果相反的地方可以通过否定的方式进行反驳，这时如果预设隐含的信息不合语境或在交际双方的认知规约上具有差异，预设是可以被否定的。我们与第二种观点的区别在于，我们认为语用否定中否定的是预设的真值条件，不适宜性是否定的动因而不是否定的对象，因为预设具有动态性，如果预设所隐含的信息是真实的，但是不符合语境或是交际目的，那就是错误的或不适宜的，照样可以被否定；预设否定同时也表达了说话人的主观情态，所以预设否定带有很强的主观性。预设否定尽管否定的是真值条件，但是不是对命题否定，而是否定命题成立的预设，所以我们把预设否定归入了语用否定的研究范畴。

“预设的认知解释认为，预设是语言使用者对某一或某些领域里经验的统一和理想化的理解，是由预设触发语的 ICM 激起的概念和知识所构成的一种认知环境，在交际中表现为交际双方互明的共同认知环境。”（王文博，2003）认知语言学对以往有关预设否定后预设保留的观点提出了质疑，并从理想化认知模式角度出发把预设否定分为两种：一种是 ICM 内部的否定，由于这类否定保持了原有的 ICM 的不变，所以被它激活的潜在预设就能成为交际双方共同的认知语境，即双方认同的预设，那在否定中此预设不被否定，而否定的是句子的陈述部分。另一种是不同 ICM 之间的否定，在此类否定中，尽管预设触发语的 ICM 也激活了一个潜在预设，但由于某种语用因素的作用使得这一潜在预设无法构成交际双方共同的认知环境，并且这一预设与否定标记词相结合并被凸显出来，从背景信息变为前景信息从而其预设的地位也就消失了。

我们基本支持认知语言学对预设否定的分析，认知语言学的分析突破了前人对预设否定的静态研究，而是把预设否定与人类的认知模式和语境结合起来，清晰地解释了以往对预设是否可取消的困惑。

四 预设否定的类型和成因

（一）预设否定的类型

预设否定的研究在邵敬敏（1986）和陈一（1987）对“白”否定功能的研究中已经触及，但是没有明确提出来。沈家煊在《“语用否定”考察》（1993）一文中，正式提到了预设否定。沈文中着重分析的是语用否定，预设否定作为角度之一没做深入分析。沈文中的语用否定借鉴了 Horn 的元语否定理论，属于元语否定范围。在此，我们把沈文中的预设否定从元语否定中拿出来，与张谊生（1996、1999）提到的预设否定即

“白”类副词否定的预设放在一起，因为我们认为沈文中和张文中所说的预设否定在否定对象、成因、性质和语用功能上有很多共性；而沈文中的预设否定和元语否定在否定对象的性质和成因上存在很大差别，元语否定否定的对象是违背了交际过程中的某项合作原则，或风格不适宜；而预设否定否定的对象是从句子中的某一成分或句子整体推理出来的预设，而不是像其他元语否定直接针对句子中某一成分的否定，这一预设在说话人的言语中是真值条件，否则说话人也不会说出此言语，只是听话人根据自己理想化认知模式中形成的认知模型和主观视角认为说话人的话语激活的预设隐含的信息是错误的或不适宜的，所以给予否定。这一否定是在言语交际中进行的，所以属于语用否定。

根据预设否定在具体否定成因上的差异，我们把预设否定分为两类：一类预设否定是因为话语中预设隐含的信息具有不适宜性或错误性，所以给予否定，我们称其为适宜性预设否定，在文中为简化称其为 A 类，A 类预设否定的主要作用是反驳和纠正前面话语的不适宜性。后面章节我们将通过专项分析来进行详细说明。例如：

（4）A 你是不是很后悔请老李过来吃饭啊？

B 我不后悔请老李过来，老李是不速之客。

例（4）中 A 的话语预设之一是“听话人请老李来吃饭”；B 对 A 的话语给予反驳，同时也否定了 A 话语的预设。

另一类预设否定的成因是，说话人的预期值与话语中动词激活的预设表达的事件的结果不一致，所以说话人对其进行否定，再传递反预期信息，我们称其为反预期性预设否定，在文中简称为 B 类，B 类预设否定的主要作用是说话人对动词激活预设的主观评价，否定标记词主要有“白、瞎、干、空”等，下文我们将以“瞎”为个案进行深入分析。例如：

（5）因为喜剧和正剧之间差别确实很大，我转不过来。我突然之间觉得我白学了。花了很长时间，特别是尚敬导演、周晓斌、毛孩他们手把手地教我，口传心授。（电视电影《武林外传》）

例（5）中动词“学”激活预设“学习了某类知识”，说话人从自己认知模式出发认为学了就应该有收获，可事实与其预期相反时，说话人就加上否定副词“白”给予否定，这类否定是通过否定来表达主观评价。

（二）预设否定的成因

预设一直被认为是交际双方共知的信息，但是由于交际双方 ICM 中形成的认知模型不同，所以对事物的识别和理解上存在的差异造成双方对预设的理解上存在分歧，这为预设否定提供了依据。认知语言学强调人的经验和认知在语言生成和理解中发挥的作用，认为语言不是客观世界的直接反映，而是通过人的理想化认知模式对人类的经验和认知进行加工，并把认知结果投射到语言的表层。

我们认为预设否定存在的主要成因与人的认知机制和认知语境有关，由于交际双方在日常生活中形成的理想化认知模式不同，从而造成对预设理解的主观视角、认知参照点或预期值不同。“George Lakoff 于 1987 年在其专著《女人、火与危险的事物：范畴所揭示之心智的奥秘》中提出了理想化认知模式（Idealized Cognitive Model）这一概念来研究认知在语言生成和理解中的作用。理想化认知模式是人们在认识事物与理解现实世界过程中对某领域中经验和知识所形成的抽象的、统一的、理想化的组织和表征结构。”（李福印，2008：203）理想化认知模式是人类根据经验建立的概念与概念之间的各种相对固定的关联模式，它是一种综合性认知结构，涉及各种相关认知域的背景知识，反映了人们对某些认知域的经验的和理想化认识。理想化认知模式具有理想化、体验化、互动性、复杂性、原型性以及文化性等特征。理想化认知模式的主要功能是提供有关情景作为言语理解的认知语境或激活其他相关概念。但是由于人们的经验、经历、文化背景、社会环境、语言环境、认知能力的不同以及关注的焦点不同，各自所形成的认知域就会呈现出一定的差异，使得所建立的心理表征也存在差异，这就造成预设触发语激活的相关预设只是一个潜在预设。“潜在预设是指一个句子所具有的潜在的、可能的预设，它是一个句子从语义上分析而得到的预设。潜在预设理论认为，如果潜在预设与特定的语境相容（不矛盾），那么它就显现出来，成为实际预设；如果它与一定的语境相矛盾，那么它就被取消而不复存在了。”（魏在江，2002）如果由于认知规约的不同使得潜在预设不能成为交际双方共同的认知语境，这时交际者会对潜在预设进行否定，以表明自己的观点。

两类预设否定都与人类的理想化认知模式有关，但是其间存在着差异。适宜性预设否定主要是由于交际双方没有形成共同的交际语境，使得潜在预设被否定从而无法转变成为实际预设。适宜性预设否定都出现在话论中，是受话人 B 对前面发话人 A 话语中预设的否定。例如：

(6) A 老赵离婚之后得了癌症。
　　B 老赵在离婚之前就死了。

例（6）中 A 的话语激活了一个潜在预设："老赵离婚了"，这一命题应该构成交际双方共同的认知语境，即预设部分；但是 B 根据自己了解的情况知道"老赵在离婚前就已经死了"，根据社会文化常识这一认知域的理想化认知模式中形成的认知规约可以推知死人是不可能进行离婚举止的，因此"老赵离婚了"这一潜在预设无法成为交际双方共知的认知语境，所以 B 对潜在预设进行否定，这使得这一潜在预设就消失了。

(7) A 小杨的孩子已经上小学了吧。
　　B 小杨还没有结婚呢。

从例（7）A 根据社会常识认知域形成的理想化认知模式激活了"小杨有孩子"这一命题作为潜在预设。B 根据自己的认知知道小杨还没有孩子，于是对说话人 A 的话语进行否定，听话人 B 采取了间接的形式进行否定，通过说小杨还没结婚来否定小杨有孩子，这对听话人来说需要二次推理才能理解 B 的意思，根据常识中形成的理想化认知模式可以推理出没结婚不可能有孩子。这使得"小杨有孩子"这一潜在预设无法成为交际双方共同的认知语境，因为听话人 B 认为说话人 A 的预设是不适宜的，所以听话人 B 对说话人 A 的潜在预设进行否定使得潜在预设消失。

B 类反预期性预设否定，主要是用"白、瞎、空、干"等否定副词否定后面动词所激活的预设，否定以后传递的是反预期信息。在语言的生成和理解过程中，由于人们根据各自的经验或知识对某一认知域形成各自的理想化认知模式来判断事理，所以话语中提供的信息或现实中的信息可能与话语理解者的预期信息不一致，这种现象被称为反预期信息，反预期信息的参照值可以是来自社会生活的常规预期信息量，也可以是说话人的预期信息量，也可以是听话人的预期信息量。在预设否定中预期信息的参照值主要是前面两类。如果动词激活的预设提供的信息与说话人的预期不一致，说话人就会在其前面加上“白”类否定副词给予否定，这类预设否定更多传递的是说话人的一种主观评价和态度，这类预设否定常用于自述句中。例如：

(8) 荷兰队赢了三个球，球迷们预计荷兰队会在球场答谢球迷，可球员们并没有如期出现，让球迷们空等一场。(大众网 2010 年 6 月 15 日)

(9) 秀芬张着嘴困难地呼吸着，不住地用草棍往上剔灯芯，结果还是白费劲，一点点蓝色的火焰也熄灭了。 (雪克《战斗的青春》)

例（8）中在客观事理或人们根据社会经验的认知域形成的理想化认知模式中，赢了球应该答谢球迷，球迷的等待会有结果；可事实与说话人的预期信息相反，球迷们并没有等来结果，说话人通过“空”否定动词“等”激活的预设，更多是传递说话人对此动作结果的一种主观评价，说话人就通过否定预设“球员们等了一场”来传递反预期信息。例（9）也是说话人认为“费劲”了应该有结果，可事实与说话人的预期相反，所以说话人在句子中嵌入“白”给予否定，同时传递出说话人的主观情态。

五 两类预设否定的共性

（一）否定对象相同

这两类否定否定的都是句子的预设，但是又有一些区别，A 类否定的预设可以是句子中任何一个句子成分激活的预设，也可以是整个句子推理出来的预设；B 类否定的预设都是句子中的谓语动词激活的预设。例如：

A 类预设否定：

(10) A 王芳看到咱们买了这么多衣服，一定后悔没跟咱们一起去逛街。

B 她不会后悔的，她一大早就和同学出发一起去逛南京路了。

（11）A 李芳的父亲来过学校吗？

B 李芳的父亲在她很小的时候就去世了。

例（10）中被否定的预设是由句子中的动词激活的，A 话语中的"后悔"激活了预设"小张没去逛街"，例（11）A 的预设是由定中结构激活的，"李芳的父亲"激活了预设"李芳有父亲"。听话人根据自己的认知和了解的情况，认为说话人的话语激活的预设是不适宜的或错误的，从而给予否定。

（12）A 你昨晚看的什么电影？

B 昨晚我没去看电影，去图书馆查资料了。

（13）A 老李停止打老婆了。

B 老李从来就没打过老婆。

例（12）和（13）中被否定的预设是从整个句子推理出来的，例（12）中预设是"听话人昨晚看电影了"，例（13）中预设是"老李过去一直打老婆"。听话人认为说话人言语不适宜或错误，所以给予否定。

B 类预设否定：

（14）早期研究发现 Bmi-1 蛋白质与癌症晚期有关，预示着癌症患者治疗几乎是白费劲。但是直到这项新研究结果的公布，该蛋白质在前列腺干细胞维护和前列腺癌进程方面的作用才得以明确。（新浪健康讯 2010 年 12 月 7 日）

（15）因伤已连续错过 10 场比赛的火箭队当家球星姚明只能干着急，他希望火箭队能及时调整奋起直追。（《姚明：火箭需奋起直追》，新华网 2010 年 11 月 30 日）

例（14）和（15）中副词"白、干"否定的都是后面动词激活的预设，因为说话人根据自己的社会经验形成的理想化认知模式判断付出代价应该有收获，做出什么事情应该有根据或结果，可事实与说话人的预期相反，所以说话人对动词激活的预设进行否定。

张谊生（1999）指出“白”类副词是一种特殊的否定预设的副词，并且指出“白”类副词否定的不是“VP”本身而是“VP”的预设，我们同意张文中的观点，本章前面的分析都是继承了张谊生先生观点把“白”类副词作为预设否定标记加以分析的。任瑚琏（2002）对张谊生的观点提出质疑，他认为“白”类副词的语义功能不是否定话语的预设而是使话语具有特定预设，还明确指出“白”的语义特征在于其引入了一个新的预设：“付出代价应该获得相应效益”或“获得效益应该付出相应的代价”。杨翠（2006）支持任瑚琏的观点，并给予证明。我们认为副词嵌入句子对句子的表意特征一定会有影响，副词作为预设触发语可以激活话语中的某一预设，例如副词“还、再、更、也、反倒”等都能作为预设触发语激活某种预设，但是“白”类否定副词否定它后面“VP”激活的预设后，使得句子凸显出反预期信息，成为句子的焦点，背景信息变为了前景信息，在此“付出代价应该获得相应效益”或“获得效益应该付出相应的代价”是句子凸显的焦点不是预设，并且这一反预期信息是由“白+VP 激活的预设”共同推理出来的，不是有副词“白”单独激活的。我们认为任瑚琏和杨翠只注意到了“白”类副词的语义特征，没有注意到它作为否定副词所处的句法环境。“白”类副词单独无法表达反预期信息，尤其是“白”具有双向否定功能，具体表示“付出代价应该获得相应效益”或“获得效益应该付出相应的代价”要根据具体句法环境来决定，这也充分证明“白”类副词具有预设否定功能。

（二）否定的性质相同

这两类预设否定否定的都是句子预设隐含的真值条件，以往的研究认为预设是不能被否定的，那是从静态的一个语句成立的前提条件方面出发得出的结论；沈家煊（1993）认为预设否定否定的是句子的适宜性，是对句子非真值条件的否定，我们认为句子的适宜性是预设否定的成因之一，不是否定的对象。以往研究所说的真值是逻辑意义上的真值条件，但是在具体的语境和言语交际中预设的真值总是与语境和交际目的相关联的，所以预设的真值具有动态性，从认知语用学的研究角度出发，说话人说出的语句是为了传达某种信息，所以一定是合乎合作原则和真实的，但这只是对说话人来说的，对于听话人来说说话人的预设未必就是正确的或适宜的；因为听话人会根据自己的理想化认知模式、语境和交际目的来判断说话人语句中预设是否正确、适宜；或者对事件的描述和评价人会根据自己的预期值判断已经发生的事件的结果与其预期是否一致。如果听话人认为预设隐含的事件是错误的或不适宜的，或对事件的描述或评价人认为预设隐含的事件与其预期结果不一致，就对其进行否定，这时否定的是预设的真值。例如：

（16）A 你这学期的学费交了吗？
　　B 我不需要交学费的，我是公费生。

从例（16）A 中可以推出“听话人需要缴纳学费”的预设；听话人 B 从自己的实际情况出发断定说话人语句中预设隐含的信息是错误的，所以给予否定，这时否定的是预设的真值而不是非真值。

（17）如果在围绕给客户创造价值的定位上，没有真正的创新和突破的话，那么费了半天劲的“打斗”就不是竞争，而是瞎忙活一场。（《经营管理》中金在线 2010 年 12 月 16 日）

例（17）中“忙”激活了预设“某人为某事做了什么”，说话人从自己理想化认知模式形成的认知规约出发认为做了事情就应该有收获，可实际与其预期的结果相反，所以说话人对其进行否定，并表达了说话人对事件结果的主观态度，这时否定的也是预设的真值。

（三）否定的语用功能相同

预设否定表达的是说话人的判断，体现了说话人的主观态度、认识和情感，所以预设否定在表达否定功能的同时还有传达说话人主观情态的语用功能。预设否定表示主观情态的功能从其标记词上也可以体现出来，A 类预设否定的否定标记词主要是“不、不是”；B 类预设否定的标记词主要有“白、瞎、空、干”等。吕叔湘（1980：341）指出“‘没’用于客观叙述，而‘不’用于主观意愿”。可见“不”具有表达主观情态的功能；“白、瞎、空、干”表达主观情态义更强一些，它们在句子中通过否定动词激活的预设所隐含的信息来表达对预设所隐含事件的评价，在一些本身就隐含有否定义的动词前面表达主观情态义最为显著，例如："白送人、白捡、瞎捣乱、瞎浪费、空有虚名"等，"白、瞎、空、干"在这些成分前面是羡余的，有没有它们都表达否定义，它们在这里只表示情态义。例如：

（18）A 这次股票一涨你赚了不少吧？
　　B 谈不上赚，能把成本捞回来就不错啦。

例（18）中 A 的话语激活了预设"听话人赚钱啦"，受话人 B 对 A 的观点持否定态度，在对发话人 A 话语激活的预设进行否定的同时也传达了一种主观情态。

（19）现在的社会太浮躁了，多数大学生，不是谈恋爱、打工、逛街，就是沉迷于网络，整天是瞎浪费时间，没几个真正用功学习的。（文都教育网 2010 年 9 月 10 日）

例（19）中"浪费"本身已经具有了否定义，这里的"瞎"属于羡余成分，有没有它话语都表示否定义，但是有了"瞎"使得否定义得到强调，并且主要是传达了说话人对预设隐含事件的主观评价。

六　两类预设否定的差异

（一）凸显内容不同

"焦点—背景"（Figure-Ground）理论是认知语言学中以凸显原则为基础的一种理论。"焦点"是突出的实体，是我们感知到的事物，是强调的重点，属于前景信息；"背景"则是衬托焦点的部分，属于背景信息，两者可以互换。在预设否定中两类预设否定因为所处的句子环境上的差异，造成在否定中凸显的焦点不同。

A 类预设否定一般否定的是另一说话人话语中某一成分或句子激活的预设，也可以是说话人自己话语中前面提到的信息。这类否定是对另一说话人话语或自己前面话语信息的修正，被否定信息在句子中是背景信息，是为后面强调的信息作为铺垫的，后面肯定部分才是句子要凸显的信息。例如：

（20）A 你们的新房装修好了吗？

B 我还没买房呢，现在房价贵得买不起。

例（20）中 A 的话语激活了“听话人买了新房”的预设，听话人 B 认为 A 的话语不正确，所以给予否定，被否定的信息在句子中是背景信息，后面肯定部分的表述才是句子强调的焦点，属于前景信息。

B 类预设否定的存在是由于说话人理想化认知模式和事实之间的不一致，即主观预期与客观事实的不一致，所以是说话人对已经发生的事件的否定，这一事件是通过句子“VP”根据认知语境推理出来的预设，这一预设与说话人的预期信息相反，所以说话人用“白”类副词加以否定。在 B 类预设否定中被否定的预设被凸显出来，变成了前景信息。例如：

（21）目前环卫行业从业人员至少有四五万人，大多数是年龄在三四十岁以上的外省户籍员工，有的已在广州买了十多年保险，但还是不能在广州办退休，养老保险对他们来说完全是白买了。（新华网 2009 年 11 月 20 日）

（22）他列举了现在新药研发的“四方之困”：企业自己研发，缺乏财力、资源支持，很难做；高校考评“指挥棒”主要是以发表学术论文数量论英雄，而非搞产品；研究机构之间合作，存在成果的知识产权问题，戒心重重；政府干着急，但没有好方法，瞎指挥，效果差。（搜狐网 2010 年 9 月 10 日）

例（21）中的“白”和例（22）中的“干”和“瞎”都是否定后面动词激活的预设隐含的信息，这一信息与说话人的预期相反，所以给予否定，被否定后成为句子强调的焦点，成为前景信息，否定后传递的是反预期信息。

（二）表达的主观性程度不同

A 类预设否定否定的对象是其他人的话语，即受话人 B 与发话人 A

的认知语境不一致，所以受话人 B 对发话人 A 话语的预设进行否定。其原因是受话人 B 认为发话人 A 的话语激活的预设传递的信息是不适宜的或错误的，所以给予否定从而凸显自己要传递的信息，相对于 B 类预设否定它的主观性弱一些。例如：

（23）A 你能把车借我用两天吗？
　　　B 我没有车，我才十六岁呀。

例（23）中发话人 A 的话语激活了“听话人有车”的潜在预设，受话人 B 对发话人 A 的潜在预设进行否定，并进一步解释说明。根据交际双方在日常生活中形成的理想化认知模式可以推理出来，年满十八岁才能自己驾车，受话人 B 说自己才十六岁是对说话人潜在预设的进一步否定。这里主要是否定发话人 A 话语激活的预设所传递的信息的适宜性，传达主观情态的功能比较弱。这与 A 类预设否定的标记词也有很大关系，张黎（2007）列举了汉语否定标记词的主观性等级：别 > 不 > 没。可见“不”和“没”的主观性程度相对较低。例如：

（24）A 这次美国之旅有什么收获吗？
　　　B 我没去美国，去非洲游了一遭。

例（24）只是否定发话人 A 话语激活的预设“听话人去美国旅游了”的否定，陈述的是客观事实，没有表达说话人 B 的主观态度和情感。

B 类预设否定否定的是“白、瞎、空、干”等后面动词激活的预设，这一预设表达的信息与说话人预期的信息相反或不一致，所以说话人给予否定，这种预期信息的不一致是由于说话人的主观视角、情感和认识造成的。由于主观认识的不同在我们认知域中形成的认知模式就会有差异，这种差异就造成了人们对信息理解上的差异。例如：

（25）在这里徐可风忠告所有学员，看到别人天天跑通宵教室，别跟着瞎折腾，不适合自己的学习方式就不会有收获。考研结果不是最后这点时间决定的，而是从你接触开始，每一节课，每一天课的过程来决定的。（文都教育网 2010 年 11 月 5 日）

（26）我们在世界杯上输球了，这让人难以置信。很多队员们为此准备了4年的时间，大家为此付出很多，可这四年算白准备了，我们很伤心。（体育新闻南非世界杯2010年3月7日）

例（25）和（26）中说话人在日常生活中形成的理想化认知模式认为：“做出某种努力必须要有结果”，可事实与说话人预期的结果不一致，这种不一致与说话人的主观认识相关，说话人通过否定传递出反预期信息，同时还表示了说话人的主观评价。

（27）阿Sa上月在北京宣传《美丽密令》时还十分期盼能与阿娇到成都拍摄新片，而电影的停拍，也令阿Sa只能空欢喜。（新浪网娱乐报道）

例（27）中说话人在对“空”后面动词激活的预设进行否定的同时，也表达了说话人的主观情感。B类预设否定标记词“白、瞎、空、干”既可以表示否定功能也可以表达主观情态，所以B类预设否定的主观性程度高于A类预设否定。

（三）否定标记词不同

两类不同的预设否定在否定词的使用上存在明显差别，A类预设否定常用的否定词是：不（是）、没（有）。例如：

（28）A 你还没有把客户送走吧？
　　　B 客户还没来呢。
（29）A 昨天你看的那本《普通话教程》还图书馆了吗？
　　　B 那书不是图书馆的，是我自己买的。

A类还有一种特殊的情况，听话人不使用否定词，通过一句肯定的话语所隐含的信息来否定说话人话语中的预设。例如：

（30）A 你给妈妈买的生日礼物放哪里了？
　　　B 离妈妈过生日还早着呢。

例（30）中从发话人A的话语可以推出一个潜在预设“受话人给妈妈买了生日礼物”，从说话人B提供的信息，依靠我们生活中形成的理想化认知模式可以推知，B还没有给妈妈买生日礼物，这样发话人A话语中的潜在预设“发话人给妈妈买了生日礼物”被否定。

B类预设否定的否定标记词否定的是动词激活的预设传递的信息，张谊生（1999）指出近代汉语中的预设否定副词主要有：“白、空、徒、虚、枉、朗、漫、坐、唐、素、干、瞎”等。在现代汉语中，“白、空、干、瞎”还比较常用，其他几个否定副词都演变成为词内成分，很少做预设否定标记词使用了。在句中“白、空、干、瞎”类副词被看作反预期信息标记，Heine（1991：192）等认为：“反预期信息标记的功能是表示说话人认为一个陈述在某种方式上与特定语境中是一种常规的情形相背离。”例如：

（31）听说县文工团要来村里演出，乡亲们一大早起来就开始打扫舞台准备招待物品了，可空忙一场，到晚上也没看见文工团的影子。（新民网）

（32）家里养着个三十岁的大闺女嫁不出去，父母只能干着急。（青青岛博客）

（33）亚茹：“我看咱们也别瞎操心了。这是人家两个的事，成与不成也在他们两人之间，没准人家已经好上了。”（王朔《刘慧芳》）

“白”强调的是代价的付出与效益的获得相背离；“空”强调的是代价的付出与结果相背离；“干”强调的是行动的无奈性；“瞎”强调的是行动的无根据性。

（四）句子环境和语体不同

A类预设否定一般是在话轮中进行的，从话语生成的角度来看，说话人A说出的话语是想把明确的信息传达给听话人B，可是听话人B是否能明确地接收和理解说话人A传递的信息要看语句之间是否存在最佳关联。最佳关联的形成是一个明示—推理的过程，在这个过程中人们在日常生活中形成的理想化认知模式激活的认知语境决定交际是否能顺利进行，听话人总是根据自己理想化认知模式中形成的认知模式来判断说话人提供的信息是否适宜或正确。如果听话人和说话人的认知语境不一致，那么听话人就会否定说话人的提供的信息。交际是一个动态的过程，一个句子在认知语境中可以有多个预设，具体否定哪个预设是由听话人的认知语境决定的。例如：

（34）A 昨天的服装展览怎么样？
　　B 昨天没有服装展览，服装展览明天才开始。

例（34）中 A 隐含了潜在预设“昨天有服装展览”，听话人 B 认为说话人 A 提供的信息不准确，所以对 A 的潜在预设进行否定。A 类预设否定的特征是被否定的是说话人 A 话语激活的预设，例如：“昨天没有服装展览”是对发话人 A 的话语激活的预设加以否定；否定预设后，后面常常带有解释性话语，来说明否定的原因，如例（34）的“服装展览明天才开始”。正因为 A 类预设否定常常后面带有引述性或解释性话语，所以有人把 A 类预设否定从功能出发分为引述性否定和解释性否定。因为 A 类预设否定多在话论中进行，所以口语色彩比较浓，多用于一些文艺作品、剧本和口语交际中。

B 类预设否定既可以在话轮中表达，也可以用于个人陈述或描述性的话语，主要是用于后者。B 类预设否定与 A 类不同，它否定的不是有关前面说话人话语激活的预设，主要是在陈述中否定后面动词激活的预设所传递的信息，从而表达自己对某一行为结果的主观态度和评价；不是其他人的话语，通过否定把此反预期信息凸显出来。例如：

（35）《怪怪怪》的成功很大部分原因在于向井理飙升的人气。然而《龙马传》的福山雅治所做的功夫只是白费劲，即使再努力也无法挽回下跌的收视率。（娱乐频道国际在线专题 2010 年 9 月 29 日）

（36）当爱情来临，感觉两人关系进行有问题的时候不要埋着头自己瞎琢磨，不妨摊到桌面上直接面对，不要把所有人都想的和你一样敏感啦。（《你的表白大声说出来》，百度网光棍节专题）

B 类预设否定使用范围更广些，既可以用于书面语的陈述性话语和评论中，也大量在口语中使用。

七 小结

本章在前人研究的基础上给预设下了定义，预设属于语义—语用界面的接口，从语义上讲它是句子成立和交际顺利进行的先决条件，从语用上讲是交际双方共享的认知语境。我们认为预设在一定的语境和话语交际中是可以被否定的，文中运用认知语言学的理想化认知模式、凸显理论以及反预期理论分析了预设否定的成因。预设否定存在的基础是交际双方在日常生活中形成的理想化认知模式存在差异，这造成对事物或情况的判断存在差异，给预设否定提供了基础。王文博（2003）从同一个 ICM 的否定和不同 ICM 的否定来说明预设否定现象，针对我们上文分析的 A 类预设否定很有说服力，但不能清楚地解释 B 类预设否定的形成，因为 B 类预设否定否定的是说话人的预期结果与事实之间的不一致。本章因否定成因的不同把预设否定分为两类，分析了两类预设否定的共性与差异，对两类预设否定的对比分析，有利于我们在言语表达中对它们更好地运用和理解。

第二章 适宜性预设否定的生成动因和机制

一 引言

沈家煊（1993a）在论述语用否定时谈及了预设否定，指出预设否定否定的是预设的适宜性，而不是预设的真值条件。我们运用认知语言学和语用学相结合的方法来研究预设否定，指出预设是可以被否定的，并且否定的是预设的真值条件，预设否定的生成和理解机制受到人的认知和语境的制约。

本章如果没有特别注明，所提到的预设否定都是指适宜性预设否定，不再一一说明。

二 以往预设否定研究存在的问题

通过对前人有关预设否定研究成果的研读，我们发现以往对预设否定的研究存在两个方面的误区：一是过去对预设否定的研究主要集中在对话语的静态研究，主要看一个语句是否成立，而没有把预设放入动态的交际语境中去分析。二是对预设表达的真值条件理解过于片面，没有充分考虑到语境和人的认知机制，以及交际双方对话语的接受程度对预设真值条件的影响，即没有认识到预设的动态性。第一种观点得出预设是不能被否定的，第二种观点得出预设否定否定的是预设的非真值条件。

三 预设否定的性质

沈家煊（1993）提出了语用否定，并指出语用否定是否定语句表达的“适宜条件”即为达到特定的目的和适合当前的需要，语句在表达方式上应该满足的条件；而不是句子的真值条件，并把语用否定分为五类：①否定由“适量准则”得出的隐含义；②否定由“有序准则”得出的隐含义；③否定风格、色彩等隐含义；④否定“预设”意义；⑤否定语音或语法上的适宜条件。对于其他几类否定否定的是话语的适宜条件我们赞同，但是对于④和⑤，我们认为否定的是句子的真值条件。本章只分析预设否定，例如：

（1）A 昨天晚上跟你在一起的那个女人岁数不小了吧？
　　B 她不是什么“女人”——她是我妻子。（沈家煊 1993 用例）

例（1）中听话人 B 认为说话人 A 把自己的妻子称为“女人”不适宜，所以给予否定，否定的只是说话人 A 表达方式的适宜性，没有改变话语的真值条件，昨天晚上和听话人在一起的还是一个女人。

（2）中国的足球健儿没有屡战屡败——他们是屡败屡战。（沈家煊 1993 用例）

例（2）的否定成因只是说话人认为别人的话语语序是不适宜的，但否定后话语的真值条件没有改变，都是常战常败，只是隐含义有差别，“屡战屡败”隐含常常以失败告终；“屡败屡战”隐含不屈不挠的战斗精神。

但是在预设否定中，我们分析得出否定的是句子的真值条件。沈家煊（1999）也指出预设在一定语境中具有可取消性。例如：

（3）A 张三后悔搞语言学了。
　　B 张三才不后悔搞语言学呢——他搞的是文学。

例（3）中发话人 A 的话语激活了预设“张三搞的是语言学”；受话人 B 从实际情况和自己的认知出发断定发话人 A 话语激活的潜在预设是错误的，所以给予否定，既然是错误的那就说明发话人 A 话语提供的信息是虚假的，所以句子不能成立，这时否定的是预设的真值。

(4) A 你把磁带洗掉了吗?

B 我没有把磁带洗掉——它本来就是空白的。

例（4）中发话人 A 话语激活了潜在预设“磁带上录有东西”；受话人 B 根据实际了解的情况得知发话人 A 传达的信息是错误的，所以给予否定使得这一潜在预设不能成为交际双方的共同认知语境，传达错误信息的句子是不能满足交际需要的，所以这时否定的是预设的真值条件。

以往研究认为预设是不能被否定的，这是对语句做的静态研究，是从一个静态的句子成立的前提出发来看预设否定的，如果一个句子的预设被否定了，这个句子将不能存在；但是在话语交际的话论中发话人的表达和受话人的接受是一个完整的交际过程，对话语中预设否定的研究两个方面都应该照顾到，预设的理解主要依靠交际双方的经验、认知推理和语境。在发话人话语中激活的预设一定是真值的，否则说出来的话就毫无意义，可是受话人会根据语境、自己的理想化认知模式以及自己的主观视角和认知参照点，来判断说话人话语激活的预设是否适宜或正确，如果受话人认为不适宜或是错误的就会给予否定，这时否定的是预设的真值。所以以往有关预设否定的研究没有充分考虑到认知机制在预设否定的生成和理解中的重要地位，没有认识到预设真值条件的动态性。下面我们尝试运用认知语言学和语用学的理论和方法，尤其是借鉴理想化认知模式、主观视角、认知参照点和语境理论及顺应论对预设否定的生成和理解机制进行认知阐释和分析。

四　认知机制对预设否定的影响

（一）理想化认知模式与预设否定

认知语言学认为范畴化、概念化以及人类认知模式的形成都与人类的生理构造、人类所处的社会文化环境以及人类的认知机制是密切相关的。在此基础上 Lakoff（1987：68）提出了理想化认知模式，它是一种综合性的认知结构，涉及各种相关认知域的背景知识，反映了人们对某些认知域的经验的和理想化认识。这一概念对于解释认知机制在语言生成和理解中的作用很有价值。Lakoff 借此来研究预设，他认为："预设是语言使用者对某个或某些领域里经验的统一和理想化的理解，是由预设触发语的理想化认知模式激活的概念和知识所构成的一种认知环境，在交际中表现为交际双方互明的共同认知环境。"

理想化认知模式作为人类创造的复杂概念结构，在形成过程中受到人的社会文化环境、知识背景、认知能力以及年龄阶层的影响。因此，不同的人对同一事物形成的理想化认知模式会存在差异，这就使得在交际中说话人话语激活的预设有可能只是一个潜在预设，即它只是发话人对受话人认知状态的一种主观假设，在受话人没有接受之前，它只是针对发话人来说是真值。这一潜在预设如果与受话人理想化认知模式一致就成为交际双方的共同认知语境，从而成为交际中的预设；但是发话人的主观假设并不都是适宜的或正确的，如果这一潜在预设与受话人的理想化认知模式不一致，它就不能成为交际双方的共同认知语境，受话人就会对潜在预设进行否定，这时否定的是预设的真值条件，潜在预设从而被取消，其预设地位也随之消失。例如：

（5）A 姜老师的丈夫也是咱们学校的老师吗？
B 姜老师还没结婚呢。

例（5）中发话人 A 的话语激活了一个潜在预设"姜老师已经结婚了"，受话人 B 根据自己了解的实际情况得知姜老师还没有结婚，在受话人 B 的理想化认知模式中认为没有结婚肯定是没有丈夫的，所以听话人认为说话人话语中的潜在预设是不适宜的，从而给予否定。

（6）A 老李的女儿要去美国留学，雅思考了 7.5 分。
B 老李的女儿没考雅思，她考的是托福。

例（6）中发话人 A 的话语激活了潜在预设"老李的女儿考雅思了"；受话人 B 根据常识中形成的理想化认知模式推知去美国留学应该考托福而不是雅思，所以发话人 A 的话语激活的这一潜在预设不能成为交际双方的共同认知语境，所以受话人 B 对潜在预设进行否定，使得这一预设消失。

理想化认知模式是人们根据社会经验、知识背景以及种族文化等因素形成的对某一领域的经验的、统一的、理想的理解，不同的人由于认知和知识背景的差异对同一事物可能形成的理想化认知模式不同，这为预设否定的生成和理解提供了依据。

（二）主观性及元语用意识与预设否定

这里运用主观化和元语用理论对预设否定的生成和理解机制进行分析。预设否定是受话人对发话人话语激活的预设的一种判断，所以带有主观性，“说话人在说出一段话的同时表明自己对这段话的立场、态度和感情，从而在话语中留下自我的印记”（沈家煊，2001）。说话人和听话人在主观认识、态度和视角的不一致也是造成预设否定的根源之一。话语中的主观态度和评价是一种元语用法，元语用理论认为，话语的产生有其语言外的动机，同时也受到说话人的元语用意识的调控，这种元语用意识会在话语表层留下烙印。“根据 Verschueren（1999）的语用学思想，语言使用就是人们在语言形式选择中的切磋与顺应，无论是语言生成还是语言理解，语言选择和顺应过程都应该是一个不断变化的过程，在该过程中交际双方都需努力生成意义。可见，这一过程是高度动态的，离不开双方的元语用意识。”（冉永平，2003）语言的元语功能主要是起到组织程序意义，表示对目标话语的评述以及个人的主观态度。预设否定是一种言语策略，隐含了说话人的主观态度和元语用意识。例如：

（7）A 小王设法把电脑修好了。

B 小王没有费劲，他是计算机专业的，这点毛病对他来说是小事一桩。

例（7）中发话人 A 的话语激活了潜在预设“小王是费了很大劲才把电脑修好的”；受话人 B 根据自己的主观认识和对小王情况的了解，知道小王很精通电脑，所以对发话人 A 的话语激活的潜在预设给予否定，使得这一潜在预设不能成为交际双方共知的认知语境，从而此预设消失。听话人 B 在传达命题意义的同时，还表达了个人的主观态度和对小王的主观认识，体现了元语用意识。

（8）A 王总好像戒酒了。

B 王总不喝酒啊，他从来都滴酒不沾的。

例（8）中发话人 A 的话语激活了一个潜在预设："王总以前喝酒"；受话人 B 从自己对王总的主观认识出发来判断发话人 A 话语激活的潜在预设的正确性，认为发话人话语激活的潜在预设是错误的，从而给予否定，使得这一潜在预设失去了作为交际共知语境的可能从而消失。同时受话人 B 在对说话人 A 话语激活的潜在预设否定的同时也传递了对王总的主观看法和评价，体现了元语用意识。

（9）A 听说小安结婚不久就怀孕了。

B 她不是结婚后怀孕的，她是因怀孕才结婚的。

例（9）中发话人 A 的话语激活了一个潜在预设："小安是先结婚然后怀孕的"；受话人 B 根据自己对小安具体情况的了解，从自己主观视角出发对发话人 A 话语激活的潜在预设进行否定，使得这一潜在预设失去了作为交际共知语境的地位；受话人 B 根据自己在社会生活中形成的理想化认知模式认为先怀孕后结婚是不合乎社会道德的，所以在对发话人 A 话语潜在预设否定的同时传达了自己的主观态度，体现了言语组织中的元语用意识。

言语交际中说话人话语中隐含的主观认识、态度和情感等因素和元语用意识，与说话人在日常生活中形成的理想化认知模式密切相关，它们共同调控着话语的生成和理解机制。

（三）认知参照点与预设否定

认知参照点是人类一种基本的认知能力，它是语言现象中普遍存在的现象，是人们在认识、判断或评价某一事物时的参照目标。这个概念最早是由 Rosch 在研究范畴化理论时提出的，后来由 Langacker（1991：170）进一步深入研究明确提出认知参照点模型（Principle of Cognitive Reference），他提出这一原则主要是解释所有格格式和转喻现象。魏在江（2008）试图运用它研究预设，他指出："在具体的语境中，语用预设是动态的、变化的，甚至是不确定的；语境因素千变万化、错综复杂，实现预设的手段也是多种多样的，但只要我们抓住了认知参照点，语用预设的理解也就简单了；从认知的角度来看，语用预设涉及听话者在交际过程中的认知推理和心理运算；认知参照点的理论可以为语用预设的研究提供一个新的理论视角，对语用预设的研究有着重要意义。”在此我们运用认知参照点理论分析预设否定的生成和理解机制。

在对事物或现象的认识和评价时，我们不但可以以显性的实物作为认知参照点，也可以以隐性的心理或认知层面的知识或已经形成的理想化认知模式作为认知参照点。认知参照点对预设否定的生成和理解很有解释力，受话人会基于某一认知参照点对发话人话语激活的潜在预设进行判断，如果受话人的认知参照点与发话人话语激活的潜在预设相一致，那受话人就不会否定这一潜在预设，这一潜在预设就可以转变成为交际双方的共同认知语境；如果受话人的认知参照点与发话人话语激活的潜在预设不一致，那么受话人就会对发话人话语激活的潜在预设进行否定，使得这一潜在预设不能成为交际的共同认知语境从而被取消。例如：

（10）A（女）除非你把身上的毛病都改了咱们才结婚。
　　　B（男）我没毛病，你让我改什么啊。

例（10）中发话人 A 的话语激活了潜在预设：“受话人身上有一些毛病”；受话人 B 从自己的认知参照点出发认为自己没有毛病，所以对发话人 A 话语激活的潜在预设进行否定，使得这一潜在预设不能成为交际双方的共同认知语境。

（11）A 那个丰满的女人适合穿旗袍。
　　　B 她不是丰满，而是肥胖。

例（11）中发话人 A 的话语激活了潜在预设：“那个女人丰满”；受话人 B 根据自己的认知参照标准判断，认为那个女人远远超出了丰满应该叫肥胖，这种由交际双方各自的认知参照标准不一致造成的认知差异给预设否定提供了基础。受话人 B 对发话人 A 话语激活的预设进行否定，使得潜在预设失去了作为交际双方共同认知语境的地位从而消失。

五 语境与预设否定

我们谈到的语境是一个广义的概念，它不但包括传统上讲的语境，即言语交际的时间、地点、人物等具体情境；语言的上下文；人们的社会文化常识；社会规范、习俗和价值观等因素，还包括人的认知语境（cognitive context）。认知语境是指一个人的心理结构，一个假设集，这些假设在一个人的心理可以表征，并且当成真实予以接受（魏在江，2006）。预设否定与语境密切相关，如果一个潜在预设符合语境就可以转换为交际双方的共同的认知语境，如果潜在预设不符合语境的实际情况就被否定，从而取消其预设的资格。

人们在使用语言进行交际的过程是一个根据语境不断做出语用选择的过程。近年来，Verschueren（1999）提出了语言顺应论，他认为语言具有变异性（variability）、商讨性（negotiability）和顺应性（adaptability）。正是由于语言具有这样的一些特征，所以说人们使用语言的过程是一个基于语言内部和语言外部的因素而不断作出语言选择的过程（魏在江，2006）。所以话语交际的顺利进行必须顺应语境的要求，预设在语境中具有动态性，魏在江（2010）提出了预设三论：表达论、接受论、互动论。他强调预设不仅与语境有关，同时与说话人的表达和受话人的接受都有密切的关系；他指出预设的接受受制于预设的表达，即预设接受需要承受来自预设表达的作用力；预设接受也影响预设的表达，即预设接受对预设表达产生反作用。魏文中提出的预设互动论为我们解释预设否定的生成和理解机制提供了理论基础，因为在此我们分析的预设否定都发生在交际双方话语互动的、冲突性的语境中。

魏在江的预设互动论告诉我们预设是否能够成为交际双方共同的认知语境与交际双方有着密切关系，下面我们从发话人和受话人两个角度来分析语境与预设否定的关系。关联理论（relevance theory）认为人们的交际过程是一个明示—推理过程，在这一交际模式中发话人的话语总是提供关联性最大的信息，明白无误地示意自己的交际意图，这就是明示（ostension）；而受话人总是选择关联度最大的假说，即从说话人提供的信息中做出语用推理，从而推导出说话人的交际意图。以往对预设的研究大多都认为说话人说出的话语激活的预设一定是正确的，否则说出来的话语就没有意义，这是把话语作为句子的静态研究，没有把话语放入交际的动态认知语境中分析。从话语生成的角度看，发话人为了满足交际的需要会尽量提供正确和明确的信息，总是遵循最佳关联原则，但是发话人说出的话语只是一种心理假设，由于发话人对语境、实际情况的不了解以及认知上的错误等其他因素，会造成发话人提供的信息本身就是错误的，而这些错误是发话人自己没有认识到的，前人的研究对此关注很少，只考虑一个句子的成立前提，在交际语境中我们也应该把发话人话语信息的正确性作为关注的焦点，如果发话人提供的话语激活的预设隐含的信息是错误的，那这一潜在预设就不能成为交际双方的共同认知语境，所以受话人给予否定使其失去预设的地位。例如：

（12）A 小王一定很后悔昨晚没去看晚会。

B 她不会后悔的，她昨天比咱们到的还早呢。

例（12）中发话人 A 话语中的"后悔"激活了潜在预设"小王昨晚没去看晚会"；受话人根据实际情况判断发话人 A 话语激活的潜在预设是错误的，因此这一潜在预设就不能构成交际双方的共同认知语境，所以受话人 B 给予否定，潜在预设消失。发话人 A 话语激活的潜在预设错误的成因是由于发话人不了解实际情况造成。

（13）A 翠平：城里的鸡怎么都不打鸣啊？

B 余则成：不是不打鸣，而是没有鸡。（电视剧《潜伏》）

例（13）中发话人 A 话语激活了潜在预设："城里有鸡"；可是发话人 A 的这一认知与实际情况不符合，实际情况是："城里没有鸡"，这就造成了发话人 A 提供的信息本身是错误的、虚假的，所以受话人 B 对发话人 A 话语激活的潜在预设进行否定，使其失去了预设的地位。

认知语境观认为，话语的理解是建立在共同的认知语境上的，但是由于交际双方的不同认知能力、在社会生活中形成的不同理想化认知模式、不同的主观视角、不同的认知参照点、对实际情况的错误判断以及各种外部环境的影响，都有可能导致他们所处的认知语境不同。预设与认知环境具有密切的关系，一方面，预设是认知语境的组成部分，预设能影响语境；另一方面，认知语境制约预设（郑亚南、黄齐东，2007）。同样的话语在不同语境中可能激活不同的预设，预设必须满足认知语境的条件交际才能顺利进行，如果预设隐含的信息不能构成交际双方的共同认知语境，预设就会被否定从而失去预设的地位。发话人提供的信息正确与否不但与客观事实、发话人的认知等自身因素有关，而且与受话人的认知和具体情况以及交谈语境也有着密切的关系，所以共同认知语境的形成具有互动性。例如：

（14）A 你们宿舍的同学一定羡慕你这次过了英语六级。

B1 你搞错了吧，我这次没参加考试。

B2 你不是在讽刺我吧，真倒霉，我这次又没过。

B3 她们才不会羡慕呢，她们几个早就过了，我是最后一个过的。

B4 你不知道吧，我大一就开始走读了，哪来的宿舍同学啊？

例（14）中发话人 A 的话语激活了多个潜在预设：“受话人过了英语六级”“受话人同宿舍的人有的还没过英语六级”“受话人是住校生”，但这些潜在预设只是发话人 A 的心理假设，这些信息有的不符合受话人的实际情况，受话人会根据自己的实际情况和认知对发话人话语激活的相关潜在预设进行否定，具体否定哪一个潜在预设与交际语境和受话人的实际情况有着密切关系。B1、B2 是从受话人这次没有通过英语六级的实际情况出发针对“受话人过了英语六级”这一潜在预设的否定，而没有否定其他两个潜在预设；B3 是根据整个宿舍其他人早已经过了六级这一事实对潜在预设“受话人同宿舍的人有的还没过英语六级”进行否定，而受话人 B3 的话语提供的信息使得发话人 A 话语激活的潜在预设“受话人过了英语六级”和“受话人是住校生”成为交际双方的共同认知语境；B4 是根据受话人是走读生这一事实对发话人 A 话语激活的潜在预设“受话人是住校生”的否定，使得这一潜在预设失去了作为交际双方共同认知语境的机会。

六　小结

关于预设是否能够被否定的争议一直颇多，我们认为一个单独的句子从静态角度来看，它其中的预设是不能被否定的，否则句子将不能成立。但是在动态的交际语境中由于交际双方认知机制和认知语境的差异，使得受话人根据自己的认知和语境判断发话人话语预设隐含的信息是否适宜或正确，如果不符合受话人的认知模式，受话人将对发话人话语的预设进行否定，使其失去作为共同认知语境的机会。我们运用认知语言学和语用学相结合理论框架，对预设否定的生成和理解机制进行了解释，人类认知机制中的理想化认知模式、主观性、元语用意识、认知参照点和认知语境等方面的差异都制约着预设否定的生成和理解。预设否定是个复杂的问题，它的成因和理解机制涉及的面很广，不但与人的认知机制和认知语境有关，甚至与社会文化背景和其他心理因素有关，所以只有在多种理论指导下才能取得更大的进展，我们主张对它进行多角度、全方位的综合研究，以便我们揭开预设否定的真正面纱。

第三章　副词“瞎”的预设否定功能及其成因

一　引言

有关否定副词“瞎[1]”的研究成果还很少，目前只在张谊生（1996、1999）和刘烨（2009）的文章中见到，前者主要是分析了“瞎”的预设否定功能以及与其他预设否定词之间的差异；后者主要比较了否定副词“白”和“瞎”在主观性表达上的差异。吕叔湘的《现代汉语八百词》和张斌的《现代汉语虚词词典》都没有收录副词“瞎”。李晓琪（2003：184—185）的《现代汉语虚词手册》收录了“瞎”，注释为：①行为、动作非常随便，没有目的或根据，相当于“乱”“胡”。②行为、动作达不到目的或没有效果。相当于“白”“白白地”。

对于否定副词“瞎”的句法功能、表义特征、语用功能和来源，语言学界还很少探讨，本章首先考察副词“瞎”的分布和搭配情况，然后分析其表义特征和语用功能，最后从历时角度分析副词“瞎”表示动作行为和结果的无根据、无目的、无准备、无效果的语义是从何而来的。

二　“瞎”的分布与搭配

副词“瞎”的基本功能是在动词前面作状语，“瞎”后面跟的动词或动词性结构主要是言说动词、行为动词和心理动词，它们的后面有时不带宾语，有时带疑问代词宾语“什么”或体词性宾语，有时后面还可以带

---

① “瞎”在现代汉语中一直是副词用法和动词用法并存，本书如果没有特别注明的都是指的副词“瞎”。

“一通、一遭、一气”等补语。

（一）言说动词

根据刘烨（2009）的统计，“瞎”后面的动词以言说动词为主大约占64%左右。例如：

（1）有人打听出18岁以下的小孩在荷兰可以申报难民，结果申报者都隐瞒了自己的年龄，瞎编一个岁数上报。（新华社2004年新闻稿）

（2）你整天瞎吹什么啊，你看咱们，这叫什么生活啊，咱们过的这叫非人生活，冬天连炉子都点不起。（慈秀清《1982年北京话调查资料》）

（3）包装固然无可非议，但如果再前进一步，变成吹牛，变成招摇，变成旧式理发店前滴溜溜转的幌子，变成末流或不入流的江湖郎中的瞎嚷嚷胡吆喝，这“包装”恐怕就成问题了。（《人民日报》1994年10月）

（二）行为动词

行为动词占“瞎”后面动词的30%左右，可以是光杆形式，也可以带宾语或补语。例如：

（4）清河的企业家们说：“越是大官来了，越能听实话，看实情，避免瞎折腾”。（《报刊精选》1994年第4期）

（5）当时七八岁的我便喜欢打拳踢腿，但这是在无人指点下的盲修瞎练，简直就可称为胡抡。直至1988年，费尽周折之后，我才开始和同村的拳师习练武术基本功及初级少林拳。（《中华武术》2010年11月1日）

（6）一部分人乃是在文学还没被人们看好时，跑来浑水摸鱼，谁知瞎摸一气，所获不多，文学的前景就已变得暗淡了。（《人民日报》1993年12月）

（三）心理动词

位于“瞎”后面的心理动词主要有“猜、猜想、猜疑、琢磨、操心、想、着急”等少数几个，它在“瞎”后面动词中占的比例很小，不到10%。

（7）我觉得这和我想问题的方式有关，我喜欢瞎琢磨，琢磨完了还想动手做一做，爱做模型，小时候学画画，都为我做项目起到辅助作用。（《秦臻介绍“浪涌平台”原理》，《新京报》2010年11月12日）

（8）她不爱与人交流，总闷在家里，性格越来越古怪，什么事都爱瞎猜一气，或自己生闷气。（新浪网青青子衿博客）

（9）我有时候一个人瞎想：要是有一个机会，让我献出生命去表白对祖国的感情该多好啊！可是哪里有这样的机会呢？（戴厚英《人啊人》）

通过对“瞎”后面动词的分析我们发现：“瞎”后面的动词或动词性结构都具有［+可控］和［+自主］的语义特征，即都具有主观能动性，正因为这些动作行为和结果是做事人能控制的而不去控制，说话人认为这样是不适宜的或与自己的预期结果相反的，所以给予否定，只有少数例外。例如：

（10）这花总是瞎长，一个月不修剪就不成型了。

例（10）的“长”具有［－可控］和［－自主］的语义特征，这类词一般描述的是客观情况，“瞎”对它的否定的同时表达了主观评价义，表达了不该怎么样而事实确实发生了的主观评价。

三 “瞎”的表义特征

各类词典和著作中都列了副词“瞎”有多个义项，具体副词“瞎”表示哪个义项与后面动词的语义以及说话人的认知有着密切的关系，“瞎”与动词相结合才能激活它的相关语义。可以把“瞎+VP”的表义特征从动作执行和动作结果的角度分为两大类，再分出小类。例如：

（一）动作的执行

从动作执行的角度来看，“瞎+VP”可以表示无根据，任意地；无目的，随便地；无准备，盲目地三种语义。例如：

1. 表示无根据，任意地

（11）譬如《某某都市报》的某记者，来过几次，我因为太忙，接待不周，最后干脆不来了，呆在家里，但凭一些道听途说，闭门造车，瞎编乱猜一气，杜撰起新闻来。（陆步轩《屠夫看世界》）

（12）男人通常一见面就爱瞎吹捧，这是某某长，那个是某老板，这个人拥有雄厚资产，那个人才华横溢。虽然夸夸其谈并不好，炫耀也不足取，……而只有那些拥有权力的人，才可以白拿工资瞎混日子。（娱乐网 2009 年 11 月 12 日）

（13）他说，学东西，如果脸皮薄了，自己瞎琢磨肯定是一头雾水，业务主管手下带的人比较多，也很难顾及到每一个新人，就靠自己去问。白皓帆说：只要我想学，就会想尽一切方法让你教我，不管什么情况，哪怕死缠烂打，也决不放弃。（搜狐焦点网，白浩帆访谈录）

2. 表示无目的，随便地

（14）老朋友相聚没什么大事，只是瞎聊瞎侃一通，解解闷，有时免不了喝上两盅叙叙旧，把陈年往事都倒腾出来。（慈秀清《1982 年北京话调查资料》）

（15）你看看你自己，也不洗澡，也不好好找个活干，你该懂事了，不要整天在外面瞎混，奶奶自然不会锁你了。（台州网，《一个被铁链锁住的少年》）

（16）引镇街道分东、西、南三个堡子和北街，共四个行政村，开放搞活之初，禁锢已久的乡民如初出牢笼之鸟，有事无事总爱在集

上闲逛瞎转悠，集市贸易活跃。（陆步轩《屠夫看世界》）

3. 表示无准备，盲目地

（17）“跳槽”是个技术活，别没准备就瞎跳，说不定连这口饭都没得吃了。（张晓彤《跳槽是个技术活》）

（18）李继武急忙上前劝阻他们，告诉他们在没有弄清情况之前瞎跑更危险，而他们就是不听，仍然跑着，喊着，在奔跑途中一个又一个地栽倒了……死去的、倒下的越来越多。（《南方都市报》2009年7月22日）

（19）当他把这个“好消息”告诉我时，我直埋怨他瞎闹，我连最简单的乐理都不懂，常把“哆来咪发梭拉西”念成“一二三四五六七”，就这种水平，还想去参加什么歌手大赛，那不是出我的洋相吗？（卞庆奎《中国北漂艺人生存实录》）

（二）动作的结果

“瞎+VP”也可以表达动作行为所造成的结果，人们从自己理想化认知模式出发来判断事件的结果，当VP激活的预设传递的信息与说话人的预期相反，或者说话人认为事件结果是无效的、徒劳的时，就会在VP前面加上“瞎”来给予否定。例如：

（20）将老师话说到这里，小林就不再坚持。因让他找医院，他也肯定找不出什么好医院，是瞎耽误老师的时间，还不如让人家去找司长。（刘震云《一地鸡毛》）

（21）种地也是需要技术的，你要先了解气候、土壤、农药知识、施肥、植物种类等知识，不是凭力气瞎干，想种什么就种什么就能成功的。（新华网2009年9月28日）

（22）譬如在暗室中整理物品、清除垃圾。尽管你卖力去清扫，但在黑暗中瞎摸瞎碰，处处碰壁，非但空耗其力、劳而无功，还有可能碰得头破血流，酿成事故。（元音老人《佛法修正心要》）

四　“瞎”的语用功能

（一）表示否定功能

认知语言学强调人的经验和认知在语言生成和理解中的作用，并认为这些经验和认知会投射到语言的表层，使得人的主观态度、情感和认识在语言表层留下印记。“瞎”的语用功能是否定其后面动词激活的预设，“瞎”表否定义与人类的理想化认知模式密切相关，理想化认知模式是根据人的经验和认知建立起来的概念与概念之间的各种相对固定的关联模式，反映了人们对某些认知域的经验和认知的理想化认识，人们的经历、环境、文化、知识等不同对人们在各种认知域中形成的各种理想化认知模式会有影响，这使得人们对事物和事件的判断标准存在差异，这些差异会在话语中表现出来。ICM 是从认知域构建出来的认知结构完形，用于解释人的认知与语言之间的关系。例如：

（23）企业要求生存求发展，招商无疑仍是众多企业的制胜法宝。然而，现行的招商策划完全只针对经销商，不考虑消费者和下游渠道，使得企业的招商成了空架子瞎折腾，90% 企业以失败告终。（商机网 2008 年 6 月 11 日）

（24）有些人对《翠花上酸菜》、《想吃麻花现给你拧》和《淡了加点韭菜花》这些贺岁片很反感，我（田有良）敢保证，说我的戏肤浅的人肯定都还没看过我的戏，而只是凭借名字瞎批评。（新浪网田有良博客 2011 年 12 月 2 日）

例（23）的“折腾”作为预设触发语激活了预设“企业为招商做出了努力”；例（24）的“批评”激活了预设“有人认为田有良的作品有问题”。说话人在日常生活中形成的理想化认知模式中具有这样的认知规约：“说话、做事要有根据、有目的、有准备和有效果”，可话语或现实中提供的信息与说话人的预期相反，说话人认为他们的话语或行动并没有得到应有的收获，这类不一致信息被称为反预期信息。说话人为了表达自己对反预期信息的态度，就用否定副词“瞎”对后面动词激活的预设进行否定，在这里“瞎”是表达反预期信息的算子，我们称其为反预期标记。所以副词“瞎”的最基本、最主要的语用功能是表示否定，“瞎”否定的是它后面动词激活的预设传递的信息。动词激活的预设在句子中本来属于背景信息，但是被否定后被凸显出来，由背景信息变成了前景信息，成为句子的焦点，从而预设的地位被取消了。

（二）表示情态功能

副词“瞎”除了具有否定功能外还具有表达主观情态的功能，Ochs&Schieffelin（1989）指出：“语言是说话人表达感情、情绪、意向和态度的基本需要，这种需要与对事物的描述同等重要，因而在交际中我们既要了解说话人所表述的命题内容，同时也要弄清说话人对于所述命题的情感指向。”也就是说，说话人在表述一个命题的同时也会用一种方式表达自己对话语以及所论述事件的立场、态度和情感。同时也发现副词“瞎”的上述四个表义特征无论在什么语境中都表达了说话人的评价性的主观情态，即带有主观性，即表明自己对这段话的立场、态度和感情，从而在话语中留下了自我的印记。“瞎”在话语中起到否定功能的同时，也起到了主观化标记的功能。下面从主观视角、情感和认识角度分析“瞎”的情态功能。

1. 主观视角

说话人在言语表达时，会根据表达的需要从一定的视角出发来传递信息，如果说话人的主观视角不同，对同一句子凸显的表义重点就有差异。例如：

（25）虽然有些人自以为旷达名士派，认为那都是瞎讲究，说穿了，还不是为了满足本能的欲望？但是我却认为细微的餐具、精烩的饮食、优美的吃相，总比茹毛饮血，鲸吞牛饮，更合乎卫生，更顺乎人情，更怡悦耳目。（叶曼《智慧人生》）

（26）我的体会是一个人要想了解和把握自己，唯一的办法就是找几个行业试一试，在试验的过程中尽可能搞清自己的性格特点和办事能力，绝不能糊里糊涂地瞎干，最后干不出什么名堂来又埋怨自己当初选错了行业。（《投简历忌大撒网》，新华网 2009 年 7 月 22 日）

例（25）的“瞎讲究”既可以表示“无根据，任意地”，也可以表示“无目的，随便地”；例（26）的“瞎干”既可以表示“无目的，随便地”，也可以表示“无准备，盲目地”。具体表达什么语义与说话人的主观视角和语境有密切关系，主观视角不同表达的主观评价角度就不同。

2. 主观情感

说话人在言语表达中传达命题信息的同时也传达了个人情感，“瞎”在有些本身就隐含有否定义的动词前面表达主观情态义最为显著，例如：“混、捣乱、胡闹、胡说、浪费、吹牛、扯淡、耽误”等，“瞎”在这些成分前面是羡余的，有没有“瞎”话语都表达否定义，这时“瞎”只表示情态义。例如：

（27）出道十年的花儿乐队一如出道时那几个没长大的男孩，最擅长的项目就是瞎胡闹，他们在台上胡打乱闹、女扮男装、说相声、玩吞剑，极尽所能地恶搞。（凤凰娱乐 2009 年 11 月 15 日）

（28）家凯曾经去云南拍片认识了一个司机，他包了他的车在云南转悠了 20 多天，司机从开始觉得这有什么好拍的，瞎浪费钱，到最后也对照相产生了兴趣，并和家凯成了朋友。（《吴家凯：用沉敛的心“看”世界》，新视野 2010 年 10 月 20 日）

在例（21）和（22）中“瞎”的存在是羡余的，但是它的存在价值在于表达说话人的主观情态。

3. 主观认识

“瞎”表示预设否定和主观情态的功能都与说话人的主观认识有着密切关系，正是因为主观认识的不同造成理想化认知模式上的差异，从而造成对“瞎”后面动词激活的预设所表达的信息与说话人的主观预期值相反，从而对其进行否定来传递出反预期信息。说话人在言语表达中会在话语中留下主观认识的烙印。例如：

（29）看了这几天关于股指期货的报道，感觉写得很是外行，甚至是瞎扯。也就说一说，希望能对博友正确认识股指期货以及股指期货与股市的关系有些帮助。（期货中国网，2010 年 4 月 26 日）

（30）将近下班时，公司总编室正式通知我说，埃及沙漠里的故事脱离了生活，不准再写了。打电话的人还抱怨我道：瞎写了些什么——你也是个老同志了，怎么一点分寸都不懂呢。（王小波《白银时代》）

例（29）和（30）的“瞎”不但具有否定功能，同时也是对说话或写作没根据任意性的主观评价，表达了说话人的主观情态。

在一个句子中，说话人的主观视角、情感和认识三个方面是一种多元交织的状态，在它们的共同作用下形成了“瞎”表示否定和主观情态的语用功能。

五 副词“瞎”的演化历程与机制

对语言的研究需要共时与历时相结合，因为语言是一直在发展变化的，语言中的许多语言现象离了历时因素解释不清楚。现在从历时的角度解释副词“瞎”表示“无根据、无目的、无准备、无效果”的意义是从何而来的。古代汉语中“瞎”是动词，表示丧失视觉和失明，而现代汉语中“瞎”的动词用法和副词用法并存，那么动词“瞎”和副词“瞎”之间存在着怎样的逻辑联系和演变关系呢？我们通过“瞎”的语法化过程来分析其中的规律。副词“瞎”语法化的动因和机制主要是：（1）动词“瞎”的语义和句法环境是其语法化的基础；（2）隐喻和语用推理是其演化机制。

（一）“瞎”语法化的句法语义条件

1. “瞎”语法化的语义条件

“瞎”的最早用法见于汉代刘熙的《释名》，表示丧失视觉和失明之意。例如：

（31）矇，有眸子而失明，蒙蒙无所别也。瞍，缩坏也。瞎，迄也，肤幕迄迫也。（汉《释名》）

从汉代开始“瞎”表示丧失视觉和失明之意一直延续到现在。例如：

(32) 祖洪甚恶之，无一目，七岁，洪戏之，问侍者曰：“吾闻瞎儿一泪，信乎?”（北魏《十六国春秋别本·前秦录》卷四）

(33) 盲人骑瞎马，夜半临深池。（南北朝《世说新语·排调》）

(34) 童谣曰：“屠苏鄣日覆两耳，当见瞎儿作天子。”及赵王伦篡位，其目实眇焉。（唐《晋书二八》志第一八）

(35) 瞎眼善解通，聋耳却获功。（五代《祖堂集·保福》卷十一）

(36) 楷眇一目，而性甚严忍，时人号为瞎虎。（宋《太平御览·大将军》卷二百三十八）

(37) 阮小二道：这班畜生瞎了眼珠，敢来撩拨老爷们，且送他一齐上阎王殿去。（明《古本水浒传》第二十六回）

(38) 他的眼睛自小就是瞎的，这锻炼了他的听力和触觉，他根据风力和感觉就能断定前面有无障碍物。

例（32）—（38）中“瞎”都表示丧失视觉和失明的语义，正是因为这一语义含有“没有视觉”的否定义素，才为它进一步演化为否定副词打下了基础。

2. “瞎”语法化的句法环境

从五代开始“瞎”的引申义形容糊涂，不明事理；虚构、捏造等语义开始出现，但还没有副词表示的无根据、无目的、无准备和无效果的意思。例如：

(39) 问：“诸佛出世，普润含生。未审招庆出世如何?”师云：“我不敢瞎却汝底。”（五代《祖堂集·招庆》卷十三）

(40) 或曰：“先儒以三百篇之义皆‘思无邪’。”先生笑曰：“如吕伯恭之说，亦是如此。读诗记序说一大段主张个诗，说三百篇之诗都如此。看来只是说个‘可以怨’，言诗人之情宽缘不迫，优柔温厚而已。只用他这一说，便瞎却一部诗眼矣!”（北宋《朱子语类·论语五》卷二十三）

(41) 问：“如何是活人剑?”师曰：“不敢瞎却汝。”曰：“如何是杀人刀?”师曰：“只这个是。”（南宋《五灯会元》）

例（39）—（41）中“瞎”和另一个动词“却”连用，这里“瞎”表示丧失视觉和失明的语义已经削弱，更多是它的引申义；“却”是“去、掉”义，它们两个处于动+唯补结构中，并且从五代时期开始“瞎”与“却”或其他动词连用的频率开始频繁出现。我们知道动词的典型位置是在“主+谓+宾”结构中作谓语，它表示具体而实在的动作或状态，如果一个动词在句子中不是唯一的动词时，而且不是中心动词时，那么这个动词的动词性就会减弱，随之其语义也会变得抽象空灵。“瞎”处于另一个动词的前面，这是状语的位置，而副词最主要功能是作状语，虽然在例（39）—（41）中“瞎”的语义还没有完全虚化，但是处于另一个动词前面的位置为“瞎”虚化为副词创造了很合适的句法位置。如果“瞎”经常处在其他动词前面对别的动词起修饰作用，随着使用频率的加强，它的意义就会逐渐虚化，最终成为否定副词。我们通过分析发现例（39）—（41）中“瞎”的语义已经引申，不是表示丧失视觉和失明，而是形容糊涂和不明事理之意，它们是动词“瞎”向副词“瞎”演变的临界环境。

从北宋开始，“瞎”表示无根据、无目的、无准备、无效果的语义已经初见端倪。例如：

（42）既至，下吏按验。省躬乃写籀文答之。吏称不辨，省躬背曰：“何不使倅拭瞎读之。”吏示倅，亦不辩。于是遣还。（北宋《江南野史》）

（43）院曰：“左边一拍且置，右边一拍作么生？”师曰：“瞎！”院便拈棒，师曰：“莫盲枷瞎棒，夺打和尚，莫言不道。”（南宋《五灯会元》）

在例（42）和（43）中“瞎”都是表示否定功能，已经演化成副词的用法。

“瞎”自宋代形成表示否定功能的副词以后，一直是表示丧失视觉和失明的语义与表示无根据、无目的、无准备、无效果的语义并存。表示丧失视觉和失明的语义从汉代到现在一直存在，如例（32）—（38），在此不再赘述。

表示无根据、无目的、无准备、无效果的语义，例如：

（44）如今人闻恁么道，便道当时好与行令，且莫盲枷瞎棒。只如德山入门便棒，临济入门便喝，且道古人意如何？（宋《碧岩录》卷九）

（45）撒谎的没皮丢，小人家真真瞎胡诌，信着口儿撒谎，仗着不害羞，空起誓。（明清《时调集·霓裳续谱》卷五）

（46）我哪里还有工夫去跟他瞎跑！此刻只要他还了我的船钱，我就还他的行李。（清《二十年目睹之怪现状》第十七回）

（47）在平时，柳筱阁全不懂得，只觉叮叮咚咚罢了。福晋问他，他也只有瞎赞了几句，便胡乱说道：“这琴声还似乎欠热闹一些。”（民国《清代宫廷艳史》）

（二）“瞎”语法化的机制

人类的认知过程同时也是一个隐喻过程，人们认识世界总是从自身出发，从具体的身体部位、行动引申到外界事物如空间，进一步再引申到更加抽象的事物如时间、性质等。Lakoff 运用源域（source domain）与目标域（target domain）之间的映射（mapping）以及意象图式（image schemas）来解释隐喻现象，映射反映的是认知空间之间的关系，他认为：“隐喻是从一个比较熟悉、易于理解的源域映射到一个不太熟悉、较难理解的目标域，其心理基础是抽象的意象图式。”（汪少华，2000）“瞎”的语法化机制就是通过隐喻来实现的，“瞎”通过隐喻从视觉域演变为认识域，也是一个从具体到抽象的过程。我们认为映射过程是一个语用推理过程同时也是一个创造性思维的认知过程，在这个过程中，我们首先要找到源域和目标域所共有的关系，即找出它们的共同之处。“瞎”表示丧失视觉和失明的语义时，在人们大脑中形成丧失视觉的人看事物不全面、没有根据、主观猜测的意象图式，这一意象图式是“瞎”演变出副词语义的关键因素，副词“瞎”处于动词前面的状位上，状语起到对后面的动词进行修饰限制的功能，在语用推理机制的作用下，状位的“瞎”具有了无根据、无目标、无准备和无效果的语义，用于对“瞎”后面动词激活的预设隐含的事件进行否定。例如：

（48）诸斗殴，折跌人支体及瞎其一目者，徒三年。（唐《通

典·刑法三》卷一百六十五)

(49) 于此明得、阇梨无分、全是老僧。于此不明、老僧即是阇梨。阇梨与老僧。亦能悟却天下人。亦能瞎却天下人。(北宋《禅林僧宝传·汾阳无德禅师语录》卷三)

(50) 晁夫人道:"你待说甚么正经话,你说罢,别要没要紧的瞎淘淘!"(明《醒世姻缘传》第三十二回)

(51) 若是三姑娘在家还好,如今只有他几个自己的人瞎张罗,面前背后的也抱怨说是一个钱摸不着,脸面也不能剩一点儿。(清《红楼梦》第一一零回)

在例(48)中"瞎"还表示丧失视觉和失明之意;在例(49)中用的是"瞎"的引申义,表示使人糊涂、不明事理;在例(50)和(51)中"瞎"已经完全演化成否定副词,表示对后面动词激活的预设表示的行为或事件的否定。

六 小结

本章从共时和历时两个角度对否定副词"瞎"进行了分析,在共时平面主要分析了"瞎"在句子中的分布与搭配,主要是位于动词前面作状语,位于"瞎"后面的动词主要有言说动词、行为动词和心理动词;副词"瞎"主要表示无根据、无目的、无准备和无效果的语义;"瞎"的语用功能是否定"瞎"后面动词激活的预设,然后传递出反预期信息和表示评价性的主观情态。在历时层面分析了"瞎"语法化的语义和句法位置条件,表示"没有视力"是"瞎"演变为副词的语义基础,处于状位是"瞎"演变为副词的句法环境;隐喻和语用推理是"瞎"演变的机制。本章想通过对"瞎"共时与历时的分析使得我们对副词"瞎"的表义特征、使用条件以及来龙去脉有一个较为清楚的认识,以便我们在言语表达时更好地使用它。

第三篇　羡余否定

第一章 羡余否定的性质、类型及成因

一 引言

羡余否定（redundant negation）是一种特殊的语言现象，它体现了肯定与否定的不对称，已经受到语言研究者们的关注，研究成果颇多，以往研究主要集中在对某一羡余否定格式的句法特征、表义特征方面的分析，对羡余否定的语用功能、生成的动因和机制、肯定式与否定式不对称的原因等问题还有待深入剖析，我们尝试运用语用学和认知语言学相结合的方法对羡余否定的性质、形成的动因和机制等相关的问题进行分析。基于羡余否定格式的多样性，在分析时为了避免重复烦琐，不同部分只取有代表性的格式进行讨论。

二 羡余否定的性质和界定

羡余（redundancy）是语言中一种很普遍的现象，在语言学研究中，赵元任在《中国话的文法》（1968）中最早提出“羡余”这一术语，他在文中提到：“‘虽然如此’中的‘然’即‘如此’，这就是‘羡余’。”戴耀晶（2004）指出：“语言中的羡余又被称为冗余是指：在一个语言结构体当中，某个符号形式所表现的语义内容不是理解它所在的语言结构体的意义时所必需的。”羡余现象存在于语言的各个层面，朱德熙的《说“差一点儿”》（1959）为羡余否定的研究拉开了序幕，使得羡余否定现象越来越受到语言研究者们的关注。

（一）羡余否定的性质

我们在前人研究的基础上来分析羡余否定的性质，以往研究对羡余否定的界定只是从语义上考虑的，没有考虑语用和认知因素。传统上对羡余否定的理解是：羡余否定是指在一定的语言交际中有些否定形式并不表示否定意义，否定标记的有无也不影响语义内容的表达，即否定形式和肯定形式在表义上是相同的，从语义表达上来说否定标记并不是语义表达的必需。语言表达要遵循经济原则，如果肯定形式和否定形式在表义上是相同的，在其他方面又没有区别，那羡余否定的表达不但违背了言语表达的经济原则，也违背了合作原则中的量准则，那么否定标记词就是绝对羡余成分应该是规范的对象。事实上并非如此，表羡余否定的否定标记词不但不是被规范的对象，并且其存在是具有理据性和语用价值的。羡余否定现象是语言表达元语用意识作用的结果，否定标记词的使用属于它们的元语用法，在羡余否定中否定的是语句的非真值条件，即否定不影响命题的表义特征，这也是肯定形式和否定形式在表义上对立消失的原因之一，因此我们把羡余否定归入语用否定的范畴。否定标记词的使用不表示否定意义，但它传递了说话人的主观情态，它的存在具有语用价值。羡余否定相对于其肯定形式和一般否定形式来说是有标记否定，因为它传递了说话人的主观情感、态度和认识，不同于一般的客观描述，带有很强的主观性，并且否定的是语句的非真值条件。羡余否定中否定标记词的羡余只是从语言表层来看是羡余的，从其深层意义来看不是羡余的，有没有否定标记词传递的深层意义是不同的。肯定形式是一种客观描述不带有主观性，而羡余否定形式在传递客观信息的基础上还传递了说话人的主观评价和态度。例如：

（1）A 为什么他的枪发出了这样的响声呢？这是因为刚才他的枪口在地下灌进了泥土去，他一搂火，不但没有打着二虎，差一点没有把自己伤了，因为他的枪炸坏了。(刘流《烈火金刚》)

B 为什么他的枪发出了这样的响声呢？这是因为刚才他的枪口在地下灌进了泥土去，他一搂火，不但没有打着二虎，差一点把自己伤了，因为他的枪炸坏了。

（2）A“天黑了这黑咕隆咚的小巷里可要小心别出事呢。”英姑

唯唯应声慢慢走开。(电视《大宋提刑官》)

B“天黑了这黑咕隆咚的小巷里可要小心出事呢。”英姑唯唯应声慢慢走开。

例（1）中的A和B有没有“没有”在语义上是等值的，但是A更能体现出说话人的主观情态，不但传递出庆幸的心理，而且传递出不希望的愿望。B只是传递了事件没有发生的结果。例（2）中的A和B有没有“别”在语义上是等值的，但是A更能传递出说话人不希望事件发生的心理，而B只是表示提醒义。

（二）对羡余否定的界定

我们从语义和语用相结合的角度对羡余否定进行界定。羡余否定是指在语言表层具有否定标记词但是不表示否定意义，否定标记词否定的是语句的非真值条件，否定形式和肯定形式在语义真值上是基本相同的，否定标记词传递的是主观情态。从语义表达上来说否定标记并不是语义表达的必需，但从深层意义上看否定形式比肯定形式更具有主观性，传递了说话人的主观评价和态度，体现了说话人言语表达的元语用意识；从语用和认知的角度来讲否定标记词是必不可少的，它是主观标记词。

羡余否定所谓的“羡余”只是从语句的表层结构来说的，从语言表达的整体上来看，羡余否定中的否定标记词有其存在的理据和价值，真正的羡余否定是不存在的。语言表达不但要传递客观信息，也要表达出说话人的主观情态，所以羡余否定形式比起相应的肯定形式更具有表现力。例如：

（3）烈日下的戈壁滩，即使是生鸡蛋放在地上，不一会儿就烤熟了。(《报刊精选》1994年第7期)

（4）过去嘉兴的马路连人行道也没有，车与人都挤在路上。现在四通八达，条条马路不要太漂亮噢。(《南湖晚报》2008年12月28日)

例（3）中“不一会儿”去掉“不”在时间上并没有变化，但是加上“不”就能凸显出说话人主观上认为时间上比较短的认识情态。例(4)中“太漂亮了”和“不要太漂亮噢”在语义上是等值的，但是使用后者增加语言表达的活泼性，起到委婉生动的表达效果。

三 羡余否定的类型

汉语的羡余否定现象无论从结构形式上还是表义上都具有多样性，所以对羡余否定分类是个很难的问题。羡余否定在词、词组、固定结构、句子各个层面都有所体现，对其很难进行穷尽的统计和分析，在此我们只能列举几种常见的羡余否定形式。我们根据语法单位的层级对其分类，从词、短语、固定结构和句子方面对其进行总结。

（一）词和短语

有些动词如：后悔、怀疑、责怪、抱怨、拒绝、小心/注意/留神/当心和一些副词或副词词组如：难免、险些、几乎、保不准、差一点、不由得等，以上动词和副词本身就含有［－足量］、［－幸运］、［－满意］等弱性否定义，王助（2006）称其为隐性否定词，这一弱性否定义在语义上激活了后面语句表达内容是负面、消极或不如意的，这些动词和副词已经对后面语句内容进行否定，如果否定标记词再进行否定就会造成语义重复或者双重否定表示肯定与后面语句内容相矛盾，所以它们后面或前面的否定标记词“不、没（有）、别、不该”等对语句的否定属于羡余否定，它们不影响语句的命题意义，只是传递说话人的主观情态。

这些词语构成的羡余否定格式主要有：后悔/怀疑+（没/不）VP、责怪/责备/怪/抱怨N（不该）VP、难免+（不）VP、保不准/保不定/保不住+（不/没）VP、差一点/险些/几乎/+（没）VP、（不）一会儿、谁也不能否认（没有）、无时无刻（不）、小心/注意/当心+（别）VP等。例如：

（5）一家私营企业为了减免税，把一套音响送到万远荣家里，外出办事的万远荣回家后，责怪妻子不该收别人的东西。第二天，他把音响退了回去……（《人民日报》1996年9月）

（6）这时，顾城也恢复了理智，不由又回忆起他们热恋的情景，

顿时他后悔不该打自己的爱妻，立即将谢烨抱在怀里，哭着对她说："我不该打你。"（《报刊精选》1994 年第 5 期）

（7）手拿火把的秋贵，举著火把往马鼻子下一送，惊得那匹马仰头狂嘶，差一点没把靖南给从马背上掀翻下来。（琼瑶《烟锁重楼》）

（8）譬如有些营养保健品鉴定，绝大多数是凭医生的感觉来判断，这就难免不准确。（《报刊精选》1994 年第 12 期）

（9）奥菲利亚小姐拿着剪刀走进来。"小心别剪坏了，"圣克莱尔说，"剪里层的，从外面就看不出来，宝贝，你的这头卷毛可是爸爸的骄傲咧！""噢，爸爸！"伊娃伤心地叹道。（比彻・斯托夫人《汤姆叔叔的小屋》）

（二）固定格式

有一些羡余否定表现形式在长期使用过程中，已经形成固定的格式框架，例如：在没……之前、非 X 不 Y、好不+A、不要太+A+噢、别不是 VP、看我不 VP 等。这些固定格式中的否定标记词主要有"不、没、别、不要"等。例如：

（10）"这种事我老公最有办法，谁不想讨好有权的人，我老公的路子不要太粗噢！"（唐颖《糜烂》）

（11）柳叶桃开得正好了，红花衬着绿叶，满院子开得好不热闹。（李广田《柳叶桃》）

这些固定格式有的已经构式化了，具有了明确的构式义，例（10）"不要太 A"表示赞扬义，是在赞扬路子很广的意思；例（11）"好不"表示非常的强调义。

（三）句子层面的羡余

有一些关联词形成了句子层面的羡余否定，如非……（不可）、除非……（不），它们连接的是表示条件的复句，其后一分句的否定标记词是羡余的，可以用其肯定形式"才"替换，在表义上意思不变。用"不"

更能凸显言者的主观态度和情感。例如：

(12) 他对老人说出心中的话："要照这样下去，我这点的手艺非绝了根儿［不可］。"（老舍《四世同堂》）

(13) 非把这样的坏家伙打倒，世界不/［才］能有真理吗？（赵树理《李家庄的变迁》）

(14) 这项将于今年7月开始实施的法案规定，除非遇到紧急情况，司机不/［才］能在驾车途中用手接打电话，否则他们将会收到交通违规传票，并被处以100美元罚款。（新华社2004年新闻稿）

例（12）的"不可"可以省略，但用否定形式更能凸显其必然性。例（12）和（13）中的"不"都可以用"才"代替，可是采取否定形式更能凸显条件的唯一性和重要性。

四 羡余否定形式的制约条件

肯定形式与羡余否定形式虽然在表义上相同，但在句式、语义、语体和语境等方面羡余否定形式受到更多的限制。鉴于羡余否定格式的多样性，我们只能选择几个主要受限制方面进行陈述。

（一）客观性与主观性

与羡余否定形式相对的肯定形式是一种客观描述，不带有主观性。羡余否定形式具有很强的主观性，其中的否定标记词不否定语句的真值，但是传递了说话人的情感、态度和认识，从语用功能上来说它是必不可少的，体现了说话人的认识情态（epistemic modality）。当说话人想传递某种主观评价和认识时，就会选择添加否定标记词，所以羡余否定的否定标记词是说话人主观情态在语句上留下的印记。例如：

(15) 我双手攀崖，小心翼翼，一步一步向前爬去。不一会儿，便满头是汗，气喘吁吁。（《人民日报》1995年12月）

(16) 谁福气好哇，苏家爸爸，晓卉已经做外国人，房子买了好几幢，铜钿不要太多噢，在伊面前我还能做人吗？（唐颖《糜烂》）

(17) 其实，告过御状我便开始后悔。后悔不该一时冲动力这点小事惊动毛泽东，后悔不该和小田闹这么僵。（权延赤《红墙内外》）

语句中的否定标记词并不否定语句的真值，即对语句的命题意义没有影响，但是它们是主观标记词，能够传递说话人的主观情态。例（15）中当说话人认为某种情况比预期的时间短时就在“一会儿”前面加上“不”或“没”，来体现说话人的主观看法和评价。例（16）中“不要”不否定语句真值，它起到加强语气的作用，“不要太”表示的是一种赞扬语气，相当于“太、很、非常”。例（17）中否定词“不该”的有无都不影响语句的命题意义，但否定词“不该”传递了说话人的主观情感和态度，使得语句更具有主观性。

（二）时态与模态

羡余否定后面VP所表示的事件，从时态和模态上来看，不同格式受到的限制情况不同，但是都分别受到限制。如“不一会儿VP、差一点没VP、责怪/抱怨不该VP、在没……之前”后面的VP主要都是表已然事件；“小心别VP”后面的VP表未然事件；表示推测义的“保不准没/不VP、难免不VP”后面的VP主要表未然或或然事件，偶尔也可以跟已然事件。

之所以具有以上时态和模态特征，与每个羡余否定格式的表义特征有关。“不一会儿VP、差一点没VP、在没……之前”都表示时间量，其中的否定标记词都表示主观评价，评价一般是对已经发生的确定事件的评价，所以其中的VP主要表已然事件。“责怪不该VP”中的“责怪”和“不该”都蕴含了事件已经发生了，所以VP必须是已然事件。“小心别VP”表示提醒和劝诫义，只有针对没有发生的事进行提醒和劝诫，所以其中的VP必须是未然事件。“保不准没/不VP、难免不VP”都表示推测义，被推测的事件一般是没有发生的也不确定是否能发生的，所以VP常是未然和或然事件，有时推测的可能是已经发生事件的结果，所以有时VP也可以是已然事件。例如：

(18) 她只是喊害怕，继而抱怨不该到河边来。他知道这桩婚事

算是糟透了，走熟路都发迷，还能伴侣终生吗？（孙见喜《贾平凹的情感历程》）

（19）她说话常有“Tiens!”“O la，la!”那些法文慨叹，把自己身躯扭摆出媚态柔姿。她身体动一下，那气味又添了新的一阵。鸿渐恨不能告诉她，话用嘴说就够了，小心别把身体一扭两段。（钱锺书《围城》）

（20）现在的商品包装上尽管有保质期，但也保不准不会有问题出现。这就奇怪了，既然厂家不能保证保质期内的质量，何必要定出保质期的时间呢？（《北京日报》2001 年 6 月 25 日）

（21）人们在生产和生活的过程中，难免不发生意外，如房屋、财物被大火焚毁；船舶遇大风浪而沉没……（《中国儿童百科全书》）

（三）对 VP 和 A 的性质和语义的限制

有些羡余否定格式后面成分在性质和语义上受到限制，如“差一点/险些/几乎没 VP、难免不”等后面 VP 表示不期望的事情时才能构成羡余否定，VP 在语义上都具有［+消极性］和［-可控性］；“不一会儿”只有表示主观小量时才能形成羡余否定；关于“小心别 VP”，戴耀晶（2004）指出：“‘小心别 VP’表羡余否定时‘小心’和动词短语 VP 之间在语义上是提醒和内容的关系，在句法上可分析为动宾结构。如果表达的是描写和行为的语义关系，句法上要分析为偏正结构，不产生羡余否定想象。”在“好不 AP”中 AP 只能是双音节形容词，并且形容词多为贬义形容词。“不要太 A”格式中 A 以褒义形容词为主，如“漂亮、潇洒、帅、亮、富”等才可以构成羡余否定，并且“不要太”凝固成一个整体，相当于一个程度副词，表达肯定性的认识情态，整个结构表示赞扬义才能形成羡余否定。例如：

（22）A 凯蒂说，最严重的一回是他按着她的头狠狠地往地上撞，差一点没把凯蒂的脖子折断了。（程前《选美皇后猝死之谜》）

B 昨天火箭队与马刺队比赛，姚明一个后仰投篮，球差一点没进。（湖南桂阳一中语文模拟试题）

（23）A 外面冷，小心别着凉了。（=小心着凉了）

B 外面太乱，小心别过马路。（≠小心过马路）

（24）A 她的歌声不要太好噢，我都快陶醉了。

B 这时又传出刘玉福的声音："玉才，你不要太激动，虽说他这次做得确实有点过分，可毕竟还是我们的亲戚。"（宋建华等《一个文字工作者的自白》）

例（22）中 A"差一点没"后面跟的是不期望发生的事情，所以能构成羡余否定，其肯定形式与否定形式的对立消失；B"差一点没"如果后面跟的是说话人企望发生的事情，表示球没有进去，不能形成羡余否定；如果其后面跟的是说话人不希望发生的事，表示球进去了，其形式形成羡余否定。例（23）中 A 一是表示提醒义，二是 VP 表示的行为具有不可控性和消极性，所以能构成羡余否定；B 一是"小心"是 VP 表示内容是描述不是提醒，二是 VP 表示的动作具有可控性，所以 B 不能形成羡余否定。例（24）中 A"不要太……噢"已经形成一个固定的构式，表示赞扬义，"不要"不表示否定义而是凸显主观情态，所以是羡余否定形式。B"不要"表示禁止和劝阻义，"太"表示程度过量，其结构是"不要/太 VP"，不构成羡余否定。

（四）句式和语体

羡余否定一些格式还受到句式的限制，如："小心别 VP"表示羡余否定时必须是单句和祈使句；"不一会儿"不能用于对举格式；"不要太 A 噢"表示羡余否定只能用于感叹句，并且后面要跟语气词"噢、哦、呦"。再是羡余否定传递了说话人的主观情态，所以多用于口语、文艺语体或报道语体，而不用于政论文体和科普文体。有些格式还受到语气的制约，王进文（2008）指出："当'差点儿（没）VP'表示夸张的语气时，不管'VP'是积极的成分还是消极的成分，都可以加'没'或去掉'没'形成羡余否定格式，其表示的意义是'没 VP'。"例如：

（25）A 明天就要相亲了，不要太兴奋噢！（《缘牵有情人》，婚介网）

B 她（刘海若）说，得知这趟返乡之旅，非常兴奋，甚至

还一度睡不着觉。北京医生为此特别要求她“稳住心情，不要太兴奋，一定要多休息。”（新华社2004年新闻稿）

（26）尹太太只她这一个女儿，很是偏宠，见她心不在焉，于是问：“是不是哪里不舒服？别不是（=别是）这两天累着了吧。”（王进文2008用例）

（27）黑子使劲拍唐元豹的后背，元豹岔了气，面条差点没从鼻子里出来，和气地笑：“看电视，看电视。”（王朔《千万别把我当人》）

例（25）中A是感叹句，“不要太A噢”构成了羡余否定；B是陈述句，也可以理解成祈使句，但都无法形成羡余否定。从例（25）和（26）以及上面例子可以看到，羡余否定主要用于口语、文艺语体。例（27）是用夸张语气表达一种状态，没有前人说的企望/不期望、积极/消极的性质，但也形成了羡余否定，“没”表示说话人的主观情态。

羡余否定的表现形式具有多样性，不同的格式限制条件存在很大的差异，我们只是总结了几条常见的制约条件，羡余否定的否定形式与其相应的肯定形式之间既有对立性又有统一性，所以有更多的限制条件需要我们去挖掘。

五 羡余否定的成因

汉语中羡余否定现象表现形式的多样性决定了其生成动因和机制的多样性，我们对几种主要的成因进行分析。

（一）客观条件和主观因素

有一些词语与否定标记词结合构成羡余否定，如差一点、一会儿、几乎、险些……之前、难免、后悔、抱怨等，以及和白类否定副词相结合构成羡余否定的“浪费、抢、送”等词语本身就蕴含有否定义。沈家煊（1999：65）把这种蕴含的意义称其为衍推义（entailment），“是一种纯逻辑推导义，它是句子固有的、稳定不变的意义成分”。因其否定义不够明确，所以当说话人为了凸显否定义就加上否定标记词，来表达主观上的否定强调，也使得语句的衍推义明示在句子的表层。但是在蕴含否定义的词语后面加上否定标记词后整个结构的表义并没有变化仍然表示否定义，并没有因双重否定而构成肯定义，这时否定标记词就成了羡余成分。正如Jespersen指出的：“是因为原来的句子含有否定的意思而又没有明确表达出来，说话人感到有必要强调否定的意思以避免误解，于是就加上实际上是赘余的否定词。”（Jespersen，1924：333；沈家煊，1999：122）这些具有隐含否定义的词语是羡余否定形成的客观条件和存在的基础，如果这些词语不具有隐含否定义就不能和否定标记词构成羡余否定。王进文（2008）指出了“怀疑”形成羡余否定的客观因素，“怀疑”一词有两个义项，一个表示“很不相信”的意思，是对后件的否定；一个表示“猜测”的意思，是对后件的肯定。肯定式与否定式表义相同是因为人们可以从不同的角度进行理解，所以在结构上形成了羡余否定。如“怀疑你生理上不健全”＝“怀疑你生理上健全”，都是认为“你生理上不健全”，否定式是从“猜测”义理解的，肯定式是从“很不相信”义理解的。

人们在言语表达时，多多少少总会带有说话人的主观情感、看法和态度，而这些主观性的因素在语言的表层会留有印迹，羡余否定的形成就是说话人主观意愿的外现，凸显了说话人的主观认知情态。否定标记词在句中不表示否定义，但是有其自身的存在价值，从表达功用来看，否定标记词表示说话人的主观情态，是一个主观标记词。张谊生（2006）指出：“从实际表达功用看，它们都是表示说话人主观情态的典型量标记，其作用就是对客观量进行减量的主观评价，是一种认识情态（epistemic modality）。‘不’、‘没’已经由语义真值的否定转向了对整个事件所占时间和数量的主观性弱化评价。”例如：

（28）她边走边嘀咕，一个不留心，滑的一下掉在一个半人深的臭水沟里，差一点没把汤阿英带了下去。（周而复《上海的早晨》）

（29）马林生最后这句话本来是不想说的，脱口而出险些没咬着自己舌头，这话太伤人了。（王朔《我是你爸爸》）

（30）有几页，字迹潦草狂乱，勉强能辨认，细读下去让我的心咚咚直跳，后悔不该看见刘力的那篇日记。（忘川《一场不涉及理想的恋爱》）

例（28）的“差一点”和例（29）的“险些”都蕴含接近某一结果

或状态可是还没有达到的否定义；例（30）表责备义的“后悔”蕴含了已经发生了不该发生的事的语义。以上词语蕴含的否定义是语句形成羡余否定的先决条件。否定标记词放在它们的前面或后面并没有构成双重否定表肯定义，所以这些否定标记词已经丧失了否定义，它们只是一个主观标记词，传递了说话人的主观情态。

（二）认知参照点和主观视角

人们在判断时间、事物状态或对事件评价时都会有一个认知参照点，这个认知参照点一般是以比较凸显的事物为参照点，但是也可以是抽象的时间或存在于人们心智之中的心理认知。认知参照点的选择与人们的主观视角和理想化认知模式（ICM）有着密切的关系，人们会根据自己的主观视角和理想化认知模式中形成的意象图式来选择参照点。

沈家煊（1999：115）以“一会儿”和“不一会儿”为例分析了肯定与否定对立的消失，他指出：“‘一会儿’是时间上的极小量，极小量词由于心理视角的不同，可以表示极小量也可以表示极大量。‘一会儿’由于心理视角的不同，从听话人的期待来说，它可以是相对‘零’而言，也可以是相对一个较大的量而言。‘一会儿’相对‘零’而言是一个正值，因为是在期待量上‘增加’一个量。‘一会儿’和‘不一会儿’相对一个较大量而言时则是一个负值，因为是在期待量上‘减去’一个量。”他所说的期待量其实是人们根据主观视角和理想化认知模式形成的一种意象图式，说话人把这种意象图式作为认知参照点来判断事件发生的时间长短，当实际花费时间与其认知参照点不一致时，说话人为了表达自己的主观认识会在其前面添加一个主观标记词，如果比其心理认知时间长，常常会用“好一会儿”，如果比其心理认知时间短，常常前面添加否定标记词“不”或“没”，这样在语言表层就形成了羡余否定形式。

“（没）VP之前”羡余否定格式的形成也与认知参照点有关，在“（没）VP之前”中说话人以VP代表的事件发生的时间为参照点，如果是对其后面发生事件的客观描述一般采用“VP之前”格式，这时在理解其意义时根据合作原则中的量准则，把VP代表事件发生的最近时间作为优选项去理解；当说话人想凸显VP代表事件发生时间很久以前的时段时，就在前面加上否定词“没”，这是“没”没有否定义，只是凸显说话人的主观视角。例如：

(31) 经常参加志愿者活动的韩国小伙孟瑟阳看来经验丰富，他不一会儿就种好了两棵树，趁着劳动小憩还指导其他人种树。(新华社 2004 年新闻稿)

(32) 她躺在水里，我握住她游泳衣的肩带拖着她走，没一会儿便觉着身体有些不支。本来就是拖她一英里远我都没问题的，但我不停地想，得赶紧把她送往医院，因此就加快了速度。(［美］詹姆斯·凯因《邮差总是敲两次门》)

(33) "他能算是好人？这是他的本分，我只不过把我的女儿嫁给他，并不是把一副生育机器嫁给他，有没有儿女，他又怎能够埋怨你？如果他们事先一定要你生孩子，结婚之前，应该对我说明。"(岑凯伦《合家欢》)

(34) 小林的老婆叫小李，没结婚之前。是一个静静的、眉清目秀的姑娘。……哪里想到几年之后，这位安静的富有诗意的姑娘，会变成一个爱唠叨、不梳头、还学会夜里滴水偷水的家庭妇女呢？(刘震云《一地鸡毛》)

例（31）和（32）都是说话人从自己的认知参照点出发认为事件所经历的实际时间比心理认知上的参照时间要短，所以前面分别加了"不"和"没"来凸显说话人的主观认识。"结婚之前"既可以表示微观时间域也可以表示宏观时间域，具体表义由语境决定。例（33）的"结婚之前"表示的是微观时间域；例（34）的"没结婚之前"只能表示宏观时间域。"没结婚之前"一般可以包括成人到结婚这段时间，所以当说话人想凸显宏观时间域时会在前面加上"没"，这时用"没"是为了凸显说话人的主观情态。

（三）礼貌原则和反语

言语交际中的礼貌原则也是形成羡余否定的动因之一，由礼貌原则形成的羡余否定主要是"好不 A"格式。沈家煊（1999：122—133）运用礼貌原则和反语引述理论解释了羡余否定格式"好不 A"的形成，文中指出："一般来说，对缺点的批评是一种有损对方面子的行为，不宜直接使用贬义词，因而往往用'不'加相应的褒义词来代替。例如，不直接说对方'蛮横'，而说他'不讲理'。相反，对优点的肯定应直接使用褒义词，不宜用‘不’加相应的贬义词，例如，对方如果是个通情达理的人，就不该用‘不蛮横’来评价他。”文中进一步用反语引述理论解释了对“好不A”的理解，指出：“作为一种修辞手段，反语常见的是用正面的词语来表示反面的意思，很少用反面的词语来表示正面的意思。”所以“好/不蛮横”一定是反语，“好不讲理”则不是反语。文中并指出：“引述的用意不在传递某种命题内容，而是表示已听到或听懂对方的话语并同时表明一种态度。”通过以上我们可以得出，“好不A”是在礼貌原则和反语引述理论共同作用下形成的，并且传递出说话人的主观情态。例如：

（35）孙若西凉帽摔歪，脸上沾泥，绸长袍洒上了酒和菜汤，好不狼狈。（冯德英《迎春花》）

（36）听见蓝舞儿那略带哭腔的声音，周风的忍耐终于达到极限，将蓝舞儿拉到身后，大笑道：“哈哈哈哈……好不讲理的臭婆娘，我倒要看看今天到底是你们死，还是我周风亡！”（心亦无泪博客《超级坏神》）

（37）他们当中还有一些中国留学生。人群里欢声笑语，好不青春浪漫。听说我是中国记者，他们热情邀请我加入他们的行列。（新华社2004年新闻稿）

例（35）中“好不狼狈”=“好狼狈”，例（36）中“好不讲理”=“不讲理”，对它们意义的理解是在礼貌原则和反语引述理论作用下形成的。例（37）中“好不青春浪漫”=“好青春浪漫”，这时“好不”已经语法化和词汇化为一个表示强调的副词，相当于“好”。

六　羡余否定的生成机制

羡余否定格式具有多样性，所以其形成机制也具有多样性和复杂性，因此我们无法对其形成机制进行全面分析，下面仅从两个主要方面进行分析，羡余否定的形成机制来自语言内部和语言的演变，与语言的使用也有着密切的关系，是语用法语法化的结果。

（一）语法化和词汇化

羡余否定格式中一些词语在表示羡余否定前经历了语法化和词汇化的过程，最后形成了一个固定的结构。我们以“好不 A”和“不要太 A 噢”来说明其语法化和词汇化过程。

沈家煊（1994）指出：“双音副词‘好不’的形成是一个‘语法化’的过程，也就是一种语用法在约定俗成之后变为语法的一部分的过程。”表羡余否定的“好不 A”在汉语史上首先表现为“好/不 A”表示否定义（袁宾 1984），后来在礼貌原则和反语使用的作用下随着使用频率的增加逐渐变为了“好不/A”表示肯定，此时“好不”的形成经历了一个重新分析的过程。“不”进一步虚化，否定义逐渐消退，最后“好不”形成了一个评注性副词相当于“好”的意思。“不要太 A 噢”的最初形式是“不要/太 A”表示祈使义，是劝诫某人做事不要太过分或超出某种限度，如“不要太骄傲”“不要太痴情”，在语言表达主观化的作用下，说话人想传递自己的主观态度和情感，采用反语引述的形式来表达自己的主观情感，随着这一形式使用频率的增加此句式表示感叹义逐步明确化，“不要”进一步虚化，其否定义消退，并与“太”结合，“不要/太”的结构经过重新分析其边界消失，“不要太”凝固为一个程度副词实际意义相当于“很、太、非常”，这样“不要太 A”就形成了一个表示感叹义的固定格式，人们为了表达感叹语气常常在后面加上语气词“噢”，就形成了“不要太 A 噢”的固定结构。例如：

（38）A 妈妈，今天是我结婚大喜的日子，你怎么能大打出手呢，闹得大家都好不开心。（电视剧《当婆婆遇上妈》）

B 在金顶空等三日，天依旧阴阴的。雾罩住偌大一匹山，气也不透。雨急一场缓一场地淋下，使卖雨披的娃儿好不开心。（陈村《初殿》）

（39）A “余哥开车，车速不要太快，到达四教时只要离上课还有一分钟就可以了。”陆绝嘴角勾了起来，似是阴谋得逞，说了一句让司机保安、贝佳他们集体倒地的话。（加烟儒相《都市雷行》）

B 他安慰她（妻子），说自己专门看过规划图，以后地铁要通过家附近，宁波城市不算太大，按照地铁的速度不要太快噢。

（《宁波晚报》2010 年 12 月 19 日）

例（38）中 A“好/不开心”等于“不开心”；B“好不/开心”等于“好开心”，“好不”凝固成一个评注性副词。从 A 义到 B 义，“好不”经历了语法化和词汇化的过程。例（39）中 A“不要/太快”表示祈使义，B“不要太/快噢”表示感叹义。从 A 义到 B 义的演化过程中，“不要”经过了否定义消退并和“太”经过重新分析结合成“不要太”表程度的副词。

（二）概念叠加和构式整合

江蓝生（2008）运用概念叠加和构式整合理论对羡余否定格式“差点儿没 VP”“没 VP 之前”“难免不”等进行了分析，文中指出，“所谓概念叠加和构式整合，是在两个意义基本相同的概念之间发生的，意义相同的两个概念叠加后，通过删减其中的某些成分（主要是相同成分）的方法，整合为一个新的结构式。概念叠加与构式整合是发生在不同层面、前后相续的两个过程：概念叠加是意义层面的一种概念操作，发生在前；构式整合是语法层面的一种并合，出现在后。叠加现象的产生是基于词或概念的同一性，这种创新现象，既发生在构词层面，也发生在句法层面”。通过概念叠加和构式整合形成的羡余否定格式一般发生在句法层面，除了上面提到的几种格式外，“小心别 VP”“不一会儿”“责怪/抱怨/后悔不该+VP”“保不准/保不定/保不住+不/没+VP”等也是在概念叠加和构式整合基础上形成的。例如：

（40）方老先生又说，接风的人很多，天气太热，叫鸿渐小心别贪嘴，亲近的尊长家里都得去拜访一下，自己的包车让给他坐……（钱锺书《围城》）

（41）你可不知道，我们这里的风是很厉害的。从沙漠里刮来的沙子，不一会儿就会堆积到我们的后墙根。（《人民日报》1995 年 4 月）

（42）马威心里刀刺的难过。后悔不该和她喝酒，心疼她的遭遇，恨她的不领略他的爱情，爱她的温柔嘴唇，想着过去几分钟的香色……难过！（老舍《二马》）

例（40）中“小心贪嘴”本身蕴含了“小心贪嘴”和“别贪嘴”两层语义，“小心贪嘴”只是一种客观叙述，当说话人既表达告诫义又想表达主观情感时，就把蕴含在语句中的衍推义提取出来使其外化于语言的表层，就形成了一个新的构式“小心别贪嘴”这种带有很强主观强调义的羡余否定格式。例（41）中“一会儿”本来就是一个小量，蕴含了时间不长的意思，当说话人主观上想强调时间短时，就把其蕴含否定义提取出来与“一会儿”叠加起来形成一个新的构式表示强调时间短的主观情态。例（42）中“后悔”本身蕴含了“做了不该做的事情”，说话人把其蕴含义“不该”提取出来与“后悔”叠加在一起起到了主观强调作用。以上羡余否定格式的形成尤其认知理据，它是说话人两个意象的整合，例如：说话人在说出“后悔不该做某事”时，心理有两个意象一是为做了某事后悔，二是此事是不该做的，当说话人只想表达客观叙述时只让第一个意象明示于语言的表层，当说话人想凸显个人情感时，就会把两个意象都明示于语言的表层，那就形成了羡余否定格式“后悔不该”。此类格式的形成也符合语言的象似性原则，表达复杂概念时语言表层结构也相对来说比较复杂。

七 小结

羡余否定现象反映了语言形式和语言意义之间的不一致性即肯定与否定的不对称性。以往对羡余否定现象的研究，更多是关注其语句表层的语义特征和结构特征，对羡余否定现象的形成动因和机制研究相对比较薄弱，我们认为只有把羡余否定的形成动因和机制分析清楚了才能对羡余否定现象有一个全面而清晰的认识，羡余否定其实只是语言表层结构上的羡余，从深层意义上来看，它的存在具有很强的语用价值，它可以增强表达效果、凸显不同视角、表达主观情态，属于语用否定的范畴。我们运用语用学和认知语言学相结合的原则，在前人研究的基础上分析了羡余否定的性质、类型、使用的制约条件、形成的动因和机制，希望找到这一现象的存在的理据和意义，从而揭示语法形式与语法意义之间的内在规律性。

第二章 “不”和“没（有）”在羡余否定格式中用法的分布情况

一 引言

在以往的否定范畴研究中大部分学者认为，“不”和“没（有）”在否定范畴中是对立互补的，主要研究两者的区别。陈垂民（1988）认为“不”和“没有”都是否定副词，都可以用在动词和形容词前面，表示动作、行为或性质状态发生的否定，但是它们在用法上有一定分工：“不”用于主观意愿，可指过去、现在和将来；“没（有）”用于客观的叙述，限于过去和现在，不能指将来。聂仁发（2001）指出“不”和“没有”的语义特征互相对立、互相补充，构成了一个相对完整的否定系统。“没有”=［+否定］［+实现］，“不”=［+否定］［-实现］或［+否定］/［+意愿］/［+性状］。它们的时间意义体现在“体”而不是“时”上。郭锐（1997）指出了前人提出的“不”否定主观意愿和“没”否定客观现实的不合理性，并提出了“不”是对非过程时状的否定，“没（有）”是对过程时状的否定。所谓对主观意愿或客观事实的否定只是用“不”或“没（有）”否定后产生的外层意思，与过程和非过程的划分并不完全对应。沈家煊（1995）在分析“有界”和“无界”这一对概念时提到：汉语里“没”和“不”最基本的分工是“没”专门否定“离散性”（即有界性）成分，“不”专门否定“连续性”（即无界性）成分。石毓智（2001：309—310）认为“汉语里‘没’否定具有离散量语义特征的词语；‘不’否定具有连续量语义特征的词语”。同时指出：“名词只有离散性质，所以只能用‘没’否定，形容词的主要语义特征是连续的，所以在其否定上，‘不’最为自由。动词具有双重的数量特征，所以它们可以自由地被两个否定词否定。”以上研究都是注重“不”和

“没（有）”的差异性，对两者的同一性很少涉及。王灿龙（2011）分析了“不”与“没（有）”语法表现的相对同一性，指出“两者具有相对同一性主要在于两者原来对立或不同被消解了；这种消解的发生一方面是由于句子本身的语法特点决定的，另一方面也与人们解读时采取的认知策略和运用的认知机制有关”。王灿龙的研究结果对本章研究有一定的启发性意义。

我们把“不”和“没”放在羡余否定（redundant negation）范畴中进行对比研究，在羡余否定中“不”和“没（有）”的用法既有互补性又有相对同一性，因为羡余否定没有否定语句的语义真值，所以其成因与其否定动词、形容词有所区别。以往研究主要分析“不”和“没（有）”与其后面动词和形容词的搭配关系和制约情况，重点分析两者之间的对立性。本章主要分析“不”和“没（有）”在羡余否定中的用法，既分析两者的互补性，又分析两者的同一性。鉴于羡余否定表现形式的多样性，为了便于行文，我们择取几种主要格式进行对比分析。

二　“不”和“没（有）”在羡余否定中的互补性和同一性

“不”和“没（有）”在羡余否定格式中的分布既有互补性又有同一性。有些羡余否定格式既能用“不”又能用“没（有）”否定；有些格式只能用“不”否定；又有些只能用“没（有）”否定。这些差异性和同一性与羡余否定的性质、构成羡余否定的词语的性质和人类认知机制有着密切的关系。

（一）“不”和“没”在羡余否定格式中的互补性

表回顾义的“差一点、几乎、险些”，表先时义的“在……之前”只能用“没（有）”否定。表推测义的“别不是、怕不是”，表条件的“除非……不……”“非……不可……”只能用“不”否定。例如：

（1）“结果共产党闹了个集体大请愿，把我跟老人家赶了个野鸡不下蛋，把税局子砸了个唏哩哗啦。赔钱是小事，丢人是大事。他们

这一下子就摘了老人的面了，差一点没把老人气死!”（梁斌《红旗谱》）

（2）豆儿和田平都是首次受此厚待，自是豪兴大发、痛快淋漓地喝了个尽醉，险些没在回家的路上撞倒电线杆。（方方《白雾》）

（3）两辆车将道路把住，只留一道小缝供一车爬行。久居此地的朋友便说：别不是两个司机又聊上了吧？（新华社2004年新闻稿）

（4）铁锁听了这种变动，叹了一口气道：“难道李如珍小喜春喜这些人的势力是铁钉钉住了吗？为什么换来换去总是他们？你不是说过‘非把这些坏家伙们打倒，世界不能有真理’吗？……”（赵树理《李家庄的变迁》）

表示责怪义的“责怪、怪、责备、抱怨、埋怨”等构成羡余否定时只能用“不该”否定，后面是“没（有）”时不是羡余否定形式。

（5）今天有的小辈责怪父母当初不该拱手让出大笔家产，也有埋怨父母不该千里迢迢从海外回来。（《读书》杂志）

（6）我除了责怪自己没有全力以赴、为查清妈的病情想方设法之外，也后悔过于相信北大医院那位医生的话，没有把垂体瘤对妈身体的危害考虑得那么严重。（张洁《世界上最疼我的那个人去了》）

（7）我总埋怨自己没有鞋穿，及至见到一个连脚都没有的人，就不再抱怨了。（《报刊精选》1994年第8期）

例（5）中“责怪……不该……”和“埋怨……不该……”构成了羡余否定格式，去掉“不该”，句子的语义不变。例（6）和例（7）中“责怪……没有……”“埋怨……没有……”没有构成羡余否定格式，去掉后面的“没有”，语句将不能成立。所以表示责怪义的羡余否定格式只能用“不”否定，不能用“没”否定。

（二）“不”和“没（有）”羡余否定中的相对同一性

表时量的羡余否定格式“不/没一会儿”，表推测义的“难免”，都是既能用“不”否定，又能用“没（有）”否定的，表现出“不”和“没

（有）”用法的相对同一性。例如：

（8）他抱着试试看的心理小心翼翼地拨通了青年志愿者服务热线电话，不一会儿，呼啦啦来了一拨年轻人，十几个小伙子抬的抬，搬的搬，不到一上午新家就整理好了。(《人民日报》1995 年 7 月)

（9）大漠风沙一刮就是几个月，帐篷被刮倒是常有的事。白天在室内搞分析化验，非得把门窗堵严、点起蜡烛才能操作。在野外作业，没一会儿，人就被沙尘涂抹成“出土文物”了。(《人民日报》1995 年 8 月)

（10）会议员和政府官员都有不严格遵守法规、漏交养老保险费的纪录，就难免不遭到社会舆论的广泛责难。（新华社 2004 年新闻稿）

（11）把自己的愿望生硬地嫁接于孩子天真无邪的心灵，就难免没有愚蠢的行为发生。(《人民日报》1993 年 1 月)

（三）“不”和“没（有）”互补性和同一性的成因

“不”和“没（有）”在羡余否定格式中互补性和同一性的形成，既有客观条件又有主观因素，与羡余否定的性质以及成因也有着密切的关系。由于羡余否定格式中否定标记词不否定语句的真值语义，主要是凸显了说话人的主观情态，所以“不”和“没（有）”在羡余否定格式中更多体现出相对同一性。之所以我们说“相对同一性”是指不排除例外或受到某种条件的制约。羡余否定格式具有多样性，为了行文方便，我们选取四类格式“差一点、险些、几乎”类、“保不住、保不定、保不准、保不齐”类、“难免不/没（有）”“不/没一会儿”分析其互补性和同一性形成的条件和动因。

1.“差一点、险些、几乎”

（1）客观条件

“差一点、险些、几乎”类羡余否定格式主要使用否定标记词“没（有）”，“差一点、险些、几乎”类羡余否定格式表示回顾义，张谊生（2004：215）指出“这类羡余否定式一般都用于对实际上已经幸免了的不如意情况的庆幸和回溯”。因为是对已经发生的事件的庆幸和回顾，所以后面表达的事件具有已然性。否定标记“没（有）”对过去时间的指示性比“不”更强一些，所以此类羡余否定与“没（有）”搭配得更多。再是“差一点、险些、几乎”这类副词都蕴含了后面事件没有发生的否定义，所以否定标记词“没（有）”与其结合相容性更高，所以“没（有）”是其格式的典型标记词。例如：

（12）他讲得满头满脸都是汗，一边高声喊叫，一边拍着桌子，一边指着朱延年，气愤愤地说个不休，那唾沫星子直往外喷，差一点没喷到马丽琳的脸蛋上。(周而复《上海的早晨》)

（13）侯玉成逃婚，险些没把他老娘气得发了疯，派出各路兵马，满天津卫搜寻，一点踪影也没有。(林希《糊涂老太——府佑大街纪事（3）》)

（14）马林生最后这句话本来是不想说的，脱口而出险些没咬着自己舌头，这话太伤人了。(王朔《我是你爸爸》)

（15）到这条街上来的时候……还有点美中不足的地方，早晨给车夫摆饭的时候，祥子几乎没和人打起来。(老舍《骆驼祥子》)

（2）主观因素

“差一点、险些、几乎”词语本身就蕴含了“没有”的否定义，具有接近某一状态而没有发生的意义，后面的结果是说话人不希望发生的；“差一点、险些、几乎”后面加不加“没（有）”在语义真值上是一样的，说话人在后面加“没（有）”是想凸显庆幸事件没有发生，这是说话人表达主观情态的一种手段。说话人为了表达自己的主观情感，把句子的隐含否定义表层化于句子表面，把句子的表层义与隐含义概念整合成一个新的结构，用于凸显说话人不希望发生和庆幸的主观情态。例如：

（16）但当他两脚落地，踏在这个烂糟了的浮码头上的时候，差一点没栽个跟斗。小伙子就是用这样狼狈的姿式踏上了美洲大陆。(凡尔纳《八十天环游地球》)

（17）范刚洗了十四个小时的盘子，回来就倒头睡了，早晨醒来几乎没睡过头，没来得及洗漱就去赶第二份工了。(卞庆奎《北漂人

生活纪实录》）

(18)“睡觉?”陆水元险些没把鼻子气歪了，这他妈算什么鸟工作？沈辰微笑着说道：“没听一位著名的将军说过吗？大战之前，不会睡觉的将军就不是个好将军!”（猫跳博客《汉风》）

(19) 主人在一旁吹吹打打，一口一个“画屋师爹”，叫得战战兢兢，险些没把他当成招财纳福的神仙，摆上供桌上烧一炷香了。（李杭育《沙灶遗风》）

例（16）—（19）中的“没”去掉并不影响句子的语义真值，但是加上“没”以后把隐藏于深层的语义表层化，使后面事件和结果焦点化被凸显出来。“没”在这里没有与前面的“差一点、险些、几乎”构成双重否定的原因是，“没”在这里并没有否定句子的语义真值，它是一个主观标记词，“没”的存在凸显了事件的结果和说话人的主观情态。

以往研究认为“没（有）”是客观否定，“不”是主观否定，在此“没”的否定也具有主观性的原因是它否定的是非真值语义，表达的是主观上不期望发生的结果。沈家煊（2010）指出：“‘不’和‘没（有）’的逻辑语义真值是相同的，都表示否定，不同的是‘不’否定判断，‘没（有）’否定存在。”“差一点、险些、几乎”后面事件具有未然性，所以是不存在的，用“没（有）”否定在语义上更加和谐。

2.“保不住、保不定、保不准、保不齐”

(1) 客观条件

“保不住、保不定、保不准、保不齐”都蕴含推测义，在它们构成的羡余否定格式中，“没（有）”主要用于对过去和现在事件的否定；“不”泛时性更强一些，不但可以否定过去和现在事件，也能否定将来事件，所以在“保不住、保不定、保不准、保不齐”构成的羡余否定格式中，否定标记词“不”使用得更加广泛，对已然和未然事件都能否定。例如：

(20) 结婚前最好把一切财产都做个公证，现在的80后变化太快，保不定以后不出什么问题，别到时都是糊涂账。（新浪博客）

（21）她的忍耐还差一分钟就已到了极限，若是再耽搁一分钟还不放行，她也保不准自己不会做出什么样冲动来。（徐坤《狗日的足球》）

（22）商界的骗局很多，有高明的也有低劣的，保不齐你不会上当受骗。今天我们还如此冷静运筹帷幄，保不齐某一天我们也一样受骗上当，大呼小叫，悔恨不已。（商业网 2012 年 2 月 2 日）

（23）看样不起眼，家里保不定没有几个漂亮的小老婆哩。（萧军《八月的乡村》，张谊生 2004 用例）

（2）主观因素

“保不住、保不定、保不准、保不齐”类羡余否定格式中否定标记词去掉并不影响句子的语义表达，“保不住、保不定、保不准、保不齐”这些词已经蕴含“不确定”的否定义了，说话人在其后面加上否定标记词是想凸显说话人对其后面事件的确认态度，其语用动因是语言表达的主观化决定的，说话人想表达自己的主观看法和情感时，就会采取相应的句法结构形式，否定词“不/没（有）”在此是一个主观标记词。例如：

（24）张岚波道：“我听说这舞与黑狐狸精有瓜葛，倘若狐仙有灵保不定（不）会弄出什么是非来，我总有一种不祥的预兆。”（高罗佩《黑狐狸》）

（25）带上户口本、结婚证，你得让你的丈夫跟着去签字。就算你一切合法，也保不齐（不）挨医生护士们的一顿白眼——那眼光里透着蔑视，仿佛来办堕胎的。（陈建功《皇城根》）

（26）路漫漫、黑茫茫，谁也保不住一夜之间（不）会降临什么样的灾和祸。（庄则栋、佐佐木敦子《庄则栋与佐佐木敦子》）

（27）当镜头已对准它与它的合作者——游客，而快门即将按动时，就保不准狗（不）会张开狗嘴打一个大而乏的哈欠。（《读者》2001 年合订本）

例（24）—（27）中否定词“不”是我们加上去的，加上去以后句子的语义真值并没有改变，但是不加否定词之前句子的客观性更强一些，加上否定词之后凸显了说话人的主观认识，即后面推测的事件很可能要发生，所以加上否定标记词是事件的必然结果被凸显出来，句子的主观性更强，传递出了说话人的主观情态。

3. “难免不/没（有）”

（1）客观条件

表示推测义的“难免”，后面既可以用“不”，也可以用“没（有）”否定。“难免”后面加“不”还是“没（有）”也受到时态和模态的制约。“难免”可以推测过去、现在和未来发生的事件，当其后面表达的事件是已然事件时既可以用“不”也可以用“没（有）”否定；当其后面表达的是未然事件时，只能用“不”否定。例如：

（28）大学生们乃国家的栋梁。还没成栋成梁的时候便四处碰壁，难免不挫伤他们成栋成梁的自信。（梁晓声《表弟》）

（29）自己不下功夫去筹划、去组织，等着别人把“馅饼”送上门来，难免不是令人乏味的大路货，自己都没兴趣，哪还能吸引人？（《人民日报》1993年9月）

（30）不过，我们必须清楚地认识到，“文化中国”的范围不论怎样扩大也无法包括儒家传统的全部内容。……严格地说我们即使把儒家传统的相关性如此包容地界定，仍难免没有遗漏之处。（杜维明《为儒学发展不懈陈辞》）

（31）巴老主张说真话，严于解剖自己，把心交给读者，被誉为“二十世纪的良心”。但世界是复杂的，难免没有人叽叽喳喳。十几年前香港有人不满巴老谴责“四人帮”，怂恿几个大学生大骂《随想录》；后来内地也有人转弯抹角地批判“说真话”。（李致《我的四爸巴金》）

“不”具有泛时性，对其后面事件的时态和模态不受限制，但是“没（有）”后面事件只能是正在发生或已经发生的，如例（30）和（31）中“没（有）”后面事件都具有已然性。

（2）主观因素

“难免”本身已经蕴含了“不可避免”的否定义了，可说话人为什么还在其后面添加否定词呢？这是语言表达主观性的表现，“难免”后面VP表达的事件都具有消极性或不如意性，说话人为了凸显对这种事件结果的不期望态度，所以把其“难免”的蕴含义表层化，与“难免”概念整合成一个新的“难免不/没（有）”结构，这一结构中否定词并没有否定句子的语义真值，“不/没（有）”在结构中是羡余的，但是此结构比其肯定结构传递并凸显出了客观上必然但主观上很不情愿的主观情态。例如：

（32）胡家众仙一向诙谐倜傥，既能化作好女迷人，又能制造瓷器戏世，难免不会画几个烟壶来捉弄一下红尘中人。（邓友梅《烟壶》）

（33）他轻易地变了声调，淡淡地说：“这也难怪……多年来的敌对关系，难免不在心理上产生深刻的影响。”（罗广斌《红岩》）

（34）虽说是逢场作戏，但难免没有一点情感流露：梁实秋到美国后邂逅谢文秋。谢文秋容貌俏丽，富有才气，梁实秋对谢文秋产生了感情，可落花有意，流水无情，谢文秋喜欢上了在西点军校留学的朱世明。（罗静文《梁实秋、冰心排演琵琶记的戏外戏》）

（35）在旅馆里，好像前后左右都是庙会，不到夜深休想安眠，安眠之后难免没有响皮底的大皮靴毫无惭愧的在你门前踱来踱去。（梁实秋《旁若无人》）

例（32）—（35）中的“不”或“没（有）”去掉后并不影响句子的语义表达，但是其表达就只是一种客观陈述，不带有说话人的主观意愿；加上“不”或“没（有）”把说话人不期望事件发生的认识情态传递出来了。

4. “不/没一会儿”

（1）客观条件

在表示时量的“不/没一会儿”羡余否定格式中，“不”与“没”具有相对同一性。“不”和“没”有时可以互换，都是说话人想凸显主观小量。“不”和“没”在这里是主观标记词。但是“不一会儿”使用频率比“没一会儿”高很多，在北大语料库中两者的使用频率的比例是32∶1。例如：

（36）一位中年妇女走过来，看了看马，又是打针又是喂水，不

一会儿小马就恢复了精神，把老曾乐得合不拢嘴。（《报刊精选》1994 年第 12 期）

（37）她收拾家具、打扫内外特别灵巧快当，别人磨蹭半天的活儿，她不一会儿就做停当了。（浩然《新媳妇》）

（38）这晚的宴会，各有各的心事，各有各的状况，大家都酒到杯干，没一会儿就都醉了。（琼瑶《水云间》）

（39）一碗红艳的萝卜丝汤，再配上雪白的米饭，真可谓色香味俱全，难怪没一会儿工夫便全被抢光了。（陈雁《天安门广场的经商潮》）

例（36）—（39）中“一会儿”前面用“不”和“没”没有什么差别，都是表示主观小量，在这里“不”和“没”由对语义真值的否定转向了对事件花费时间的主观评价。

（2）主观因素

在“没/不一会儿”格式中“没”和“不”对立消失的原因与人类语言表达的主观性和认知机制密切相关。语言表达是说话人会根据需要和主观视角不同来选择凸显的对象，当说话人把话语关注的焦点或者说主观视角放在事件发生时间长短上，而不是事件本身或者其结果时，就给“没”和“不”对立消失提供了条件，因为“没”和“不”都可以表示减量。以往“没”和“不”对立是因为它们否定的是事件本身，事件发生的时间可以分为过去、现在或未来，“没（有）”通常不能否定未来事件，所以“没（有）”和“不”在否定事件时会有对立。说话人的认识情态在此只是想凸显主观小量，没有对事件本身的状态和性质进行评价，所以两者对立消失。例如：

（40）当晚 9 时 20 分许，记者正在甘肃嘉峪关市雄关广场散步，突然，广场东北方向的天空“乌云”翻滚，街上行人边逃离边叫道：“沙尘暴来了！”不一会儿，狂风大作，阵阵黄沙扑面而来，空气中弥漫着呛人的沙尘味，能见度立刻降到了几百米。（新华社 2004 年新闻稿）

（41）然后，雨脚慢慢地随风飘拂。向山坡下移动过来。不一会儿，豆大的雨点就斜射下来了，整个草原就像腾起一阵白朦朦的烟

雾。(张贤亮《灵与肉》)

(42) 当吴用找到他们的时候，这三个刚刚取了新外号的哥们儿正在家里练习签字，正不知道该向谁显摆，见吴用投怀送抱地跑了过来，便一窝蜂似地围住他纷纷给他签名，没一会儿，吴用浑身上下就都被哥仨用劣制的毛笔写了满满一身黑墨。(王小枪《死鬼晁盖》)

例（40）—（42）“没/不一会儿”中“没/不”并没有否定句子的语义真值，事件发生的时间并没有改变，只是说话人从主观认知出发认为事件发生花费的时间比预期短了，所以在“一会儿”前面加上“不”或“没”，来表达主观小量。它们并没有否定事件本身，所以没有形成对立，在此“不一会儿”和“没一会儿”可以互换。

“没/不一会儿”表达主观量是由说话人的理想化认知模式（ICM）决定的，说话人对事物、状态、性质和时间长短等的判断，是从自己的理想化认知模式中形成的预期时间出发来选择认知参照点，当事件经历的时间与说话人的认知参照点不一致时，说话人就会在语言表达上传递自己的主观认知和情态。例如：

(43) 开始，还能看到沥沥拉拉的胡杨和红柳，不一会儿，刮起了风，窗外一片黄沙，车就像在雾里行驶，外面什么也看不清了。(张贤亮《肖尔布拉克》)

(44) 雨天风很大，走在田间的土路上有些滑，张艺谋跑前跑后为我挡风遮雨，可是没一会儿工夫我俩还是被淋透了，天灰蒙蒙的，和庄稼的颜色混在一起，空气中有一种青草气，很清新，很舒畅。(肖华《往事悠悠》)

(45) 不过，这都是几秒钟之间的事，不一会儿，便听见一声枪声，什么都结束了。(戴厚英《流泪的淮河》)

(46) 他不习惯喝烈性酒，不一会儿，酒力发作，直冲脑门，而且他越喝心里越烦躁、郁闷。(《人性的枷锁》翻译作品)

例（43）—（46）中如果去掉“没”和“不”，“一会儿”就表示一个客观量；当说话人认为事件经历的时间比预期的时间短时，就会在前面加上“没”或“不”，这是“没”和“不”并没有否定句子的语义真值，但是传递出了说话人认为时间短的主观情态，这时“没/不一会儿”是一个主观量。这时说话人只是想凸显对时间的认识和评价，并没有去评价事件本身，所以不涉及时态和模态，在这种特殊的条件下消解了“没”和“不”的对立性，使得它们之间具有了相对同一性。我们称其具有相对同一性，是因为只有在这种特定的条件下“没”和“不”才具有同一性。

三　小结

以往研究只注重否定词“不”和“没”的对立性，前人研究得出“不”用于主观意愿，可指过去、现在和将来，否定具有连续量语义特征的词语；“没（有）”用于客观的叙述，限于过去和现在，不能指将来，否定具有离散量语义特征的词语。我们研究发现“不”和“没（有）”在某些特定格式中具有相对同一性，本书把“不”和“没（有）”放在羡余否定中进行比较研究，研究得出两者在羡余否定中既有互补性又有同一性，同时发现“不”和“没（有）”在羡余否定格式中的互补性与同一性也受到很多条件的制约；既受到羡余否定的性质和成因的影响，又受到人类认知机制的制约。有些词如“不错”“不利”等形容词中含有否定语素“不”，与否定副词“不”相排斥。为什么构成羡余否定词也含有否定义就不排斥呢？因为羡余否定没有否定句子的语义真值，否定词只是个主观标记，羡余否定格式是表达主观情态的一种手段，这一性质也决定了“不”和“没”在某些格式中对立的消失。在羡余否定中“不”和“没（有）”都是表达了说话人的主观意愿，这是由羡余否定的性质和成因决定的，在羡余否定这种特殊格式的制约下，“不”和“没（有）”具有了互补性和相对同一性双重特征。这一结构从表面上看似乎不合逻辑，但是从表达功能上是可以接受的，它的形成并没有违背语言规律，也受到词义、表义、时态和模态等条件的制约，只是羡余否定的特殊性使其对立在某些格式中具有相对同一性，并且传递出了特殊的主观情态。

第三章 强化否定构式“小心别VP”

一 引言

“小心别VP”与“小心VP”这两个结构在语义上有时是等值的，有时是不等值的，这一现象引起了语言研究者们的关注，戴耀晶（2004）已经从句法和语义角度对“小心别VP”的限制条件进行了分析，研究得出：“只有在祈使句，小心和VP之间是提醒和防止的语义关系，VP中的动词短语在语义上要求是非可控词语，或者是可控词语的非可控用法，这时才能形成羡余否定形式。”侯国金（2008）从语用上分析了“小心别VP”中VP的制约条件，得出“小心别VP”在表示羡余否定时VP都具有“非合意性”。他们的分析都很具有说服力，为我们的研究开启了思路，但是很多方面还有待我们进一步深入分析。对于发话人为什么在一定语境中会采用不同的表达形式，以及“小心别VP”这一结构形成的条件和机制还很少有人涉及，对此本章将进行深入剖析。我们在前人研究的基础上，运用语用学和认知语言学相结合的方法对“小心别VP”这一结构进行分析。

在“小心别VP”结构中“小心”还可以用“注意、留神、当心”等代替，“别”也可以用“不要”替换，为了行文统一本章只研究“小心别VP”这一格式。

二 “小心别VP”结构的构成条件

“小心别VP”与“小心VP”在语义上有时是等值的，有时是不等值的，当两种结构在语义上等值时，“别”属于羡余成分，两者属于同义构式，这一现象引起了学者们的注意。戴耀晶（2004）分析得出：“‘小心’

和动词短语VP之间在语义上是提醒和内容的关系，在句法上可分析为动宾结构。如果表达的是描写和行为的语义关系，句法上要分析为偏正结构，不产生冗余否定现象。”侯国金（2008）指出：“在‘小心别VP’结构中只有VP具有‘非合意性’时才能形成羡余否定现象。”张立飞、严辰松（2010）把“别”的语法意义概括为“否定性意愿”。我们认为“小心别VP”与“小心VP”在语义上是否等值取决于发话人的主观预设，这一主观预设属于语用预设，与人类认知机制和语境密切相关，它直接关系到发话人的意图和假设的前提关系，是交际是否能够进行的关键。祈使句的使用总是带有一定目的性的，这一目的性与发话人对VP所表达的状态或事件的预设密切相关。当发话人主观上认为VP所表达的事件或状态是有危险的、不应该做的时候，“小心别VP”与“小心VP”在语义上是等值的，这时“别”是羡余成分；当发话人主观上认为VP表达的事件或状态危险但是又不得不做或无法禁止时，“小心别VP”与“小心VP”在语义上是不等值的，“小心VP”这时只有提醒义没有禁止义。前人研究认为“小心别VP”属于羡余否定时VP具有“非可控性”或“非合意性”，可是有一些具有“可控性”事件有时也不得不做，再是有些事件不存在合意与否，但是照样可以进入“小心别VP”结构。例如：

（1）A小心别踩线。　B小心踩线。　（侯国金2008用例）

（2）A小心别采有毒的蘑菇。B小心采有毒的蘑菇。（戴耀晶2004用例）

例（1）中“踩线”不存在可控与非可控、合意与非合意的对立，所以从非可控性或非合意性都无法做出合理的解释。这与发话人的主观预测有关，当发话人主观上认为“踩线”是危险的、不应该的时候，发话人会提醒受话人不要做此事，这时“小心别踩线”和“小心踩线”在表义上是等值的；当发话人主观预测“踩线”是危险的但是不得不做时，发话人说出的“小心踩线”是提醒做这件事时要多加小心的意思，这时“小心踩线”与“小心别踩线”不能构成同义构式。例（2）中“采有毒的蘑菇”是非合意的，但是在发话人认为不得不做此事时，就会给予提醒而不是阻止或禁止此行为，如例（2）中的B只表示提醒义。所以“小心别VP”和“小心VP”是否构成同义构式是由说话人的主观认知决定的。

(3) 你自己想想，一辈子跟住他，咬住他的衣服，你不是他的狗是什么？你不但本领没有，连志气都没有，别跟我讲什么气节了。小心（别）讨了你那位好朋友的厌，一脚踢你出来，那时候又回上海，看你有什么脸见人。(钱锺书《围城》)

(4)“你们是不是想蹲单人牢房!”男看守大声喝道，他啪地一声朝红头发女人肥胖的光脊背上打了一巴掌，声音响得整个走廊里都听得见。“小心（别）再让我听见你的声音!”（列夫·托尔斯泰《复活》）

例（3）和（4）中说话人认为“别”后面 VP 表达的事件是不应该发生的，所以用祈使句给予禁止，同时用“别”给予强调和禁止，这时有无“别”在语义上是等值的，只是在语用上语效不同。VP 表达事件的不应该是发话人的预设，是言语行为是否有效的适切性条件。

(5) 意大利联赛冠军 AC 米兰队的教练说，香港在过去的 20 多年里带给他好运气，但是香港的记者摆事实讲道理，劝告他要小心访港之后厄运连连。(新华网 2004 年 5 月 28 日网易体育讯)

例（5）中的“小心”后面 VP 部分表达的事件从句义可以推出具有“非合意性”和“非可控性”，但是此事件只是说话人的主观假设，所以“小心访港之后厄运连连”只是对主观假设的警告，不是劝阻做 VP 所表示的事件，发话人的主观预测有危险、表示提醒用来引起受话人的注意，这时“小心”后面不能加“别”，这种情况下“小心 VP”不能转变成“小心别 VP”结构，因为它们在语义上是不等值的。

总之，我们认为“小心别 VP”与“小心 VP”是否属于同义构式是发话人的认知决定的，“小心别 VP”整个结构的意义是发话人根据自己的主观预测、从自己的主观意愿出发提醒当事人不要去实施某种行为。

三 羡余否定“小心别 VP”结构的特征

羡余否定“小心别 VP”结构表示提醒防止或劝阻某一行为事件的发生，它在句类、句法、语义和语用上都受到制约，具有其独特的特征。

（一）句法上的特征

表示羡余否定的“小心别VP”结构必须是祈使句，如果是其他句类不能形成羡余否定形式或句子不成立；此结构常常是省略主语，如果主语出现一般是第二人称的“你”或“你们”。例如：

（6）今日冒然来访，而且带了那么多官兵，恐怕另有所谋，小心别让他借题发飙啊！（周星驰喜剧剧本选《唐伯虎点秋香》）

（7）辛楣回头请她抽烟小心，别烧到人衣服，倒惹那女人说：“你背后不生眼睛，我眼睛可是好好的，决不会抽烟抽到你裤子上，只要你小心别把屁股揞我的烟头。”（钱锺书《围城》）

例（6）是祈使句，主语没有出现，是一个很典型的羡余否定格式。例（7）中主语出现了是第二人称“你”，也是祈使句，也是一个典型的羡余否定格式。去掉“别”句子的语义不变。

（8）从前大学之道在治国平天下，现在治国平天下在大学之道，并且是条坦道大道。对于第一类，大学是张休息的靠椅；对于第二类，它是个培养的摇篮——只要他小心别摇摆得睡熟了。（钱锺书《围城》）

（9）如此娇贵的东西被他那双又大又粗糙的手抚弄着，我真想告诉他小心别弄坏了唱片，可心里太高兴了，不忍心破坏他的情绪。（寇丹《裱画的朋友》）

例（8）和（9）都是陈述语气，主语是第三人称，“小心”删去意思不变，“别”删去意思不太通畅，所以句子羡余度不高，或者说不能称其为羡余否定。“小心别VP”结构表示真正的羡余否定时，删去“别”句子语义不变并且理解起来很顺畅。

（二）语义和语用上的特征

羡余否定的“小心别VP”在语义上表达的事件具有未然性和消极

义。VP 表达的事件是非现实的，即 VP 表达的事件还没有发生的，是发话人假设的事件。如果 VP 表达的事件是已然的，此格式将不能成立。再是 VP 表达的事件都具有消极义，是说话人不期望发生的。从语用效果看，“小心别 VP”与其同义构式“小心 VP”相比更具有主观性，传递了发话人的主观情态。例如：

(10) 老人一怔，没料到她心地如此仁善，竟会叫自己独自逃开，稍一犹豫，低声道：接住我手里的针，小心别碰著针尖。(金庸《白马啸西风》)

(11) 曹德培一边嘱咐妻子小心别让汤溢出来，一边解下围裙准备出门，匆忙间掩饰不住内心的忐忑。(《市场报》1994 年)

(12) 李太太笑道：“瞧你这股傻劲儿！小心别打破我的茶杯。‘打！’你肯上前线去打么?”(钱锺书《猫》)

例（10）—（12）中的“小心别 VP”构式表示提醒义，提醒的是未然事件，只有提醒的是未然事件才能用“别”否定，否则就会造成语义上的不和谐。再是“小心别 VP”比起“小心 VP”结构主观性更强、信息量更大，如果没有区别就违背了语言表达的经济性原则。“小心别 VP”在表示提醒的同时也传递了发话人不期望事件发生的主观情态，这符合句法相似性原则，传递的信息量越大结构越复杂。

例如：

(13) 不过，中国女举不能实现“四金全包”的遗憾起码说明，中国举重在注重自身发展的同时，更要提高警惕，小心被“狼”吃掉。(新华社 2004 年新闻稿)

(14)“额！那个……你看它全身冒着火焰，小心烫着了！”说出这句话我顿时觉得我变 2 了。(待宰的羊羔博客《勇者之路》)

例（13）和（14）中画线部分是“小心 VP”结构，它们只是表达了一种客观提醒义，不带有主观性，没有传递出发话人主观上不希望的主观情态义。

四　“小心别VP”构式的生成条件

张谊生（2004a）和侯国金（2008）都认为“小心别VP”结构的形成归因于说话时语速加快、连读、省音，从而导致了停顿的消失和表述的归并，使得“小心，别VP”结构压缩成了“小心别VP”结构。我们承认这是“小心别VP”形成的成因之一，但是我们认为“小心别VP”这一构式形成的真正动因是人类的认知机制和言语表达的主观性造成的。

（一）“小心别VP”生成的语义基础

“小心别VP”构式的形成与“小心VP”之间有承继关系，它们从表义上讲属于同义构式，但在语用上具有区别，“小心别VP”具有主观性，更多地传递了发话人的主观情态。“小心VP”表示提醒义，既可以提醒VP表达事件有危险不要做，我们称其为A义；也可以提醒VP表达的事件有危险要谨慎行动，我们称其为B义。“小心别VP”只能提醒VP表达的事件有危险不要去做。“小心别VP”是把“小心VP”表示提醒不要做某事的否定义从句子深层提取出来外化在句子的表层，使得否定义被强化，发话人的主观情态得到凸显。正因为否定义是其深层蕴含义，所以可以加“别”使其否定义表层化，并且不会造成语义冲突。“小心VP”表示A义时是其形成“小心别VP”构式的语义基础。当“小心VP”表示B义时不能在“小心”后面加“别”形成羡余否定结构；再是“小心”后VP表示的意义具有否定义时也不能加“别”，因为会造成语义冲突。

表3-1　“小心VP”和“小心别VP”表义特征

结构	表义类型	是否羡余
小心VP	提醒VP表达的事件有危险要谨慎行动	非羡余
	提醒VP表达的事件有危险不要去做	羡余否定
小心别VP	提醒VP表达的事件有危险不要去做	

例如：

（15）钓鱼时要把手机放好，小心（别）掉河里。

(16) 现在骗人的方式很多，所以网上购物要谨慎，小心(别)被骗了。(《市场报》2011 年 9 月 10 日)

(17) 马上要结婚的人了，到了婆家和在自己家不一样，你要小心说话和办事，不能像在父母面前这么任性了。(电视剧《裸婚时代》)

(18) 记者今日上午在事故现场看到，五十多米长的高速公路两旁撒满了白石灰，污染地段已用绳子围住，并贴有警示标志——“剧毒，小心止步。”事故现场仍然散发着刺鼻气味。(中国新闻网 2006 年 3 月 25 日)

例(15)和(16)中的“别”是我们加上去的，因为其中的“小心 VP”结构表示的是提醒不要做某事，蕴含有否定义，所以当我们为了凸显否定义时，可以在“小心”后面加上“别”使其否定义表层化。例(17)中“小心 VP”表示 B 义因没有蕴含否定义，所以不能加“别”。例(18)中“小心止步”虽然也表示提醒不要做某事，但是其 VP 表达的事件已经具有了否定义，所以不能再添加否定标记词“别”，否则会造成语义冲突。

(二)“小心别 VP”形成的认知基础

“小心别 VP”构式的形成还有其认知基础，陆俭明(2009)指出：“每一个构式都是某个具体语言之中所存在的、由以该语言为母语的人在认知域中所形成的意象图式投射到语言里所形成的语义框架在该语言中所具体呈现的、表达人对客观世界某一方面认识的句法形式。”也就是说，构式的形成是受到人类认知机制的制约的，人类的认知在某一认知域中对某一现象形成意象，然后再进一步抽象成意象图式，这意象图式进一步形成概念，这些概念再用具体的语言形式表达出来就形成了构式。这一形成过程受到人类认知和言语表达的主观性制约。说话人话语中多多少少都带有说话人的主观态度、情感和看法，当说话人在认知域中形成的意象认为某一事件具有危险性不能去做时，进一步把此事件抽象化成意象图式，并在大脑中概念化，在表达说话人的主观认识时，如果只用“小心 VP”构式说话人认为不能传递说话人的主观情态，所以就添加否定标记词“别”来加强否定，凸显说话人的主观态度，这为“小心别 VP”构式的形成提供了认知动因。例如：

(19) 一天，王桂荣用沙哑的嗓子为乘客介绍沿途风景名胜，一位白发老人走过来，亲切地对她说：“姑娘，歇歇吧，小心别把嗓子累坏了。”(《北京公交的骄傲》,《读者》2009 年合订本)

(20) 朱老忠把江涛抱起来，说：“人断了气，身上不干净，小心别弄病了。”(梁斌《红旗谱》)

(21) 王九，我说，你瞧，大爷大姑娘不来，先生可来了。好，咱们动手，先生不会走的。你小心别让赵四小子扔倒。先生帮咱们绷个场面，看你摔赵四这小子，先生准不走。(沈从文《如蕤集》)

例（19）—（21）中的“小心别 VP”构式都在表示提醒不要做某事的同时，语句还传递了说话人的主观关怀和不希望事件发生的主观情态。如果去掉“别”语句也能成立，只是其主观性更弱一些，语句的主观性越强，语言形式就越复杂，这也是语言符号象似性的体现。

五 “小心别 VP”构式生成的机制

（一）概念整合理论

“小心别 VP”构式是在概念整合的基础上形成的。“概念整合”（Conceptual Blending）是人类把来自不同空间的输入信息有选择地提取其部分意义整合起来而成为一个新概念结构的一系列认知活动（王正元，2009：11）。概念整合是在意象图式的基础上进行的，人类对事物的认识在头脑中形成了意象图式，人类的意象图式可以对事件的事态进行判断，这一认知在大脑中进一步概念化，说话人要想把这一概念表达出来就需要概念整合。

概念整合是在一系列心智空间概念整合网络中进行和完成的。“Fauconnier 于 1985 年最早提出了‘心智空间’（Mental Space）这一术语，并将其描写为‘小概念包’，是人们进行思考和交谈时，为了达到当下的理解和行动之目的而建构的，是通过框架和认知模型所形成的结构。它的建立受到语法、语境和文化等因素的制约，与长期图式知识和特殊知识密切相关（Fauconnier&Turner，2002：40，102；转自王寅，2010：214）。”一般来说，概念整合至少涉及四个心智空间：两个输入空间（Input Space）；一个类属空间（Generic Space），它包括两个输入空间中所共有的轮廓结构；一个融合空间（Blended Space）是两个输入空间整合后的产物，是一个新创结构。可以整合的两个输入空间之间必须具有连通性（connectivity），然后才能压缩、加工、完善，整合出新的意义来。

（二）“小心别VP”构式的两种来源

“小心别VP”构式的形成有两种来源：一种是句法结构表层结构的整合，第二种是句法结构表层和深层结构的整合。两种概念整合的来源不同但是都属于截搭型整合，即把两个具有相关性而不具有象似性的事件整合在一起产生新的概念意义。例如：

（22）A 在这部戏里，王黎光展现出他的音乐风格的另一面。他想告诫人们的是：小心，别掉进旋律设计的情感陷阱里。（《人民日报》1996年5月）

B 在这部戏里，王黎光展现出他的音乐风格的另一面。他想告诫人们的是：小心别掉进旋律设计的情感陷阱里。

（23）A“给我倒杯水，小心，别把暖瓶打了。”他在屋内的沙发上坐下，为了表示自己没有丧失理智……（王朔《我是你爸爸》）

B“给我倒杯水，小心别把暖瓶打了。”他在屋内的沙发上坐下，为了表示自己没有丧失理智……

例（22）和（23）中的A“小心”和“别”之间有逗号隔开，这时语句不是羡余否定形式，“别”以及后面VP表示的内容是一种解说性的后置分句，是对语句的附加说明。例（22）和（23）中的B“小心别VP”结构是在概念整合基础上形成的羡余否定格式。在A部分，“小心”代表一个输入空间，“别”和后面VP所表示的内容代表一个输入空间，两个输入空间因为具有因果关系的连通性，在整合时截取两个输入空间中相关的部分进行整合、压缩、加工成一个新的结构，表达出新的意义。如“小心”表示事件具有危险性，“别VP”表示事件不要做或不能做，两个输入空间跨空间部分映射匹配，有选择地投射到整合空间，再经过以体验为原则的认知、加工和完善，就整合成了新的意义。A 例句画线部分表示的意义属于句子的编码意义，即有语法结构线索规定的意义；B 例句画线部分表示的是凸显意义，是概念整合后的浮现意义（emergent meaning）。B 例句画线部分属于羡余否定格式，“小心别 VP”具有表示强化否定的构式义。

（24）她就像对待一位老人或者孕妇。小心啊，她欠了一下身子说，小心（别）摔着了！（野莽《坐公共汽车指挥交通的黑呢子礼帽》）

（25）孟浪的人一定会得答一句：“小心（别）让家里头的那位看到才好！”我当然不是那种级数的女人。（梁凤仪《九重恩怨》）

例（24）和（25）中的“别”去掉句子的语义值不受影响，只是语用功效不同。我们分析得出这类羡余否定“小心别 VP”构式的形成是在“小心 VP”表示提醒 VP 表达事件有危险不要做意义的基础上形成的。即我们前面提到的 A 义，“小心 VP”构式在表示 A 义时有两层含义，一是表示提醒某事有危险的表层含义，二是表示不要去做某事的深层含义。但发话人想凸显事件的不可做性和对受话人的关怀时就把深层意义提取出来使其表层化，“别”就是深层意义表层化的标记。这一过程也是在概念整合的基础上形成的，表层含义表达的事件是一个输入空间，属于表征输入空间（presentation space input）；深层隐含义表达事件是另一个输入空间，属于所指输入空间（reference space input）。发话人根据自己的发话意图有选择地从两个空间提取信息进行跨空间部分映射匹配，再有选择地投射到整合空间，进一步加工、完善、整合表示强化否定的浮现意义就形成了。“小心 VP”结构加上“别”语义上不冲突的原因就是因为否定义是其深层含义。因为其表层含义和深层含义具有连通性所以可以概念整合成表示强化否定的新意义。

（三）“小心别 VP”构式与构件的互动

构式与构件具有互动性，构件是构式义形成的基础，构式形成以后作为一个整合整体对其构件具有压制（coercion）功能。

侯国金（2008）提到表示羡余否定的“小心别 VP”中 VP 表达的事

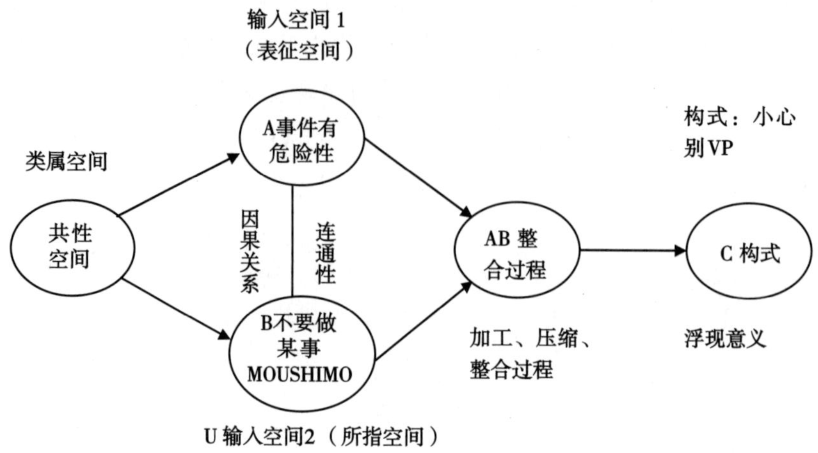

图 3-1 “小心别 VP”构式形成的概念整合过程

件都具有“非合意性”，我们前面分析了不是所有的“小心别 VP”中的 VP 都具有“非合意性”，但是 VP 表达事件的“非合意性”是表羡余否定“小心别 VP”构式形成的语义基础，“小心别 VP”中如果 VP 具有“非合意性”是此构式的典型形式。但是 VP 表达的有些事件并不一定具有“非合意性”，但是进入表羡余否定的“小心别 VP”构式以后就具有了“非合意性”，这是构式压制作用的结果。那些在表义上不具有“非合意性”的 VP 属于非典型构式，是典型构式的进一步抽象化。非典型构式更体现了发话人的主观情感。例如：

（26）你接着睡去吧，别为我影响你，你明天还要上学……小心，小心别被椅子绊倒，从左边绕着走嘛，左边空边大……”（王朔《我是你爸爸》）

（27）“并且”大的那个羞怯地补充一句，他是唯一敢和伽弗洛什对话并交换意见的人，“烛花也可能会掉在草上面，小心别把房子烧了。”（雨果《悲惨世界》翻译作品）

例（26）和（27）中“别”后面画线部分所表达的意义都具有“非合意性”，是表羡余否定“小心别 VP”构式的典型形式。VP 表达事件的非合意性是构式形成的语义基础，只有事件不合乎发话人的要求或目的才有被否定的可能性。

(28)（宋巩）将瓦罐交书吏轻声吩咐道：“好生带回衙门去找条狗试试。小心别倾了罐内的一滴剩水。”（钱林森、廉声《大宋提刑官》）

(29) 邓布利多静静地说，“千万小心别踏进着水里，跟牢我。”他沿着湖边出发了，哈利紧紧地跟着他。（翻译作品《哈利·波特》六）

例（28）和（29）中“别”后面画线部分表达的事件如果脱离“小心别VP”构式并不具有“非合意性”，但是进入此构式以后受构式压制而具有了“非合意性”，所以能被“别”否定。它们属于非典型构式，它们比典型构式具有更强的主观性，强调了对VP表达事件的否定情态。

（四）概念整合理论对羡余否定生成的解释力

其实，这种概念整合构成羡余否定的方式也适合“差点儿/险些/几乎（没）VP”“保不齐/保不住/保不定/保不准（没/不）VP”“注意/当心别VP”等格式。例如：

(30) 老李当过侦察员，打太原的时候差点儿没在护城河里呛死，后来去了朝鲜的上甘岭，又差点儿没给炸死。（刘恒《老卫种树》）

(31) 第二，你昨天去拉油，在油库吸烟，险些没有造成大的事故。油库正在扩建，现场很乱，一点火星都可能引起一场大火。（蒋子龙《赤橙黄绿青蓝紫》）

(32) 按着他们心里的政治生活的意义来说，战争永远有毁灭自己的政权的危险；就是一次打胜，也保不住不引起将来的失败。（老舍《蜕》）

(33) 当然，你也可以选择沉默的方式来表达自己对这种行为的厌恶之情：把他车胎里的气放掉。干这件事时，当然要注意别被车主看见。（王小波《沉默的大多数》）

例（30）—（33）中去掉否定词后是一种客观叙述，说话人加上否定词是想凸显自己的主观认识情态。例（30）和（31）中“差点儿”和“险些”都蕴含了事件没有发生的否定义，说话人把这层蕴含义表层化并与“差点儿”和“险些”概念整合成新的结构，凸显了说话人不企望事件发生的主观情态。例（32）中“保不住”已经蕴含了“不确定”的否定义，说话人把其蕴含义表层化并与“保不住”概念整合成新的结构，是为了凸显结果的不确定，传递了说话人的主观认识和态度。例（33）中“注意”像“小心”一样表示提醒义，“注意/当心别 VP”这些羡余否定格式与“小心别 VP”的形成动因和机制是完全一样的，不再赘述。

六 小结

本章分析了表羡余否定“小心别 VP”构式的表义特征、结构特征和语义特征，分析了其形成的条件和机制。研究表明“小心别 VP”结构中 VP 具有主观上的非合意性和未然性；“小心别 VP”是在概念整合的基础上形成的，其形成来源有两个：一个是“小心”和“别 VP”表达事件的整合压缩，另一个是把“小心 VP”深层否定义表层化的结果，其形成都具有语义和认知基础。“小心别 VP”在概念整合的基础上形成了强化否定义构式，表达的是否定性主观意愿。整个结构的意义是发话人根据自己的主观认知和意愿要求受话人不去实施某种行为。“小心别 VP”的生成动因和机制，不但适合与其同类的“注意/当心别 VP”格式，而且也适合“差点儿/险些/几乎（没）”和“保不住/保不齐/保不定/保住准（没/不）”等羡余否定格式，具有普遍性意义。

第四篇　隐性否定

第一章　隐性否定的类型、成因及理解机制

一　引言

隐性否定是言语交际中一个十分常见和重要的语用策略。吕叔湘（1982）和王力（1985）都注意到了隐性否定现象，他们指出反诘句表示隐性否定（implied negation）的用法。孔庆成（1998）指出："含蓄否定也叫隐性否定，指不具有否定形式却具有否定意义的否定。"从20世纪90年代开始，隐性否定成为语言学界研究的热点问题之一，但是对隐性否定这一概念在术语运用上很混乱，主要有孔庆成的"含蓄否定"和"隐性否定"，徐盛桓（1983）的"含意否定"，李学芹的"委婉否定"，钱琴（2002）、范晓民和崔凤娟（2007）的"隐含否定"，姜宏（1997）、陈艳丽（2007）的"隐性否定"，席建国（2009）、曾莉（2009）的"间接言语否定"等，本章采取了"隐性否定"的说法。对规约性隐性否定如反问句、祈使句、疑问代词、固定构式等表示否定功能，前人已经在收集、描写和解释方面作出了很多成绩。但是对一些新出现的构式和话语标记表示规约性隐性否定还有待进一步挖掘和研究。对于非规约性隐性否定还缺少一个系统的研究，对其依据的理论、表现手段、理解机制和生成的动因和机制缺少深入研究。本章以汉语中的隐性否定现象为研究对象，运用认知语言学和语用学相结合的方法对其进行分析。

二　隐性否定的界定和类型

（一）隐性否定的理论来源

在交际过程中并非所有的话语的意义都在语言形式中直接表达出

来，有的话语所传递的语用用意和交际目的是间接的，是通过某一话语在语境中隐含的，这样的行为被称为“间接言语行为”（indirect speech acts），属于隐性的言语行为。Searle（1975：31）指出：“间接言语行为是通过实行一个言外行为间接地施行了另一个言外行为。通过研究间接言语行为人们就可根据说话人表达的字面意思来推断出其话语暗含的间接用意。根据句子的表面形式与间接言语行为的联系程度，塞尔将间接言语行为分为两大类，即：规约性间接言语行为（conventional indirect speech acts）和非规约性间接言语行为（non-conventional indirect speech acts）。规约性间接言语行为是根据话语的字面意思进行推断最终得出的间接言语行为。例：Could you do it for me？当听话人听到这句话时，不会只按语句的字面意义理解为是‘询问’，而会直接理解为‘请求’言语行为。较之规约性间接言语行为，非规约性间接言语行为更为复杂和不确定，它需要更多地依赖于交际双方所共有的背景知识和语境才能推断出来。”（转引自曾莉 2009：7）否定言语行为可以根据理解时是否需要推理分为直接否定和隐性否定，直接否定是指不需要推理从字面就可以得出其否定义，并且直接否定都有否定标记词“不（是）、没（有）、别、睛、白”等，对于直接否定前人研究已经很全面了，在此不再赘述。隐性否定是指除了词语的表层含义之外，词语还具有深层的否定意义，这种深层否定意义是说话人真正想表达的意义。其表层结构是肯定形式，其深层意义表示否定，即它传递的是一种寓义[①]（implicature）。因为隐性否定表达的是一种言外之意，理解时需要语用推理，所以我们把其归入语用否定的范畴。隐性否定可以表示的否定范围很广，否认、拒绝、述无、指反、示否、抑制、禁止、阻碍、言非、指未等否定意义都可以表示。隐性否定根据意义的规约性程度又可分为规约性隐性否定和非规约性隐性否定。

（二）规约性隐性否定

规约性隐性否定是指语句中没有“不（是）”和“没（有）”等

① 寓义是说话人为了使自己所说话语具有明显的关联而故意向听话人表明的语境设想或会话隐含，包括暗含前提和暗含结论。（Sperber，D. and Wilson：《关联：交际与认知》，蒋严译，2008：259）

否定标记词，其否定义是根据某些语音、特殊词语、固定格式、特殊句式等形式，在字面意义的基础上推导出来的否定义。即它是通过解码得出来的隐含否定义。例如疑问词“什么、谁、哪里”表示否定，反问句、假设句、祈使句表否定，话语标记类“管他呢、何苦呢、何必呢、拉倒吧、得了吧、不像话、别价、要不”等表否定、“宁愿/宁可/宁肯+小句”表示否定。曾莉（2009：19）“指出规约性间接否定的特点是：通过一定社会或文化的规约，某些言语行为已经约定俗成为另一种言语行为，人们只要根据语言结构上的语表特征就可以按习惯立即推导出其间接的言外之意”。这里的间接否定和我们说的隐性否定含义是一致的。例如：

（1）先生似乎也发现了那声音的来源，就清了清嗓子，恼羞成怒地说，“笑什么笑，这是中国历史强加于我的残酷的纪念！你们哪里懂得。”（陈染《私人生活》）

（2）你这个年龄的女人，风情谁挡得住？（寿永明 2002 用例）

（3）那几个公差说：“我们也是听见了，像有人说话似的。管他呢，咱们喝酒吧。”众人又喝了几杯，又听见那边有人说……（清小说《康熙侠义传》）

表示规约性隐性否定的词语、固定格式和句式都是通过演化已经固定表示否定了，人们根据语言知识和常识就能推导出其否定义。如例（1）“V 什么 V”结构已经演化为表示否定义的固定构式；例（2）反问句表示否定也早已得到了充分论证，听话人听到反问句时不会只停留在话语表层的疑问上，会进一步推导出其言外之意即否定义。例（3）“管他呢”已经标记化成为一个表示否定义的话语标记。以上结构或句式已经成为一种语言规约，人们理解时无须根据语境去推理。规约性隐性否定在传递否定命题的同时，主要功能是强化否定。

（三）非规约性隐性否定

非规约性隐性否定是指交际中说话人话语的字面形式和意义都为肯定，但是话语传递的语用信息却是否定的，听话人只有根据相关的语境因素进行推理才能得出其隐含否定义，即它传递的是会话含意①（conversational implicature），是一种言外之意。非规约性隐性否定的特征是：话语的字面形式是无标记的，听话人必须结合语境通过推理才能得出其隐性否定义，如果脱离具体语境话语的否定义将取消。例如：

（4）A 林雨馨：服务员，买单！

B 穆白：付账是男人的事。（电视剧《钻石王老五的艰难爱情》，曾莉 2009 用例）

（5）A 下周咱们出去旅游吧。

B 我毕业论文还没有写完呢，最近在赶任务呢。

（6）A 你喝咖啡吗？

B 咖啡会让我清醒。（翻译 Sperber& Wilson，1995 用例）

以上例子中表示隐性否定的句子并无否定词，例（4）中说话人 B 通过一句常识性的话语传递出说话人 A 不用买单的否定义。例（5）中说话人 B 是通过陈述事实，间接表达了其委婉拒绝 A 的提议的，如果脱离交际语境话语 B 的否定义被取消。例（6）中说话人 B 的话语是“想喝咖啡”还是“不想喝咖啡”必须结合语境才能得出。如果在睡觉前的交际语境一定是表达“不想喝咖啡”的否定义。非规约性隐性否定是需要依靠语境推理才能得出，如果例句中的 B 话语单独看都没有否定义，我们要根据语境从“言外之意，弦外之音”去理解其否定意义及表达者的言语意图。

隐性否定表现出了形式和意义的不一致性，有否定之意而无否定之形，这是因为意义属于语言的深层结构具有单一性和抽象性，而语言的表现形式属于语言的表层结构，具有多样性和灵活性。如果在表示隐性否定时形式和意义一一对应，就不能凸显隐性否定在语用和修辞上的特殊表达效果。造成表达隐性否定表达形式多样性的原因，主要与说话人的元认知意识、表达意图和认知模式有着密切的关系。

---

① 会话含义（conversational implicature）即在言语交际中，类似的字面意义或语义意义以外的隐含信息（冉永平，2006：54）。

三　隐性否定的表达形式

语言中的否定无论是直接否定还是隐性否定都要通过一定的形式才能实现，只是实现的方式不同，直接否定带有否定标记词，隐性否定不带有否定标记词，而是通过其他词语、固定结构、特殊句式、会话隐含、话语标记等形式表达出来。隐性否定的表达形式具有多样性，我们无法穷尽列举，现在把几种主要表达形式进行举例说明。

（一）规约性隐性否定的表达形式

1. 词语表示规约性隐性否定

汉语中的疑问代词“什么、谁、哪、哪里”等，情态动词“能、会、敢、肯”等，副词“岂”等，在一定句式或语境中都可以表示隐性否定。例如：

（7）自己有了丈夫，还要跟辛楣勾搭，什么大家闺秀！我猜是小老婆的女儿罢了！（钱锺书《围城》）

（8）听觉的紊乱或许是视觉紊乱的结果，但也许是造成后者的原因吧！谁知道呢？反正乘坐的时间长了，思维忙不过来，干脆罢工，改由感觉来代替。（《人民日报》1995年6月）

（9）对副统帅和中央文革领导小组组长的手令，造反派即使吃了豹子胆，岂敢说半个不字。（李清华《邱会作沉浮录》）

例（7）中的疑问代词“什么”表示否定义，“什么大家闺秀”是“不是什么大家闺秀”的意思。例（8）中“谁”也表示否定义，“谁知道呢”是“没有人知道”的意思。疑问代词表示否定的用法与疑问代词的虚化和使用语境有着密切的关系，疑问代词在反问语气中常常表示否定义。例（9）中的“岂”表示“不”的意思，“岂”表示否定义是由于被反问句语境吸收造成的。“能、敢、岂”本身都没有否定义，但是在反问句语境吸收的作用下都可以表示否定义。

2. 固定结构表示规约性隐性否定

汉语中的一些固定结构，例如：“X什么X”“宁愿/宁肯/宁可+小句”“管他+小句”等，这些固定格式里面没有否定词，但是可以表示否定意义，它们的否定义是蕴涵在其肯定格式之中的。“X 什么 X”这一格式不能添加否定标记词，其肯定形式表示否定义。这些格式已经固化为表示否定义的构式，听话人根据语言知识通过推导就能得出其否定义，不需要依靠语境。例如：

(10) 母亲喝道：“绫子，喊什么喊？你还不够丢人现眼的？”(赵凝《猫眼》)

(11) 管他什么年代，好东西不怕没人听，翻唱歌曲也会走红。(中国原创音乐网)

(12) A 记者：听说现在很多运动员在比赛时都注射兴奋剂。

B 运动员：注射兴奋剂？我宁可去死！(《报刊精选》1994 年第 4 期)

例（10）中的“X 什么 X”格式已经固化为一个表示否定义的固定格式，“喊什么喊”是表示“不要再喊了”的否定义。“什么”虚化后在很多格式中表示否定义，如“V 什么、V 什么 NP、什么 V 不 V 的”等。例（11）中“管他”后面加上小句表示否定义，是指“不要管他什么年代”之意，“管他”已经词汇化成一个表示否定义的固定词语。例（12）中“宁可”常常用在“宁可……也不……”之中，前面表示选择，后面表示否定，当后面“也不”不出现时，“宁可”与后面小句可以表示否定义。以上结构的表否定义已经固化，在我们理解时只需要根据字面意义去推导不需要语用推理。

3. 特殊句式表示隐性否定

汉语中的反问句、虚拟条件句、部分祈使句都可以表示隐性否定，并且已经得到证明。“当陈述句、疑问句和祈使句在交际中所起的作用不是陈述、疑问和命令时，它们就可归入到间接言语行为之列。”（冉永平，2006）对于反问句表示否定义前人研究已经很充分了，杜宝莲（2004）、曾毅平（2004）、胡德明（2008）等对反问句表示否定的特征、成因和语用功能都进行了详细研究，在此不再赘述。关于假设句表示隐性否定外语界已经有所关注，范晓民、崔凤娟（2007），朱岩、王红霞（2010）等都提到英语中虚拟条件句表示否定义的用法。汉语学界对于虚拟条件句表示间接否定还很少涉及。陈艳丽（2007）专门分析了隐性否定祈使句的句法特征、语义特征和语用功能。例如：

（13）李石清：我跟你是亲戚？是老朋友？还是我欠你的？我走哪儿你跟哪儿，你这一趟一趟的算怎么回事？（《日出》曹禺）

（14）戴嘉像疯了一样数落起丈夫来："就算你不管我弟弟，不管我，也不管幼幼，老蔡你不能不管吧？怎么说他也是幼幼的救命恩人。你不是说他一个月需要二十万吗？如果我是你，既然知道这样来钱可以，又能不冒风险，我索性就一次多拿点，既解决老蔡的费用，又救了戴崴，说不好，连幼幼以后的生活都有着落了。"（电视剧《冬至》）

（15）"哎呀，走路低着个头，小心跌倒！"迎面一声话音，惊得亚萍抬起了头。（路遥《人生》）

（16）最好别搞什么网恋，当心上当受骗！（新民网2010年9月22日）

例（13）中三个反问句都表示否定义，即："你不是我的亲戚、朋友，我也不欠你的"，三个反问句连用既传递除了说话人的主观情态又加强了否定语气。例（14）中画线部分是虚拟条件句，条件"如果我是你"具有非事实性，所以后面的结果也不可能实现，整个句子隐含着否定义，即"你不是我，所以你也没有按我说的那样去做"。例（15）和（16）是祈使句表示隐性否定，祈使句表示隐性否定时语句中常常用"小心、当心、注意"等词语，话语具有预测性，是说话人预测对可能出现的消极结果的一种预测，同时提醒受话人警惕，比直接使用否定词提醒更加委婉，体现了礼貌原则。例（15）中"小心跌倒"是表示"小心别跌倒"；例（16）"当心上当受骗"是表示"当心不要上当受骗了"。

4. 话语标记表示隐性否定

汉语中很多已经虚化和固化的话语标记，例如："从理论上来说、从原则上来讲、要不、管他呢、何必呢、拉倒吧"等在句子中虽然不表达命题意义，但是在语言的生成和理解过程中起到程序义的功能，它们隐含了否定义，这种隐性否定义通过语用推理才能得出，也是一种间接言语行为。例如：

（17）专家们的答案是令人鼓舞的：从理论上来说，人人都可以活到110岁。（《人民日报》1994年1月）

（18）我对建筑是外行，可我总觉得原来的围墙和我们单位的性质不协调，就等于巧裁缝披了件破大褂，而且没有钉纽扣。从原则上来讲，新围墙一定要新颖别致，美观大方，达到内容和形式的统一。（陆文夫《围墙》）

（19）从现在开始你别给我说话，一听你唠叨结婚的事我就烦，要不，你出去自己住吧。（《裸婚》电视剧）

（20）要是今天有人对你说，我会爱你五十年，五百年。相信他吧，管他是不是真的，管他五十年、五百年后早已与泥水同腐。管他呢，享受了这眼前的浓情蜜意或者是假意，只要你是快乐的，别计较，人间没有永恒，永恒也不见得特别可爱和值得歌颂。（新浪酷哥哥博客）

例（17）和（18）语句后面表示实际情况的内容没有出现，“从理论上来说”和“从原则上来讲”传递的是“理论上或原则上应该这样，事实上不是这样的否定语义”，这种隐性否定义需要通过语用推理才能获得。例（19）中“要不”在此是一个话语标记表示建议义，表示建议义的“要不”在提出后面建议后同时隐含着对其前面状况的否定或改变，这种否定也是隐含在语句中的需要通过语用推理得知。例（20）中“管他呢”作为话语标记本身就表示否定义，即“什么都不用管”的意义，它是通过词汇化和标记化后形成的表示否定义的话语标记，其中没有否定标记词但是表示否定义，所以我们归入隐性否定范围。因为否定性话语标记比较多比较特殊，所以后面章节将专门论述。

（二）非规约性隐性否定的表达形式

非规约性隐性否定言语行为是一种言语交际策略，它受到人类的认知机制调控，当说话人直接用否定形式表达观点和态度会威胁到听话人面子时，受人类元认知意识的监控，说话人会采取比较委婉和缓和的形式表达自己的观点和态度。从言语表层形式看非规约性隐性否定常常是违背了合作原则中的方式准则和关系准则，事实上是说话人为了传递某种言外之意采取的一种言语交际策略，听话人只有依靠语境才能解读其言外之意。它的表现方式具有多样性，主要有转移话题、转弯抹角、运用表非现实性话语、叙述事实、叙述原因或理由、模糊表达、模棱两可等间接形式表达否定含义，非规约性隐性否定是一种特定语境下的交际策略。例如：

(21) A 纪晓岚：可……莫愁姑娘，你知道什么叫一箭双雕吗？那一支毒箭分明是有人要嫁祸于我的。

B 莫愁：这些话，你留着跟黄大哥说吧。（电视剧《铁齿铜牙纪晓岚》，曾莉 2009 用例）

(22) A 我想请您帮忙，让我儿子进你们学校附属的幼儿园。

B 本单位孩子都收不了，招外单位的大家会有意见。

(23) A 鲁贵：你看你们这点穷相，来到大家公馆，也不看看人家的阔排场，尽一个劲儿闲扯。四凤，你先把你这两年做的衣裳给你妈看看。

B 鲁四凤：妈不稀罕这个。（曹禺《雷雨》）

例（21）中说话人 B 运用了表非现实性事件的话语来否定说话人 A 的话语，只有知道“黄大哥”已经死了的语境才能推出说话人 B 话语的否定含义。例（22）通过叙述事件的原因来委婉拒绝对方，这样既维护了对方的面子又传递出说话人 B 的无法帮忙的否定含义。例（23）通过转移话题来传递其否定含义。

四 隐性否定的生成动因

隐性否定的表达形式灵活多样，所以其生成动因和机制上也具有多样性，但是总的说来隐性否定生成的动因主要是言语交际中的主观化、交互主观化以及人类元认知意识的监控；生成机制主要有语境吸收、词汇化、语法化、标记化等。

（一）主观性和交互主观性

言语交际本身是人与人之间的互动，所以分析隐性否定的成因我们必须与语言表达者的认知心理和语用因素相结合。语言表达是具有主观性的，说话人在话语中多多少少都传递了自己的主观认识、情感和态度。同时说话人为了交际的顺利进行和维护受话人的面子也会采取某种委婉的表达方式，隐性否定就是委婉表达方式的一种。例如：

（24）A 淑英，你听我解释啊，你不能这样冤枉我啊！

B 解释什么解释，人都找上门了。（电视剧《相爱都难》）

（25）要爱你就大胆地爱，要结婚就结，别总这么别别扭扭的，我们看得都难受。要不，我去林菲家给你做个媒。（电视剧《裸婚》）

（26）出门旅游多穿点，小心感冒！

例（24）中“解释什么解释”是“不用解释或没必要解释”的意思，X什么X是一个固化的结构，表示隐性否定义还表达说话人不耐烦的主观情态。例（25）“要不”在此表示建议义，说话人了为了维护受话人的面子以建议的方式说出后面内容，体现了言语交际中的交互主观性，同时也隐含了对“要不”前面事态的否定。例（26）中“小心感冒”是预见性的消极结果。傅惠钧、陈艳丽（2007）指出：“隐性否定祈使句强调的是可能出现而事实上尚未出现的‘消极结果’。这种‘消极结果’是人们根据已有的生活经验对当下可能出现的情况所作的一种预见和假设。这种‘可预见性’特征使‘消极结果’在现实层面上是非现实的，但在人们的心理层面上却是真实的。从这一意义上说，隐性否定祈使句是语言运用的主观化的产物。”以上都是采取间接的方式表示否定义，同时传递了说话人的主观情态和维护受话人的面子，使得语言更具表现力。

（二）语用目的和元认知监控

在言语交际中说话人为了达到某种语用目的，会采取相应的表达手段，例如说话人想达到命令、告诫或劝阻等语用目的，如果直接说出来可能会威胁到受话人的面子问题，所以说话人常常采取委婉的形式，如提醒或建议的形式表达出来。如果说话人想否决某人观点或拒绝别人的请求，用直接否定的方式会威胁到别人的面子，这是人类的元认知知识和经验会对话语的表达进行监控，使得说话人用更加委婉的语句表达自己的观点和态度。所以说隐性否定与人的交际目的和认知心理有着密切的关系。例如：

（27）A 刘：就是。诶，首先咱们自己啊，对待婚姻恋爱就不能当儿戏。

B 戈：谁拿婚姻当儿戏了？每个人都有追求自己幸福的权利，这是文明社会的表现啊。呕，“嫁鸡随鸡，嫁狗随狗，指腹为亲，媒妁之言”，那才是当儿戏呢。（电视剧《编辑部的故事》，胡德明 2009 用例）

（28）A 也怪我，当时干吗一时鬼迷心窍地从原来那个单位辞职了呢？……唉，现在后悔都没有地方了！谁说的人挪活，树挪死啊？我可该往哪儿活啊?!

B 要不，你就不要把眼光局限在老师这个上面，也看看什么翻译啊，秘书啊什么的。说不定会有发现呢？（赵笑笑《迟来的白马要不要》）

（29）A 姚爱伦：我送你

B 佟子：我一男同志……（电视剧《金婚》，曾莉 2009 用例）

例（27）中说话人 B 用反问句的形式反驳对方，不但反驳了对方，更加凸显了说话人主观上的否定态度，比用显性否定的否定义更加强化。例（28）中“要不”是个话语标记表示建议义，在此就有舒缓语气和开启新话题的功能，如果没有“要不”语句就显得语气很强硬，有命令的口气，受话人听到后会有抵触感，不利于交际的顺利进行，同时也传递出说话人建议放弃前面选择的隐含否定义。例（29）中人们的认知常识是一般情况是男人送女人不是女人送男人，由此可以推理出“我一男同志”表示委婉拒绝对方的话语，如果直接拒绝会威胁对方的面子，同过叙说原因这种间接方式来表达否定，既委婉含蓄又营造出一种双方都接受的交际气氛。

五 隐性否定的理解机制

（一）规约性隐性否定

规约性隐性否定中的疑问词“什么、谁、哪里”和情态动词“能、会、肯、敢”等在反问句中表示否定义是由语境吸收造成的，在其形成的初期阶段必须依靠语境进行语用推理才能得出否定义，其用法固化以后交际中通过少量推理即可得出其否定义。一些话语标记如：“从理论上来说、从原则上来讲、管他呢、要不、何苦呢、拉倒吧、不像话”和一些固定结构“V什么V、宁可+小句、管他+小句”等通过构式化和标记化已经固化为表达否定义，所以通过话语字面的解码就可以推导出其隐性否定义，不需要语用推理。例如：

(30) 谁的人生无风雨，哪里水土不养人！

(31) 吵什么吵，你们还发牢骚，我们为了谁，都高三了，一点紧张劲儿都没，离高考就四个月了……（《人民日报》1994年2月）

(32) 大学生找工作已成了一个难题。目前我国有83万在校的女大学生，从理论上来说，这83万女大学生对12亿人口的国家实在是太少了，她们应该是很容易就业的。(《人民日报》1995年8月)

例（30）“谁”和“哪里”在反问句和感叹句中表示否定义已经得到了充分论证并被大家认可，所以理解时通过字面解码就可以得到其隐含否定义。例（31）“V什么V”已经固化为表否定义的构式。例（32）“从理论上来讲”已经标记化，在句中不作句子成分，但是起到衔接和传递主观情态功能，我们从中可以推导出“事实上不是如此”的隐性否定义。

（二）非规约性隐性否定

非规约性隐性否定在字面形式上没有任何否定标记，并且其字面形式如果脱离语境并不表示否定意义，其否定意义是依靠语境通过语用推理得出来的，其理解过程是说话人和听话人根据语境假设寻找最佳关联的过程。例如：

(33) A 辛楣：我是不像你那样袒护唐晓芙，她知道你这样余情未断，还会覆水重收呢！

B 动斜川：别吵！别吵！人们都在看咱们了！我替你们难为情……男子汉，大丈夫，为了一个女孩子——（钱锺书《围城》）

（34）A 何建国：乡下人下贱，城里人金贵？
　　B 顾小西：那是你的理解。（电视剧《新结婚时代》）

（35）A 你的儿子这个月又给你寄钱了。
　　B 没让我给他寄已经万幸了。

例（33）中“男子汉，大丈夫，为了一个女孩子——”是一种含蓄的表达方法，后面话语没有说出来，听话人可以根据交际语境推理出说话人的否定态度。例（34）中“那是你的理解”隐含了“我不这么认为”否定义，这种隐性否定义脱离了语境就会被取消。例（35）也是只有在交际双方共同的认知语境中才能推理出说话人 B 的“他儿子没有给他寄钱”的隐性否定义。所以非规约性隐性否定是通过语境和语用推理得出的隐含义。

六　隐性否定的语用功能

表达隐性否定的言语形式是一种言语表达策略，在交际中可以起到维护对方面子和自己面子，强调主观态度，表达主观情感，加强语气等功能。例如：

（一）委婉效果

在交际过程中，有时为了维护听话人的面子或为了使得交际能够顺利进行，常常采取比较委婉的方式来表达自己的观点。如隐性否定祈使句、假设句、一部分表否定的话语标记、会话中的非规约性隐性否定等都可以起到委婉的效果。例如：

（36）别人谈恋爱都是满脸的幸福，你自从恋爱就满脸的痛苦，要不，分手算了，再找合适的。（金华《恋爱情感》）

（37）A 明晚一起去看《失恋 33 天》吧，听说是今年票房最高的一部电影。
　　B 上周我刚看过《失恋 33 天》。

例（36）中说话人提出自己的观点时，前面用了话语标记“要不”

使得以建议的形式传递说话人的主观态度和建议，语句更加委婉带有商议的口气，这样会取消对方的抵触心理，使得交际顺利进行。同时也传递出说话人对听话人前面状态的否定态度。例（37）中受话人 B 在回答发话人 A 的话语时，没有直接给出肯定或否定的回答，从语言表层上来看是违背了合作原则中的方式准则，实际上是说话人为了遵循礼貌原则故意采取的一种言语策略，委婉地传达了说话人拒绝义。

（二）强调效果

反问句和一些情态动词、疑问代词表示隐性否定还可以起到强调的作用，凸显说话人的主观态度和情感。例如：

（38）马英：他（汉奸老寿）是不是每次都要赶集？

王大成：哪次也少不了他，他买东西从没给过钱，你想他会不去？（李晓明《平原枪声》）

（39）能在这儿做自己喜欢的事，是我多年的梦想，这种追求难道是一件值得别人同情的事吗？况且，同情我的又是这样一位其实更值得别人同情的老妇人？我有些茫然……（卞庆奎《中国北漂艺人生存实录》）

例（38）中情态动词“会”在此反问句中是“不会”的意思，“会”与后面的否定内容结合使得整个反问句用双重否定形式表示肯定的意义，这种表达方式更加强化了肯定的语气。例（39）的反问句表示隐性否定义，这种表达在传递隐性否定义的同时更加凸显了说话人的主观态度。

（三）凸显主观情态

表示隐性否定的话语标记、固定结构、祈使句、反问句、疑问代词和情态动词比肯定和有否定标记词的否定句更能凸显说话人的主观态度和情感。例如：

（40）这次我放你一条生路啊，再有下次，我不给你饭吃。走，走啊，看什么看？不服气呀？打我呀，笨蛋！（电影《喜剧之王》）

（41）他须马上去找事，好从速的“收复”胖菊子，好替——替

谁呢？——作点事情。管他呢，反正给谁作事都是一样，只要自己肯去作事便是有心胸。(老舍《四世同堂》)

例（40）中“看什么看”在表示隐性否定的同时，还能传递说话人生气的主观情态，比“别看了”更具表现力。例（41）中话语标记“管他呢”在表示隐性否定的同时传递了说话人无所谓的主观情态。

七　小结

本章对隐性否定进行了界定，并对其进行了分类，因为隐性否定在形成和理解过程中需要语用推理，更多传递的是语用功能，所以我们把它归入了语用否定的范畴进行研究。隐性否定在表现形式上具有多样性和灵活性，部分疑问代词、反问句、祈使句、假设句、话语标记、固定结构等在一定语境下都可以表示规约性隐性否定。非规约性隐性否定没有任何形式标志，必须依靠语境进行语用推理才能得出其否定义。本章从语用学和认知语言学相结合的角度分析了隐性否定生成的动因和理解机制。隐性否定具有委婉、强调和表达主观情态的语用功能，使得语句更具表现力。因为隐性否定的隐含性和间接性以及表现形式的多样性，给外国留学生学习汉语带来了很大困难，是教学中的难点。希望本章的论述能够引起更多研究者对隐性否定的关注，在对外汉语教学中能够找到更好的教学对策，使得留学生能够更好地理解和使用隐性否定这一表达方式。

第二章　非规约性隐性否定

一　引言

非规约性隐性否定言语行为作为一种言语交际策略，其字面形式没有任何否定标记，体现了肯定与否定的不对称性；受话人无法仅通过字面形式推断出说话人想要表达的意义，话语的交际意义必须借助语境因素才能推理出来，脱离具体交际语境话语的否定义具有可取消性；所以该意义是一种言外之意，是一种隐含的语用信息，Grice（1975）称其为会话含意。曾莉（2009：31）以关联理论对语用意义的划分为标准，对非规约性间接否定进行了分类，主要分为三大类六小类：显义非规约性间接否定（包括命题意义类和指称指派类）、预设非规约间接否定（包括语义预设类和语用预设类）、寓义非规约间接否定（包括一般寓义类和弱寓义类），我们这里研究的非规约隐性否定相当于她的弱寓义类。除了会话中的言语交际中存在着非规约性隐性否定外，非言语交际也存在非规约性隐性否定现象，本章只讨论话语交际中的非规约性隐性否定现象。

二　非规约性隐性否定的来源及生成条件

（一）非规约性隐性否定的来源

会话含意及理论的提出和发展，来源于 H. P. Grice（1975）提出来的合作原则（cooperative principle）。在言语交际中话语不会是杂乱无章或毫无意义的，说话人使用的话语都是与交际目的有联系的。Grice 认为，为了保证交际顺利进行，交际双方的话语必须遵循某些基本原则，即合作原则。他提出的合作原则包括四条准则（maxim），并且每一条准则还包括几条次准则（sub-maxim）。

A. 质准则（quality maxim），它关注的是话语或信息的真实性，要求人们说真话，即要提供真实信息。它包括两条次准则：a. 不要说自知是虚假的话语或提供虚假的信息；b. 不要说缺少足够证据的话语或信息。

B. 量准则（quantity maxim），它关注的是话语的信息量。包括两条次准则：a. 所提供的信息应是交际所需要的；b. 不要提供交际以外的额外信息或少提供信息，即提供的信息应不多也不少。

C. 关系准则（relevant maxim），它关注的是所提供的话语或信息是否相关。

D. 方式准则（relevant maxim），它关注的是所提供的话语或信息是否清楚、明白。包括四条次准则：a. 避免晦涩 b. 避免歧义 c. 要简练（避免啰唆）d. 要井井有条。（转引自冉永平，2006）

以上四条准则以及次准则，它们不同于语法规则，不是人们在交际中必须遵守的规则，它们只是言语交际中的规约，在交际中人们常常会违背某一原则来产生某种非规约性含义①。根据 Grice 的语用学思想，非规约性含义的产生与合作原则中某一条或多条准则的违背有关。也就是说，非规约性含义是说话人在违背合作原则某一或某些准则的基础上产生的，非规约性含义不是话语的字面意义，所以需要根据语境通过语用推理才能得出。这种非规约性含义既可以表达肯定义也可以表达否定义，本章要研究的非规约性隐性否定就属于非规约性隐含义，它也是说话人在违背合作原则某些准则的基础上传递出来的。例如：

（1）A 你去参加莱文的婚礼吗？
B 听说凯琳要去。

例（1）从字面上看这个对话好似是不连贯的。A 问的是是否参加莱

① 含义：李捷、何自然、霍永寿（2011：74）把含义首先分为规约含义和会话含义，再把会话含义分为一般含义和特殊含义。规约含义：它不属于语用含意，与是否遵守合作原则的某项准则无关；它不依赖于语境，是一些体现在词项或短语中的意义。一般会话含义：是在遵守合作原则的某项准则时带有的含义。特殊会话含义是有意违反合作原则的某项准则，在特定的语境中推导出来的含义。我们文中所说的非规约性含义就是指特殊会话含义。

文的婚礼，需要给予“去”或“不去”的回答，B的回答却是其他人要去参加莱文的婚礼。字面意义和话语的隐含义距离很大，曾莉（2009：31）针对这一现象提出了“间接度”概念，“间接度是指话语的明说意义与会话意图的距离。话语的明说意义与会话意图越近，理解话语所需要依赖的语境范围就越小，理解的难度也越小，间接度就越低。话语的明说意义与话题越远，理解话语所需要依赖的语境范围就越大，理解的难度也越大，间接度就越高”。从例（1）可以看到B话语的明说意义与会话意图之间的间接度很大，A必须以常识和两人的共同认知语境为基础，作出一系列推理才能得出其非规约性隐含义。假如A认为B的话语和他的问题是有关的，那么A首先要在凯琳和说话人A之间建立关系。B显然知道A了解他和凯琳之间的关系，否则B也不会如此回答A。B是喜欢凯琳的，那么B的回答是肯定的，即他要去参加莱文的婚礼；如果凯琳是B非常不想见到的人，那么B的话语隐含了否定含义，即B不打算参加莱文的婚礼，这类否定就是我们所要解释的非规约性隐性否定，它没有否定标记，需要依靠语境推理得出其否定义，其否定义非字面意义，是说话人的一种交际意图。

（二）非规约性隐性否定的生成条件

并不是所有违背了合作原则的某准则的话语都能传递非规约性隐含义，如果一个人故意说谎，他违反了合作原则中的质原则，但如果对方不知道他在说谎，那就不会产生会话含义；如果对方知道你在说谎，这是违背质准则就会产生非规约性会话含义。再是，如果因为发话人不了解详情没法提供足够的信息这时违背了量的准则，也不会产生非规约性会话含义。如果发话人根本不愿意遵循合作原则，所以在说话时不愿意谈论某个问题故意转移话题或选择无可奉告，这种违反合作原则的情况不会产生非规约性会话含义；但是如果认为发话人是合作的，发话人的不合作只是想传递言外之意，而且希望受话人能够领会此意，这时违背合作原则是能传递非规约性会话含义的。所以非规约性会话含意形成的关键是交际双方要有共同的认知语境，只有在共同的认知语境中才能推导出话语的真正隐含义。非规约隐性否定言语行为的形成，主要原因是发话人为了维护对方的面子和遵循礼貌原则，故意违背合作原则中的某一或某些准则来传递非规约性会话含义，例如：

（2）A 下周日王部长的儿子结婚，你过去吗？

B 最近热播的电视剧《裸婚时代》很贴近现实生活，你看了吗？

例（2）属于说话人 B 不愿意遵守合作原则故意岔开话题，这种情况不会产生非规约性隐含义。

（3）A 徐帆：不好意思，来晚了，我是化妆去了。

B 万总：我瞧着徐帆化妆前和化妆后没什么变化嘛！（冉永平 2006 用例）

例（3）中 A 显然是给自己迟到找一个合理的、大家认可的理由。而 B 的话语可以有两种解读：一是对说话人 A 为迟到找理由的间接否定；二是对说话人 A 的一种主观评价。如果表示间接否定义需要交际双方共同的认知语境，说话人 A 知道 B 是故意违背合作原则的，这时 A 通过 B 的话语才能推导出非规约性隐性否定含义。如果 A 没有与 B 形成共同的认知语境，那 B 的话语只是一句主观评价，没有言外之意不能传递语用信息，所以非规约性隐性言语行为的理解需要双方存在共识、相互合作，交际才能顺利进行。

三　非规约性隐性否定的特征

非规约性隐性否定作为一种间接言语行为，传递的是会话隐含义，这种通过语境推导出来的会话隐含义主要有以下特征。

（一）无标记性

非规约性隐性否定言语行为与直接否定和规约性隐性否定一个显著的区别是它是无标记的。直接否定有否定标记词“不（是）”或“没（有）”；规约性隐性否定虽然没有否定标记词“不（是）”或“没（有）”，但是它要靠某些词项、短语、固定结构或句式来表达否定含义，相对于非规约性隐性否定也是有标记的；然而非规约性隐性否定言语形式没有任何外在的否定标记形式，其字面意义也不蕴含否定义，所以我们关心的不是其字面义是什么，我们重视的是它实际上传递了什么隐含义，这种隐含义是根据交际语境推理出来的。例如：

（4）A 周冲：四凤，你不要为这点小事来忧愁，世界大得很，你应当读书，你就知道世界上有许多人，跟我们一样地忍受着痛苦，慢慢地苦干，以后又得到快乐。

B 四凤：唉，女人究竟是女人。（冯学民 2007 用例）

（5）A 下午踢球去吧！

B 上午还在换草坪。

例（4）和（5）都是在陈述信息，字面没有任何否定标记，也不表示否定意义，但是 A 根据共同的交际语境在认知上能与 B 达成共识，A 通过语境可以推导出说话人 B 的话语隐含了否定的语用信息。例（4）"唉，女人究竟是女人。"可以推导出"女人没有读书的机会，女人不会有好的命运"的否定义。例（5）A 通过 B 的话语可以推导出"现在还不能踢足球"的否定义。以上非规约性隐性否定都是无标记的，是说话人有意违反合作原则中的某些准则，在特定的交际语境中传递出来的隐性否定义。

（二）语境依赖性

非规约性隐性否定是完全依靠语境推导出来的，离开语境是不具有否定义的。我们所说的语境是广义的，包括语言语境和交际的场景以及我们所具有的百科知识、逻辑知识等非语言语境，还包括交际时双方的认知语境。冉永平（2006：59）指出："交际所依赖的语境因素或语境知识不是事先确定的，也不是固定不变的。哪怕是同一个话语，在不同的语境条件下可能产生不同的会话含意，或不同的话语在相同的语境条件下可能产生相同的会话含意。"例如：

（6）A 逛街去吗？

B 我男朋友今天要来看我。

（7）A 听说你男朋友出国了。

B 我男朋友今天要来看我。

(8) A 我昨天在复旦大学见到你男朋友了。

B 我男朋友今天要来看我。

例（6）和（7）是相同话语在不同交际语境下都隐含着否定信息，例（6）B 的话语可以推导出“我今天不能去逛街”，例（7）B 可以推导出“我男朋友没有出国”，例（8）B 只是对 A 话语的回应，没有隐含否定义，以上三例中 B 的话语包括相同的字面意义或命题内容，如果没有语境的制约它们的表义是相同的，可见，非规约性隐含义的确定和推理与语境有着密切的关系。

（三）可取消性

可取消性（defeasibility）是指非规约隐性否定的隐含义可能会随着语境的变化而变化，在一定语境中其否定义可能消失。可取消性是非规约性隐性否定的一个重要特征，这是它与规约性否定的一个重要区别之一。规约性隐性否定同一话语的字面意义在任何条件下都是恒定的，因为它不属于语用含义，与语境和合作原则无关；而非规约性隐性否定具有语境依赖性，它的会话含义是依靠语境推理出来的，此含义也可能因为语境因素的变化而消失。例如：

(9) A 佟子妈：你带文丽去休息，我一会儿就去买火车票，我马上就走，就回四川。

B 佟子：妈，你得了孙子了！（电视剧《金婚》，曾莉 2009 用例）

例（9）在电视剧中有两个特定语境：一是文丽和婆婆不和睦，一直希望婆婆回老家去。第二个特定语境是：文丽再度怀孕，想把孩子打掉，婆婆不允许，并向文丽保证，这胎一定是男孩，如果还是女孩，她就立刻回老家去。而这两个语境是佟子妈和佟子都共知的，从以上语境佟子妈才能推理出佟子话的意思是“她不用买票回四川了”。如果没有以上语境“妈，你得了孙子了！”就没有隐含否定义，只是告诉“有孙子了”这样一个结果。

(四) 推导性

非规约性隐性否定言语行为传递的会话隐含义是在基于话语的字面意义，根据是否违反了合作原则中的某项准则，再结合语境推理出来的语用含义。会话隐含义不是字面意义，字面意义不依靠语境不需要语用推导，而语用含义随着语境的变化而改变，但是其话语命题的真假不影响会话隐含义的真假，这也再次证明了它的非规约性特征。例如：

（10）A 明天一起去旅游吧。
B 我明天有个考试。

例（10）中“我明天有个考试”只是字面意义，其实说话人 B 想通过此话语“因为我明天有个考试，所以我明天不能和你一起去旅游”让受话人 A 推导出“我明天不能去旅游”这一隐含否定义。“明天因为有考试，所以不能去旅游”这一因果关系是双方的共同认知语境，也是受话人 A 推导出隐含否定义的基础。B 的话语是真是假不影响会话隐含义的真假，无论说话人 B 是否真的有考试都不影响受话人 A 对会话隐含义的推导。

四 非规约隐性否定的生成动因和理解机制

非规约性隐性否定言语行为是一种言语策略，可是为什么说话人会采取这一隐含形式而不是采取其他形式？说话人为什么故意违背合作原则？受话人又是怎样知道对方故意违反合作原则的？受话人依靠什么推导出其会话隐含否定义的？下面将进行详细分析。

(一) 非规约隐性否定的生成动因

人类语言的生成受到人类的认知和元认知的监控，在交际过程中交际者除了要考虑把主要信息传递给对方外，还要考虑话语的表达方式、对方的接受程度以及维护对方的面子，所以要选择合适的语言成分和语言形式来有效地组织语言，以便使得交际能够顺利进行。而以上环节都受到人类的元认知的监控。

李佐文（2003）在前人研究的基础上详细介绍了元认知知识，他在文中指出："元认知由三大成分组成：元认知知识、元认知体验和元认知监控。元认知知识是指关于认知过程的，人类已经获得并且可用来控制认知过程的知识。它包括三个方面：（1）个体元认知知识，即认知主体所掌握的关于人类如何获得或处理信息的一般知识。如话语应该如何表达听话者更容易接受？采用什么方式表达交际意图更容易被对方接受等。（2）任务元认知知识，即关于任务的性质，任务的要求等方面的知识，如听学术报告要比听一般报告花费更多的认知努力。（3）策略元认知知识，指认知主体在认知活动中，采取什么样的策略才能实现任务和目标，如在求职面试时应该使用礼貌的话语才能更容易被人接受。元认知体验是指伴随着认知活动而产生的认识体验或情感体验。比如，在和他人交谈的过程中，你突然感到他说的某句话你不理解，这就是认知体验。元认知体验对认知活动的目标或任务，元认知知识和认知策略等产生巨大的影响，如它可以引导建立新的目标，修正或放弃原来的目标。元认知体验还可以激活认知策略，如你感到（you sense/feel）（元认知体验）某句话需要强调，于是对这句话加以重读（认知策略）。元认知监控是指认知主体在认知活动过程中，将注意力转向正在进行的认知活动，以自身的认知加工过程为意识对象。根据元认知知识和元认知体验对认知活动进行积极地调节和监控，是为完成某一具体目标或任务，对认知过程进行主动的监测以及连续的调节和协调。元认知监控可以保证认知目标的实现，包括制定计划、监督过程、检查结果和采取补救措施等具体行为。总之，元认知的实质就是认知主体利用元认知知识和元认知策略对认知过程的调剂和监控。"（转引自李佐文，2003）

通过以上对元认知的介绍，我们得知元认知在言语交际中起着调节和监控作用，元认知监控交际过程的各个环节，并根据交际需要来调节话语的表达方式，例如当运用直接否定会威胁到对方的面子或是不礼貌时，发话人会采取比较委婉的间接表达方式，这是在元认知调节下实现的。发话人为什么故意违反合作原则中的某一准则，是发话人在元认知知识和元认知体验作用下，运用元认知策略对交际过程的调节时，所选择的一种特殊的话语策略。例如：

（11）A老师：看完那篇文章后，有什么感想？

B 学生：选题不错，如果例子多一些就好了。（冉永平 2006 用例）

（12）A 售货员：就买这件吧，不是挺合身吗？

B 顾客：我再看看有没有更适合自己的。

例（11）中学生对老师推荐的文章持否定的态度和不同看法，但是为了维护老师的面子，在元认知监测和调节下采取了先肯定后建议的语用策略，委婉间接地表达出自己的观点。例（12）中顾客为了遵循礼貌原则而违反了合作原则，这是因为顾客的元认知意识监控到直接拒绝对方是不礼貌的，所以为了维护对方面子采取了委婉的表达手段。可见，元认知的调节和监控是非规约性隐性否定产生的深层动因，也是交际顺利进行的保证。

（二）非规约隐性否定的理解机制

在非规约性隐性否定言语行为交际中，受话人是怎么推理出发话人的语用含义的呢？以往的研究都运用关联理论（relevance theory）进行解释，Sperber&Wilson（1986）从认知角度出发，提出了颇有影响的关联理论。根据该理论，交际是一个明示—推理（ostensive-inferential）过程，从发话人角度而言是一个明示过程，发话人尽量用明确的信息表达自己的交际意图；从受话人角度而言，交际是一个推理过程，受话人会根据交际语境和发话人提供的话语信息去推断发话人的交际意图。对受话人来说也是一个寻找最佳关联的过程。关联理论认识到了话语理解的动态性，在对隐含义理解上强调要字面意义和语境假设相结合来进行语用推理，它在语言形式与语言理解方面已经建立了一个很好的理论框架。但是对于怎样进行语用推理、怎么样寻找最佳关联方面一直没有一个很具有说服力的解释。

我们认为非规约性隐性否定言语行为所传递的会话隐含义是超字面的心智概念意义在体验指导下的整合，所以对其意义的理解和推导过程是一个概念整合（conceptual blending）[①] 过程，其隐含否定义的获得是通过心

① 概念整合是人类把来自不同空间的输入信息有选择地提取其部分意义整合起来而成为一个新概念结构的一系列认知活动。（王正元，2009：11）

智空间对概念整合加工实现的。王正元（2009：41）指出“任何表达形式都是发话者、受话者心中概念的激活，新的意义是话语与话语相互适应情况下动态交融产生的，话语之间的系统关系特点把意义限定为字面编码意义和凸显意义，并指导结构整合空间。句子的编码意义来自语法结构线索的规定，但凸显意义则是语境适应心理认知的呼应。这种‘呼应’是通过心智空间对概念整合加工实现的”。这里说的“凸显意义”就相当于我们的“会话隐含义”，所以受话人对非规约性隐性否定的理解是话语的字面意义和语境多个空间进行融合的一个概念整合过程。

概念整合是心智空间网络动态认知模型的合并。概念整合涉及多个空间的投射，一般输入空间（input space）最少要有两个，还要有一个整合空间（blended space）。在非规约性间接否定言语行为中，受话人对其会话隐含义的推理和整合过程中说话人 A 的话语是输入空间Ⅰ，说话人 B 的话语是输入空间Ⅱ，对交际中的会话隐含义的推理和整合还有一个很关键的空间是背景区，“背景区包含的语言事件、语言事件参与者及环境背景对概念整合呈现空间输入、所指空间输入及心智空间都具有动因作用；背景区是一系列重要语境假设关系话语表征起因影响意义结构过程；这些假设关系是整合网络中的心智空间模型”（王正元，2009：42）。这里提到的背景区主要是指在推理隐含义时所需要的语境。受话人首先会在两个空间中间通过投射寻找最佳关联性，根据关联程度来确定话语是否违反了合作原则，同时把话语放入语境中解读，选取两个输入空间的相关内容进行整合和推理，两个输入空间的信息只有经过心智的选择和匹配整合投射到整合空间，再经过加工和整合才能产生新的意义。此形成过程可以用图 2-1 表示。

我们举例说明非规约性间接言语行为隐含否定义的形成过程，例如：

（13）A 米莱：哎，华子，我可以带上我的狗吗？

B 华子：<u>行，也能添道菜。</u>（电视剧《奋斗》，曾莉 2009 用例）

例（13）中 B 的话语“行，也能添道菜。”从话语表层来看与 A 的话语没什么关系，所以受话人 A 要想理解 B 的话语，必须从把双方话语作为输入信息，从中取寻找最佳关联，这时语境起着至关重要的作用，因为会话隐含义的生成和理解不在于跨域映射，而在于整合空间推理。B 的

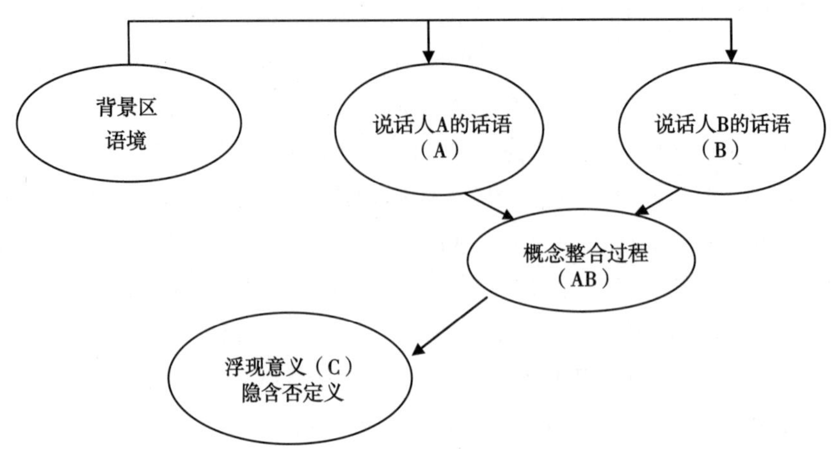

图 2-1 非规约性隐性否定的形成过程

话语是否违反了合作原则中的某一准则需要依靠交际语境和交际意图才能得出，Wilson（2000：514）指出："人们对意义的理解不完全依赖于语言知识，还要依赖发话者意图所据的附带信息、实际意图推理，因为语言意义是对推理的输入。"（转自王正元，2009：41）A 只有把两个输入空间的信息通过心智匹配整合再结合语境通过语用推理才能得出 B 话语表达的隐含否定义。在这个过程中整合空间起着至关重要的作用，它是话语理解者选择、匹配、加工、整合的关键环节。

五 语用功能

非规约性隐性否定作为一种言语交际策略，能传递出直接言语行为所不及的语用效果。它可以起到维护面子、活跃气氛、避免直白产生负面效果等语用效果。

（一）使得表达委婉含蓄

否定性言语行为从本质上来看是一种不礼貌的行为，因为结果是否定对方的观点或拒绝对方的某种请求。所以在一定语境中说话人在表达否定观点时为了使得表达委婉含蓄、遵循礼貌原则、维护对方的面子，会尽力采用间接的表达方式，非规约性间接否定就是说话人为了顾及受话人的面子采取的一种言语策略。例如：

（14）A 早晨一起跑步吧。

B 我习惯晚上跑步。

（15）A 从今天开始衣服开始春节前的大降价，一起抢购去吧。

B 降价都是骗人的，是营销手段。

例（14）B 通过陈述原因来表达拒绝对方的邀请；例（15）B 通过陈述事实来表达否定态度和拒绝对方的邀请。这样既表明了自己的态度又维护了对方的面子，有利于交际的顺利进行。在非规约性隐性否定言语行为中说话人为了维护对方的面子，对礼貌原则的考虑明显高于合作原则，这使得表达更加委婉生动还多了一层言外之意。

（二）提高语言表达效果

非规约性隐性否定言语行为传递的是言外之意，说话人故意不使用直接否定，而采用间接的形式，这样使得语句更加灵活多样，在传递隐含否定义的同时还增加了语言表达的灵活性和生动性，提高了语言表达的效果。例如：

（16）A 记者：按你的说法，大部分娱乐圈新人出道都要遵守所谓的“行规”啦，有没有例外啊？

B 如果是良家女子，不愿意，那就别在这圈里混了呗。（娱乐网 2011 年 9 月 10 日）

（17）A 记者：你有女朋友了吗？

B 张玉宁：我一直想找个女朋友，但是我的老板现在不让我找，让我多花一些心思去踢球。（体育网 2010 年 3 月 2 日）

例（16）和（17）不但传递出了隐含否定义，而且传递了其他相关信息，增加了语言的表达效果。

六　小结

非规约性隐性否定言语行为作为一种语用策略，在交际中起着非常积极的意义，它不但使得语言表达委婉含蓄、礼貌得体，更加增加了语言表达的灵活性，提高了语言表达效果。本章运用认知语言学和语用学相结合的方法对其来源、特征、生成动因和理解机制进行了分析。我们得出其来源是说话人对合作原则的故意违反，而这又是在人类元认知能力的调节和监控下进行的，对非规约性隐性否定言语行为的理解是一个概念整合过程。以上分析方法对其他隐性表达形式在成因和理解机制上有一定借鉴作用，对于研究语言理解机制有一定的启发功能。

第三章　情态动词的隐性否定功能

一　引言

隐性否定的表达类型具有多样性，主要有以下几种：（1）词语内隐含有否定义，如动词“拒绝、后悔、责怪、怀疑、避免”等；（2）语句本身是肯定的，但是依靠语境通过语用推理能够得出否定义；（3）一些特殊句式表示隐含否定，如：假设条件句、感叹句；（4）有些词语进入某种构式表达否定义，如：疑问代词“谁、哪里、什么”用在反问句中；情态动词“能、会、肯、敢”等用在“能/会/肯/敢+不+VP”构式中。袁毓林（2012）对第一类隐性否定做了详细分析，分析了动词内隐性否定的语义层次和溢出条件。外语界对第二类隐性否定运用合作原则和关联理论也已经进行了详尽分析。对于特殊句式和疑问代词表示隐性否定的研究已经取得了一定的成果，如陈艳丽（2007）对隐性否定祈使句从人类认知角度进行了解读；寿永明（2002）、刘睿研（2006）、黄喜宏（2008）、王栋（2009）对疑问词的否定用法从句法、语义、语用多个角度进行了研究。

但是对于情态动词的隐性否定功能还很少有人涉及，主要研究成果有：宋永圭（2007：146—164）对情态动词的隐性否定功能以“能+不+VP”和“能+没+（有）+VP”为例进行了分析；分析得出正向义和负向义的VP都能出现在表反问语气的“能+不+VP”格式里，表达双重否定功能；并把“能”解释为认识情态。把“能+没+（有）+VP”看作“不能没+VP”的等值式。彭利贞（2007：319、347—348）分析得出内部否定“不”和“没有”与“能”同现时，“能”一般会得出认识情态［可能］的解释；并指出一般都用于反问句。如果把反问也看作一种否定意义，这些句子则有双重否定的意味，即疑问语气表达了对［可能］性的否定，形成大致如“不可能没有”这种意义，表达的意义是肯定的。以上有关情态动词表示否定现象的研究在句法和语义上都做出了详细描述，但是没有说明“能”表示否定义和认识情态的动因。本文在“能+不+VP”这一构式框架中对情态动词“能”的隐性否定功能进行分析。

通过语料统计发现，情态动词在“能+不+VP”这一构式中表隐性否定时，能与“能”替换的主要有“敢、会、肯”。本章即以出现频率比较高、有代表性的情态动词“能”作为考察对象，借鉴构式语法理论的框架，分析其表示隐性否定功能时的句法和语义特征；“能+不+VP”构式与构件的互动；分析其表示隐性否定的成因和功能。

二 “能+不+VP”构式中“能”的表义特征

表情态的“能”在“能+不+VP”构式中语义上等值于“不能”，“能”的这种隐性否定义是构式赋予的，属于其语用义。例如：

（1）咱们棉裤“下海”，越游越重；人家“泳装”下水，还有优惠政策保驾，能不领先一步?!（《报刊精选》1994年第6期）

（2）甚至图纸还未画完，只勾勒了个轮廓时，就动工了，这能不乱吗?（《报刊精选》1994年第5期）

（3）“口念弥陀、释迦，心里贪盗欺诈!”听之能不令人痛心?!（元音老人《佛法修正心要》）

例（1）—（3）中的“能”都是表示“不能”的意义，例（1）的“能不领先一步?!”在语义上等值于“不能不领先一步”；例（2）中的“这能不乱吗?”在语义上等值于“这不能不乱”；例（3）的“听之能不令人痛心?!”在语义上等值于“听了不能不令人痛心”。“能”的隐性否定义是在反问句中语境吸收的作用下获得的。

三 “能+不+VP”的句法语义特征及其构式鉴定

（一）“能+不+VP”构式中VP的性质

在“能+不+VP”结构中VP既可以是动词性结构也可以是形容词；

VP 中的动词既可以是自主动词也可以是非自主动词。例如：

（4）期望 20 多岁的年轻小伙，年年月月天天重复单调的工作，能不“喜新厌旧”？（《报刊精选》1994 年第 1 期）

（5）乡土文学最早是鲁迅提出来的，你们发扬鲁迅的民族文化精神，我还能不支持吗？（《报刊精选》1994 年第 1 期）

（6）一头是烦恼时，一头是喜欢时。烦恼来了，心里很痛苦，念佛的人能不忘佛号吗？（元音老人《佛法修正心要》）

（7）人是智慧的动物，期望人像螺丝钉一样永远固定在一点，任凭风吹雨打，能不生锈？（《报刊精选》1994 年第 1 期）

（8）“一个乡政府有 8 个乡长助理，连村委会都设有第一、二、三副主任，凡是带衔的，都要拿补贴。你说，农民的负担能不重吗？”老陆说话的时候有些激动。（宋永圭 2007 用例）

（9）一时老古家竟成了邻里拜访的中心，老古也成了一个众人仰望的对象，翠妮自然更成了一个传奇式的人物，老古能不乐？（张应通《外面的世界》）

例（4）和（5）中 VP 是自主动词；例（6）和（7）中 VP 是非自主动词；例（8）和（9）中 VP 是形容词。这些词的进入说明“能+不+VP”结构表义上具有必然性和必须性，无论说话人主观上是否愿意，“能+不+VP”结构前面表达的事件都决定了“能+不+VP”所表达的结果必然或必须会发生。

（二）“能+不+VP”构式的结构特征

前面分析了“能+不+VP”结构在语义上等值于“不+能+不+VP”结构的语义，但是两者的语用功能上存在很大差异，“能+不+VP”结构强调的是说话人的主观认识、推测和评价，“不+能+不+VP”结构强调的是客观事情之间的关系，前者比后者的主观性更强。两者虽然在语义上等值，但是“能+不+VP”结构传递的“不+能+不+VP”意义与表示客观事情之间关系的“不+能+不+VP”结构在结构划分上是不同的。表示客观义的“不能不 VP”既可以切分为“不能/不 VP”表示道义情态，也可以切分为“不能不/VP”表示认识情态。但是表示主观义的“不能不 VP”

只能切分为“不能不/VP”表示认识情态。“能+不+VP”结构表示认识情态，在语义上等值于“不能不 VP”，所以其结构划分是“能不/VP”。例如：

(10) 无限膨胀的机构和无限增加的官吏！“精简——膨胀——再精简——再膨胀——大精简——大膨胀”，这似乎不可思议，却又是铁的事实，不能不叫人感到莫名的悲哀。(陈桂棣、春桃《中国农民调查》)

(11) 父母都是共产党员，而奶奶是剥削阶级，叔叔眼下又划成了右派，不能不划清界线。(宋永圭 2007 用例)

(12) 父母都是共产党员，而奶奶是剥削阶级，叔叔眼下又划成了右派，能不划清界线。(宋永圭 2007 用例)

例（10）只是表示一种客观事情之间的关系，所以“不+能+不+VP”的结构只能划分为“不能/不 VP”。例（11）中“不+能+不+VP”的结构可以有两种划分可能，当“不能不划清界线”强调的是客观事情之间关系时，划分为“不能/不 VP”，解读为道义情态；当“不能不划清界线”强调的是说话人的主观认识、态度和情感时，划分为“不能不/VP”，解读为认识情态。例（12）中“能不划清界线”表达的是说话人的主观认识和态度，“能不”等值于“不能不”，所以其隐性的否定结构必须划分为“不能不/VP”，解读为认识情态。

（三）“能+不+VP”构式的表义特征

“能+不+VP”结构用在反问语气中，“能”在此结构中表示“不能”的意义，它与“不”构成了双重否定表示肯定义，双重否定和反问语气都起到了强调的作用，它们强调的是“能+不+VP”所表达的事件的必须性或结果的必然性，这种必须性或必然性是说话人的主观推测和认识，所以属于认识情态，此结构隐含了说话人主观上认为必须或必然会发生的肯定义，由此我们推理出“能+不+VP”结构表示主观认定必须义。例如：

(13) 乔里人说，大喇叭就是党总支的嘴巴，党总支说话算数，大喇叭还能不灵！(《报刊精选》1994 年第 1 期)

（14）当别人问到特洛亚对当前的政治是否关心时，特洛亚回答："能不关心吗？撇开了政治，这就等于割断了自己与世界的种种运动间的联系。（《关于亨利·特洛亚的"奇观"》，《读书》总第56期）

（15）阮省长开始有些激动地说："有这样好的人才素质，海南能不兴旺吗！"（《报刊精选》1994年第3期）

例（13）—（15）画线部分的语句中"能"都隐含了"不能"的意义，它与否定词"不"结合构成了双重否定表示必须的肯定义，用于反问句时表示否定义，同时反问语气对这一否定义起到强调作用，双重否定与反问语气的结合凸显了语句传递的主观认定必须义。这种否定义是说话人根据前面情况和内容作出的主观推测，说话人主观上认为"能+不+VP"结构传递的结果一定会发生。

四　"能+不+VP"的构式鉴定以及构式与构件互动

（一）"能+不+VP"的构式鉴定

构式语法理论注重语言结构的整体义和整体义的不可预测性。构式义虽然不是各个组成成分意义的简单相加，但是依存于各成分的语义组合关系。在"能+不+VP"结构中"能"的隐含义是"不能"的意义，"能"与"不"结合构成了双重否定表示肯定义，同时双重否定和反问语气相结合还凸显了说话人的主观情态，此结构提供了独立于语句的构式义，即表示主观认定必须义。此构式义不等于各组成成分意义之和，所以已经是一个典型的构式。

（16）而当你知道，8年前此地还是一片荒滩、荒山和一个农场时，你能不发出"人间正道是沧桑"的赞叹？（《报刊精选》1994年第6期）

（17）教练看了看满桌丰盛的美味，又指了指我和在座的各位，说："天天这种吃法，能不肥么！还减肥，我看你们会越减越肥。"（新民网2011年3月2日）

（18）又有人说："怎么不用钱？花钱路多啦！打日本能不用枪？教人家老叔给咱买几条枪！"（赵树理《李家庄的变迁》）

例（16）中画线部分传递的意义是：你一定会发出"人间正道是沧桑"的赞叹；例（17）中画线部分传递的意义是：不能不肥；例（18）中画线部分传递的意义是：打日本人一定会用枪。它们表面上都是否定形式，可是传递的却是肯定的意义，它们的表义不是组成成分意义的简单相加，已经固化为一个典型构式。

（二）"能+不+VP"构式与构件的互动

构式语法认为，构式与构件之间是一种互动关系。构件的基本性质和功能会影响整体构式义的形成，整体构式义对进入此构式的构件在语义和功能上进行压制（Coercion），使之与整体相适应。第二部分分析"能+不+VP"的句法语义特征都是其构式义形成的基础。关于"能+不+VP"构式与构件的互动主要表现在构式对构件的压制上。压制概念由来已久，最具代表性的是以下两位学者的解释：De Swart（1998：360）：压制是句法上和词法上看不见的：它是由解决（语义）冲突的需要引起的，取决于因隐性句法环境须作另样解释的机制。Bergs&Diewald（2008：12）对压制的解释是，"压制"的概念是指：构式对插入其中的词项的意义施加力量（王寅，2011：337）。该文在 De Swart 对压制定义的基础上对此概念进行了阐释，他认为"压制主要指当词汇义与构式义发生'语义冲突（Semantic Conflict）'或两者不兼容或误配时，此时潜在性句法环境就会产生一个'压制因子（Coercion Operator）'，以使两者相互适应或协同，从而就可对词组和分句作出合理的解读"。

对于"能+不+VP"构式，它主要是压制"能"的表义特征，"能"具有多个义项，但是其语义义没有一项是表示否定义的，但反问句的本质功能是表示否定，所以"能"进入此构式被赋予否定义，"能"被赋予否定义后与后面的"不"构成了双重否定表示肯定的意义。反问句是肯定形式表示否定义，否定形式表示肯定义；"能"与"不"构成双重否定表示肯定在反问句中表示"不能"的否定义，通过整个构式可以推导出肯定后面 VP 结果的必然性或事件的必须性。"能"的否定义是构式赋予的属于语用义，"能"在其他构式中不具有否定义。例如：

(19) 每一个和每一个不一样，连面条现在也能做成一桌面条宴，世界是那么日新月异地发展。（王朔《一半是火焰，一半是海水》）

(20) 冯晶晶挣扎着坐了起来，着急地说，“你不能生病！你病了那怎么办呢？”（沈贻炜《师范生》，宋永圭2007用例）

(21) 马老先生在伦敦三四个月所得的经验，并不算很多：找着了三四个小中国饭铺，天天去吃顿午饭。自己能不用马威领着，由铺子走回家去。（老舍《二马》）

(22) 他从前为人虽说不好，现在只要他不反对我们的主张，我们能不叫人家救国吗？（赵树理《李家庄的变迁》）

例（19）中“能”处于“S+能+VP”构式中表示“可能”的意义；例（20）中“能”处于“第二人称+不能+VP”构式中，表示情理上的许可；它们都不表示否定义。例（21）中“能不”不处于反问句中，不处于“能+不+VP？”构式中，所以“能”不表示否定义，表示可以义；例（22）中“能”处于“能+不+VP？”构式中，“能”表示“不能”的否定义，其否定义是此构式压制的结果。

五 “能+不+VP”构式化的动因和机制

（一）“能+不+VP”构式化的动因

促使“能+不+VP”构式化的动因主要来自语言的使用过程，在语言的使用过程中说话人的话语多多少少总会带有自己的主观态度、情感和认识，这些主观性会在语言表达中留下烙印。再是语言表达的经济原则也促使了“能+不+VP”构式的形成，经济原则要求在语言表达中尽量使用简单的语言，在保证语言信息有效传递、交际顺利进行的前提下，尽量使用简洁缩略的表达方式。上文已经分析“能+不+VP”结构与表示认识情态的“不能不+VP”结构在语义上是等值的，那为什么存在两种表义相同的结构？这不符合语言的经济原则。我们认为“不+能+不+VP”结构被解读为认识情态时，是表示道义情态的“不+能+不+VP”向“能+不+VP”转化的过渡阶段。“不+能+不+VP”结构在表示道义情态时是对客观事实的叙述，其结构划分是“不能/不 VP”；当说话人在使用“不+能+不+VP”结构时把自己的主观情感和态度传递出来时，“不+能+不+VP”结构划分为“不能不/VP”，这时“不+能+不+VP”结构解读为认识情态。在语言表达经济原则的驱使下，“不+能+不+VP”结构中“不”脱落；在语言表达主观性的作用下，把“能+不+VP”加上反问语气，反问语气属于超音段音位符合语言表达的经济原则，又能起到强调作用，反问句表达否定的功能给“能”表达否定义提供了语境，在语境吸收的作用下使得“能”具有了隐含否定义，这样表达主观认定必须义的“能+不+VP”构式就形成了。“能+不+VP”构式比“不+能+不+VP”构式不但在形式上更加简洁，并且其双重否定表示肯定再加上反问语气所以强调义更强、更能凸显说话人的主观情态。这样“不+能+不+VP”构式和“能+不+VP”构式就在表达主观情态上存在差异，“不+能+不+VP”构式更多用于表达客观必然义，“能+不+VP”构式只能用于表达主观认定必须义。例如：

(23) 这种正义的威力，能够迫使一个人不能不承认自己的错误。(鲁迅《一件小事》)

(24) 我是比较幸运的人，在北京没吃过太多的苦，就取得了这样的成绩，这不能不让别人觉得我“运气好”。(卞庆奎《中国北漂艺人生存实录》)

(25) 已是阴历三月初的天气，赵子曰本着奋斗的精神还穿着在天津买的那两件未出“新”的范围的衣裳，在街上缓步轻尘的呼吸着鼓荡着花香的春风。驼绒大袄是觉着有些笨重发燥了，可是为引起别人的美感起见，自己还能不牺牲一身热汗吗！(老舍《赵子曰》)

(26) 二狗不语，田麻子忽然害了怕。假若梦莲嫁了二狗，而又发现了她的父亲与一山都是他——田麻子——给害的，她能不鼓动着二狗来收拾他吗？他恨不能一拳把自己打死。(老舍《火葬》)

例（23）中“不+能+不+VP”构式是一个客观叙述，解读为道义情态；例（24）中“不+能+不+VP”构式带有了说话人的主观情感和推测，可以作道义情态和认识情态两种解读；例（25）和（26）中的“能+不+VP”构式只能解读为认识情态，具有主观强调的功能，比例（23）和

（24）表示肯定义的强度上更加强化，结构更加简洁。

（二）“能+不+VP”构式化形成的机制

“能+不+VP”构式化形成的机制主要来自语言系统内部，主要是在语境吸收、语用推理和结构固化的作用下形成的，以上三个方面在构式化的不同阶段起作用，语境吸收主要是构式化的早期起作用，语用推理主要是在构式化的早期和中期阶段起作用，结构固化在构式化的最后阶段起作用。

在“能+不+VP”结构中构式化的开始阶段，“能”表示“不能”的否定义主要是语境吸收形成的，“能”只有在反问语气中才能表示否定义，“能”在其他环境中即使和“不”结合也不表示否定义、不能构成双重否定。“能”在反问语气中表示“不能”，再与“不”结合构成双重否定表示肯定义。当“能+不+VP”这一结构开始使用时，人们在理解时需要语用推理才能得出“能”的隐性否定义，才能进一步得出双重否定表示肯定的语义，当这一结构反复被使用时，人们在理解时推理步骤就会简化，听话人在特定语境中一听到就会得出其隐含义。当这一结构被广泛使用时它的表义特征就会固化在人们的大脑中，理解时就不再需要语用推理，这样这一结构在语言表层就固化为一个典型的构式。例如：

（27）我一个老婆子死了有什么关系呢？只要后代有好日子过，孩子们能不吃苦，我反正活不长，拼上这把老骨头，还怕什么！（冯德英《苦菜花》）

（28）他们都是两条腿走路的畜牲！为自己，能不要亲生爹娘；为自己，能把老婆孩子卖掉……（冯德英《苦菜花》）

（29）“是的是的，我知道，我们共事近三十年了，我能不了解你？你看，一晃，快三十年了。”（李国胜《笔误》）

（30）我早就说过，城里猪肉吃不了，在仓库撂了好几年，能不有点味么！不是肉多了，干吗割尾巴不让咱们养猪。（郑万隆《古道》）

例（27）和（28）中“能”和“不”结合，但是不在反问语气中，所以“能”不表示否定义。其结构划分为“能/不VP”。例（29）和

(30) 中的“能”用于反问句才具有否定义，其结构划分是“能不/VP”，“能”与“不”构成双重否定表示肯定，与反问语气一起起到强调功能。在例（29）和（30）中“能+不+VP”已经固化为一个典型的构式，其构式义是强调主观认定必须义。这一构式形成以后不但可以用于反问句也可以用于感叹句，如例（30）“能不VP”在感叹句中“能”也表示否定义。

六 “能+不+VP”构式的语用功能

反问句是一种特殊句式，以否定形式出现时表示肯定的意义，以肯定形式出现时表示否定的意义，它是一种无疑而问。“能+不+VP”构式不但是双重否定表示肯定，再加上反问语气，所以它在凸显说话人的主观情感和态度、强化语气、表达委婉等方面具有很强的效果。

（一）凸显主观情态

“能+不+VP”构式在表义上具有很强的主观性，凸显了说话人的主观看法、情感和态度。后面“VP”既可以是已然事件也可以是未然事件，“能+不+VP”构式表示的“不能不VP”语义义是说话人主观上认为的，是一种认识情态，所以其构式主要体现了说话人的主观情态。“能+不+VP”构式中“能”的隐性否定用法比“不+能+不+VP”更具有主观性。例如：

(31) 最可怕最烦人的是我们个体户当中的那些个不三不四的人物，跟你实说了吧，什么玩女人，聚赌，仗着有钱拿老实人开涮。乌烟瘴气的，他们老找我来，我能不敷衍着他们吗？（刘心武《兔儿爷》）

(32) “……你听听，这些话多伤人哟！她还不告诉我双贵的地址。你想想，我能不来么？只有这一条路。我要见双贵，让他亲口说……”（叶楠《祝你运气好》）

(33) 像猫眼司令、毛驴太君、猪头小队长和高铁杆儿这些吃人不吐骨头的家伙，谁能不防备着他们的报复呢？他们既然还活着，能不再来杀人吗？（刘流《烈火金刚》）

(34) “我下五连代理指导员，宣完誓就要领着大家上飞线区施

工，你说，我能不去吗?”（李斌奎《天山深处的“大兵”》）

例（31）和（32）中VP部分是已然事件，“能+不+VP”构式凸显的是说话人的主观看法和态度。例（33）和（34）中VP部分是未然事件，“能+不+VP”构式凸显了说话人的主观推测和认识。它们在传递信息的同时也都传递了说话人的主观情态。

（二）强化语气

汉语中的肯定义既可以用一般的肯定句表示，也可以用双重否定句表示，一般肯定句属于客观肯定，而双重否定句带有说话人的主观情感和态度属于主观肯定句。在“能+不+VP”构式中不但是双重否定表示肯定义，再加上反问语气，使得“能+不+VP”构式肯定义更加凸显，语气更加强化，强调了VP所表达事件的必须性或结果的必然性。例如：

（35）我耽误十年，比他们工资少三级，总也赶不上去，你说我能不气、不冤吗?我心里那个气，就别提了。有时气得直“卷”大街。（冯骥才《一百个人的十年》）

（36）在上海，我前天在报上念的，有个老太婆倒在街上了，中国人全站在那里看热闹，结果是叫个外国兵给搀起来了；他们能不笑话我们吗！我——我说到那儿去啦?（老舍《二马》）

（37）网巾扎好：把眉毛吊起多高，眼睛挤成两道缝，而且脑门子发僵，有些头昏眼花。可是，他咬着牙往下忍，谁叫古人爱上脑箍呢，唱戏的能不随着史事走吗?牺牲的真精神?（老舍《赵子曰》）

例（35）—（37）中“能+不+VP”构式表达的肯定义比一般肯定义语气更加强烈，语义上更加强调，强调了VP所表达事件的必须性和必然性。这种必须性和必然性是说话人主观上认定的所以比一般肯定义更具有主观性。

（三）表达委婉语气

“能+不+VP”构式不但能强化语气，在一定的语境中也可以起到委婉的修辞效果。当前后语句具有因果或转折关系时或“能+不+VP”结构表义上具有申辩性或商议性时，用“能+不+VP”结构比一般的肯定句更加含蓄，使得话语留有一定的余地。如果“能+不+VP”结构在表义上具有猜度或推测时，语气比使用一般的肯定句显得更加委婉。例如：

(38) 我开着车，她在路边扬着手，像棵风中的小白杨。我能不刹车吗？她可怜巴巴地央求我捎上她。(叶楠《祝你运气好》)

(39) 别看孙守备激烈蹦跳的说，他心里明白自己的真意。他作过以军职兼民事的守备。打官司？笑话！真要人们认真的打官司，法官们早另谋生活去了。孙守备明白这个，那么老张能不明白？(老舍《老张的哲学》)

(40) 大妹妹也难，自古有“伴君如伴虎”的话，你没听过是怎的？再，你能不明白，咱们损了可儿，还经得起折你大妹妹吗？(刘心武《秦可卿之死》)

例（38）中“我能不刹车吗？”具有申辩性；例（39）中“那么老张能不明白？”具有推测性；例（40）中“你能不明白”具有商议性和衔接前后话题的功能，以上表义特征用“能+不+VP”构式表达比一般肯定句更加委婉含蓄，给听话人留有一定的余地和面子。

七　小结

本章从构式语法理论的角度出发，通过对“能+不+VP”构式分析得出，“能”在此构式中表示“不能”的否定义，这一否定义是隐性的，是依靠构式整体义才能推理出来的，属于“能”的语用义。通过分析得出“能+不+VP”这一构式表示主观认定必须义，这一构式的整体义压制了“能”在此构式中的表义特征。“能+不+VP”构式的形成动因主要是语言使用中主观性和经济原则；其形成机制主要是语境吸收、语用推理和结构固化。“能+不+VP”构式具有凸显主观情态、强化语气和表示委婉的语用功能。对“能+不+VP”这一构式的分析，加深了我们对“能”表义多样性的认识，这一构式中的“能”也可以用情态动词“敢、会、肯”代替，它们进入此构式也具有隐性否定义。所以对此构式的分析使我们进一步深化了对情态动词表示隐性否定功能的认识。

第五篇　否定性话语标记

第一章 否定性话语标记研究概述

一 话语标记

话语标记（discourse marker）最早由Zwicky（1985）提出来，但是没有做详细说明；Schiffrin（1987）正式对话语标记这一语言现象进行了详细解释说明，使得话语标记开始受到语言研究者们的关注；Fraser（1996，1999）和Traugott & Dasher（2002）等都对话语标记的性质、来源、形成机制等进行了分析。汉语学界较早研究话语标记的是方梅（2000），她研究了从连词到话语标记的过程。由于翻译版本不同以及研究视角的差异，对话语标记有很多称为：语用构式、语用标记语、话语标记、话语联系语、插入语、逻辑词、线索短语、关系短语、情态小品词、小品词、策略语、话语提示语等，我们选择了学术界普遍接受的“话语标记”这一说法。

根据Fraser（1996，1999）、Traugott & Dasher（2002）、方梅（2000）、董秀芳（2007）等研究，话语标记在句子中主要起到语用功能，表达非命题意义，对话语交际具有调控作用。我们总结了话语标记主要具有以下特征：（1）不是一个独立的句法范畴，不传递命题意义，即不影响语句命题的真值条件。（2）在韵律上具有独立性。（3）表达的是程序义，即对语句的组织和交际具有调控作用。（4）表现形式主要有词、短语和短句。因为话语标记不影响语句命题的真值条件，属于语用范畴，所以我们把表示否定的话语标记放入了语用否定范畴进行研究。

二 否定性话语标记的分类

我们根据否定性话语标记是否含有否定标记词：没（有）、不、别、莫、少、甭等，把其分为隐性否定性话语标记和显性否定性话语标记。

（一）隐性否定性话语标记

隐性否定性话语标记是指话语标记本身不带有否定标记词：没（有）、不、别、莫、为、少、甭等，但是表示否定义，如至于吗、何苦呢、何必呢、拉倒吧、得了吧、管他呢、算了吧、鬼知道、去你的、才怪呢、还说呢等。例如：

（1）当听说娟子做掉了他们的孩子的时候，他对她的内疚立刻就少了许多，怨怼代之而起。至于吗，这么绝这么狠这么的不留余地？他父母知道她怀孕的那天起就开始做准备了……简直是无知，无理！（王海鸰《中国式离婚》）

（2）她跑进花园里去一定是要趁我严厉的父母不在家，钻进马林果丛中去，或者去摘甜樱桃吃！既是这样，那么我，管它呢，也去吃那些甜樱桃！于是我便丢下习题书，跑进花园里。（契诃夫《齐诺琪卡》）

（3）"国古代屯垦戍边的国策又作何解释呀？"我不屑置辩地咯咯一笑，鬼知道，他也回以大笑。我敢向毛主席保证，有生以来，我还没听过这种笑声。（李斌奎《天山深处的"大兵"》）

（4）"那会儿追我的女的是不是特多，你帮我想想，哪个追我追的最厉害，打着铺盖卷要跟我归堆儿。"

"没见过这号的。光见你扛着铺盖卷儿在车站东瞅西瞅没人搭理你。""得了吧，我那会多有魅力呀，那会儿没阿兰·德龙，大家全看我。""是吗？"许逊扭头问他媳妇。（王朔《玩儿的就是心跳》）

例（1）中"至于吗"是"不至于"的意思；例（2）中"管它呢"是"不用管它"的意思；例（3）中"鬼知道"是"没有人知道"；例（4）中"得了吧"是不赞成这一说法，给予的否定性评价。以上例子虽然没有否定标记词但是都是表示否定性评价和主观情态。

还有一些是带有疑问词表示否定义的话语标记。如谁知道呢、说什么呢、哪儿的话、哪里的话、哪里啊等，例如：

（5）裤管上镶着黑边。黄麂皮软底平口鞋，鞋帮上还洒了金点。这一套打扮似乎在三十年代的月份牌上见过，也许就是费亭美当年的嫁衣，谁知道呢。奇怪的是这一套四旧服装倒没有被红卫兵抄出来烧掉，老年人藏东西往往会藏得谁也找不到。（陆文夫《人之窝》）

（6）据我看来，那姓范的终就没有诚意。他要看电影，就为着懒得跟我们应酬。看完了戏，他不是就想溜么？四奶奶忍不住插嘴道："哪儿的话，今儿的事，一上来挺好的，要不是我们自己窝儿里的人在里头捣乱……"（张爱玲《倾城之恋》）

例（5）中"谁知道呢"是"没有人知道"的意思；例（6）中"哪儿的话"也是表示否定性态度。这类疑问句已经演变成表示否定义的话语标记了。

（二）显性否定性话语标记

显性否定性话语标记是指话语标记本身带有否定标记词：没（有）、不、别、莫、为、少、甭等，它们表示否定性情态。如别提了、甭说、别价、别说、你少来、不是、不料、不对、不想、不像话等。例如：

（7）……听没听说过关于夫妻间三种背叛的说法？宋建平闻此绝望地闭了下眼睛。林小枫一笑，显然你是听说过的了，你从刘东北那个小流氓身上还真学到了不少的东西。别说，那小流氓别的方面我不敢恭维，但是这话，他说得有理！真理！绝对真理！（王海鸰《中国式离婚》）

（8）如果要把那几个学生当作共产党从许家大院里抓出去，就得早点下手，如果等共产党打过了长江，你还去抓谁？不对，吴子宽转过来一想，这抓共党的办法实在是种妇人之见，是顺着胖阿嫂的思路过来的。（陆文夫《人之窝》）

（9）司马蘋平生不为势力折腰，今日却要拜谢二位的赐教。黑白无常一见司马蘋要跪下去，急忙搀扶起来："别价，不敢当，不敢当。您是秀才，是有功名的人，我们是无名小卒，岂敢承受。您瞧我们哥儿俩跟您罗嗦这么半天，耽误了不少时候，咱们还是办正事要紧，以后有空再闲聊啊。说着说着就到了，甭客气，进去吧。"（《中

国传统相声大全》)

例(7)—(9)都是传递了发话人否定性态度，在语句中都不表达命题意义，主要起到语用功能，已经是典型的话语标记了。

三 否定性话语标记形成的动因和机制

话语标记是句法上的非强制成分，有无不影响语句的真值条件，其使用动因是说话人想传递更多的主观情态，所以话语标记形成动因主要是语言表达的主观性和交互主观性。话语标记的形成过程一般还经历了词汇化→语法化→标记化这样一个虚化过程。

(一) 形成动因：语言表达的主观性和交互主观性

在交际过程中话语都是具有主观性和交互主观性的。“说话人在说出一段话的同时表明自己对这段话的立场、态度和感情，从而在话语中留下自我的印记。”(参看 Lyons，1977：739；沈家煊，2001)说话人在交际过程中不但要传递命题信息和主观情态，有时也得顾及受话人的心理和面子，所以说在交际过程中还会具有交互主观性。“交互主观性指的是说/写者用明确的语言形式表达对听/读者‘自我’的关注，这种关注可以体现在认识意义上，即关注听/读者对命题内容的态度；但更多的是体现在社会意义上，即关注听/读者的‘面子’或‘形象需要’。”(Traugott，1999；转引自吴福祥，2004)吴福祥(2005)指出：“话语标记表达的是说话人(对话语关系以及言谈事件中受话人地位)的主观态度，本质上是语言中‘主观性’和‘交互主观性’标记，而这正是语法化和‘主观性’研究的极好课题。”话语标记都是说话人传递主观情态的一种手段，都具有主观性和交互主观性，也正是在这种语言表达主观性和交互主观性的驱使之下才使得某些词语或短句进一步语法化和标记化成为典型的话语标记。例如：

(10) 同学言归正传：“今天找你主要是拜谢，还记得前年你给我寄的生日贺卡吗？帮了我的大忙。当时我正准备参加‘西贝柳斯国际小提琴比赛’，苦于找不到合适的曲目，我打开你寄来的贺卡，

顿时来了灵感……”我大惑不解：“至于吗？那无非是一曲《祝你生日快乐》的小调，满世界都知道的。”（胡瀚霖《音乐之谜》）

（11）“你又来了，或许那个人是梅芯的什么亲戚呢？”

“得了吧，你要是看见她的神色就知道她一定是心怀鬼胎了。你一定得找她谈谈，让她赶快刹车。”（白帆《寂寞的太太们》）

以上例句是说话人为了传递主观情态采用的一种表达手段，去掉这些话语标记并不影响语句的真值，添加上这些话语标记，更能体现言语交际的主观性和交互主观性，使说话人的情感和态度更能凸显出来，所以语言表达的主观性和交互主观性是话语标记产生的动因。

（二）机制：词汇化和语法化

吴福祥（2005）指出：“其历史演变过程清晰地显示，话语标记的产生也经历了与词汇语法化相同的语义演变（泛化、主观化）‘去范畴化’（decategorilization）、重新分析、语音弱化等过程，并且也呈现单向性和渐变性特征。因此，话语标记的产生也是一种典型的语法化现象。”（Traugott 1995，2000，2003；转引自吴福祥，2005）话语标记不属于句法范畴，是虚化程度很高的、起到语用功能的成分，它们是在词语或短语词汇化和语法化基础上进一步标记化而形成的。

词汇化和语法化是两种不同的演化形式，但是它们在话语标记的形成过程中共同在起作用。词汇化（lexicalization）是指一个短语或由句法决定的其他语言单位在语言的发展演变中其自身变成一个稳定词项的过程。（王灿龙，2005）例如：何苦、算了、管他、拉倒等都是在短语结构的基础上词汇化成词的。王寅（2005）指出：“当代语法化研究可分为狭义（词汇层面、所研究的对象是语言中实词演变成语法标记、语法范畴、语法结构或惯用表达的过程或现象）、广义（涉及语篇和语用层面）、最广义（包括典型的概念结构、事件结构等如何演变为语法手段或构块〈construction〉）三大层次。”我们这里说的语法化（grammaticalization）指的是“语法范畴和语法成分产生和形成的过程或现象，典型的语法化现象是语言中意义实在的词语或结构式变成无实在意义、仅表语法功能的语法成分，或者一个不太虚的语法成分变成更虚的话语成分”（吴福祥，2004）。词汇化与语法化尽管演化形式不同，但是两者有相关性和交叉性，如它们有着相同的演化动因和机制，但是同中也有异，例如词汇化主要是转喻机制在起作用，语法化主要是隐喻机制在起作用。话语标记的形成往往是词汇化和语法化共同在起作用。例如：

(12) A 争什么有？买也买了也，索什么闲厮诞？算了价钱，捡与他钞。(《原本老乞大》)

B 我没有思想准备他会提问我，我也真的没想过我是哪个处的，因为以为阿光那么一说，刘招华如此那么一听，听完也就算了。他这一问，我还必须要回答，可是，我不想骗他说我是哪个处的，所以，我只好反问他，你猜猜看？(胡玥《女记者与大毒枭刘招华面对面》)

C (阿虎) 轻声儿对自己说：“算了吧！船到桥门自会直！忘八才去赶他妈妈的夜市！打碎了吃饭家伙可不是玩的！”(茅盾《赛会》)

例 (12) A 句中“算了”还是一个非句法结构，表示“结算完了”之意；B 句中“算了”已经在词汇化和语法化作用下虚化成一个语气词，相当于“罢了、作罢”，但是这时“算了”在句子中作谓语，不能去掉，因为它表达语句的语义真值，去掉后句子表意不完整；C 句“算了吧”已经语法化和标记化成为一个典型的话语标记了，去掉它不影响语句的真值，它在句子中主要传递语用功能。刘红妮 (2009) 详细分析了“算了”的词汇化过程，文中把“算了”的语义途径概括为：“(非句法结构) 算了$_1$→ (抽象义动词) 算了$_2$→ (语气助词，表情态) 算了$_3$→ (话语标记) 算了$_4$。”同时指出它们是一个词汇化→语法化→进一步语法化的过程。

(13) A 可是可是——陆武桥说：“姐你这是何苦呢？像我和苏素梅，好说好散不也挺好吗？活着更重要。留得青山在，不怕没柴烧。你这么死心眼到底是为了什么嘛！”(池莉《你以为你是谁》)

B “……既然打算跟他在一起，就好好对他嘛！又在一起过，又寻别扭，何苦呢！你这样子，都不像以前的姐姐了，让我看着好害怕呀！”(六六《蜗居》)

例（13）中 A“姐你这是何苦呢”是一个完整的反问句，去掉“何苦呢”句子语义不完整，这时“何苦”虽然已经从非句法结构词汇化成为一个语气词，但是还在句子中作句子成分，还不是话语标记。B 句“何苦呢”已经标记化为一个典型的话语标记了，去掉它句子的语义真值并不受影响，加上它句子更能传递出说话人的主观情感，具有隐含否定功能，传递了说话人的否定态度。

（14）A 额吉！他嚷着，这不，我把白音宝力格交给你啦。他住在公社镇子里已经越学越坏了。最近，居然偷武装部的枪玩，把天花板打了一个大洞！我哪有时间管他呢？整天在牧业队跑。（张承志《黑骏马》）

B 没想到，夏雨得寸进尺，让刘星帮一个忙，帮他感冒。听过帮人干活帮人收账帮人做作业，帮人感冒还是头一遭。刘星想了片刻，管他呢，只要能睡觉，他爱干嘛干嘛。（电视剧《家有儿女》）

例（14）A 中“管他”本来是一个动宾结构，“管”可以作“管教”和“理会”两种解读；在 B 中“管他”已经词汇化成一个连词。“管”已经虚化得没有动作义，只表示“理会”之义了，“他”已经虚化得不指向确切的人或事，已经通过代词并入和“管”粘合成一个整体。常处于反问句中，在反问句肯定形式表示否定的语境吸收作用下形成了一个表示隐含否定的话语标记。

四　否定性话语标记的来源

否定性话语标记的来源具有多源性，其中反问句是否定性话语标记的一个主要来源；还有一些来源于小句或者短语结构。

（一）反问句

反问句是否定性话语标记的一个主要来源之一，反问句肯定形式表示否定意义，否定形式表示肯定意义的特征，使得一些情态副词进入反问句在语境吸收的作用下具有了隐性否定功能，在语言表达主观性和主观化作用下从句子中游离出来，成为一个话语标记。例如至于吗、何苦呢、何必呢、管他呢等。例如：

(15) 临出办公室门，小林又犹豫一下："老孙不会再回来了吧?"

女小彭说："看把你吓的，为入一个党，至于吗！告诉你，他今天去部里听报告，回不来了!"小林放心了，于是又走了。(刘震云《单位》)

(16) 她，每到礼拜六把嘴唇擦得多么红，多么难看？她是英国人，何必呢，何必爱个外国人呢？将来总得回国，她能跟着我走吗？不能！算了吧……(老舍《二马》)

(17) 夏雪当然知道刘星其实在某种程度上还是挺怕自己的，这次为什么要不顾安危给小弟出头，背后一定有原因。管他呢，夏雪心想，我正为事情心烦，这家伙送上门来，正好借他之手来帮我做件事情。(电视剧《家有儿女》)

例 (15) — (17) 中话语标记"至于吗、何必呢、管他呢"都来自反问句，是在反问句语境吸收作用下标记化为凸显说话人主观情态的话语标记的。后面章节将会专门论述。

还有一些带有疑问代词的反问句也演化成了话语标记，例如谁知道呢、谁说呢、说什么呢、哪儿的话等。例如：

(18) 但是在这不可理喻的世界里，谁知道什么是因，什么是果？谁知道呢？也许就因为要成全她，一个大都市倾覆了。成千上万的人死去，成千上万的人痛苦着，跟着是惊天动地的大改革……(张爱玲《倾城之恋》)

(19) "哟，这么说!"她又哼哼哼地笑起来，然后压低了声音，"先生很会恭维女人呃！是经常恭维吧?"

"哪儿的话！这次是身不由己，让吴小姐给煽起来了!"我发出嘿嘿嘿的男人淳厚的笑声。(莫怀戚《透支时代》)

例 (18) 中"谁知道呢"和例 (19) 中"哪儿的话"本来用于反问

句中表示疑问，在语境吸收和语用推理作用下，演化成话语标记表达隐含否定功能。这类话语标记并没有经过词汇化和语法化，是话语语用功能作用下，通过语用推理具有了否定义的。

（二）小句

否定性话语标记有些来源于带有主观情态的小句，例如算了吧、鬼知道、去你的（吧）、得了吧、拉倒吧等。例如：

（20）A 她在排演中喜欢插嘴提意见，偶尔还与导演发生争论（夏莲认为，年轻人这样做太不虚心了）。可是使夏莲困惑的是，她却获得了成功。鬼知道她是怎么迷住了观众的。她总是那么大大咧咧满不在乎。动不动就翘起尖下颏放肆地笑着，在后台常常旋着大裙子到处疯，有时不小心将裙子挂破了。（曾卓《文学长短录》）

B 章竹安耸了耸肩膀：中国使馆拒签的理由，竟然是我在南非总统大选时，有过间谍活动。鬼知道，我根本就没去过什么南非。过了几个月再签，又行了。鬼知道。说着，他又耸了耸肩膀，一偏头看看他身边的新娘。（姜丰《爱情错觉》）

例（20）中 A“鬼知道”位于句子内部，主谓结构，表达命题意义，是“没有人知道”之意；这种说法带有说话人的主观情态，这种主观性作用下使得“鬼知道”从句子中可以游离出来，不作句子成分，专门传递否定性主观情态，如例（20）中 B“鬼知道”不表达命题意义，不是句子的强制性成分，但是有它更能传递出说话人的主观情态，所以是一个典型的话语标记了。

（21）A：他前年从日本回来，捐款建了一所红树林小学。这个人非常有意思，啥时有了空，我把他的事好好对你聊聊。我爸爸好心劝他竟遭抢白，就说：“去你的犟马，好自为之吧你！”（莫言《红树林》）

B“你也会写诗？”秀芬捂着嘴，笑得前仰后合。“怎么？你小看人？这一回呀，你趁早承认甘拜下风吧！”

“什么甘拜下风，去你的吧！你又不是二郎神，长着三只眼，这

一辈别想在我手里抢上风头儿。”秀芬撞了萧金一膀子，笑了。（雪克《战斗的青春》）

例（21）中A“去你的”也表达命题意义，去掉以后句子在表意上不完整。因为“去你的”常常位于句首并且传递说话人的主观情态，这使得“去你的”更容易从句子中游离出来，只具有语用功能，而不表达命题意义，如例（21）中B“去你的吧”已经是一个表达隐含否定的话语标记了。

（三）短语

有一些表示否定的话语标记是在短语词汇化和语法化基础上形成的，例如别说、别价、不料、甭说、少来等。董秀芳（2007）分析了“别说”话语标记形成过程，“别说”是在短语词汇化和语法化基础上形成的。“别价、不料、甭说、少来、不像话”等话语标记功能的形成都是在短语基础上形成的。例如：

（22）A 平时因为工作忙，除了在公共场合和他见面以外，他很少来看我，而我去看他又往往碰上有人来找他，或者就是他不在家；能够象这一次那样从容不迫地两个人坐下来，大事小事一起聊，在抗战后期昆明那种紧张动乱的岁月里，的确是很难得的。（闻家驷《忆一多兄》）

B 当时宋查理想不到还有下雨就取消约定这一说，他气呼呼地喊：“时间，时间！”

“什么时间？你少来这一套！这不是美国，不是军队！时间有的是，今天办不了，还有明天，你急什么？”（程广、叶思《宋氏家族全传》）

C 鲁豫：难道像你不会为艺术献身吗？

黄秋生：让我免费？少来了！我还有老婆小孩要养，我还有一个很大年纪的老妈。（黄秋生《一部烂片让我当了影帝衰了三年》）

在例（22）A中“少来”是一个短语，应该分析为“很少/来”；在B中“少来”是一个词，作谓语；C中“少来了”已经是一个表达否定义的话语标记了，去掉它不影响句子的语义真值，它在句子中起到传递主观情态的功能。

五　否定性话语标记的语用功能

话语标记在句子中不表达命题意义，主要表达程序义和传递主观情态的功能。从语用角度来看，否定性话语标记的适用语境主要用于说话人对事件或别人话语进行否定性评价。在表达否定性评价的同时起到传递主观情态、人际互动和语篇衔接功能。

（一）凸显主观情态

话语标记在句子中起到的是元语言功能，不表达命题意义，主要凸显说话人的主观态度和立场。话语标记辖域的整个语段或句子，凸显了对话语或事件的主观评价、认识和态度。

例如：

（23）女儿那段时间的穿着有些问题，喜欢赶时髦，戴耳环、挂项链，标新立异。我当时就对她讲："拉倒吧，你这身打扮是没人要你做家庭教师的，学生应该大方朴实，学生就是学生，不像学生是不会给人信任感的，人家会认为你不是个好学生。"（新浪博客《怎么修炼魅力女人》）

（24）宇秋：我看你刚买的杀毒软件，借我装装。

曹涤非：呵，你瞧我答应着痛快！你知道嘛，借了你我就得再买一个。

宇秋：至于吗?！我们家那张盘都装了无数机器了！

曹涤非：您那不是正版的吧？

宇秋：哪有什么差别？

曹涤非：差别大了去了，盗版的，差不多就跟废盘一样……（《杀毒软件的疑难杂症》，《科教观察》第342期）

例（23）—（24）都传递了说话人否定的主观态度，去掉它并不影响句子的命题意义，所以它们主要起到凸显主观情态的功能。

（二）语篇衔接功能

话语标记主要起到程序义，即在话语生成中具有组织和调控功能；它会使得前后语句或语段连贯，并且减少话语理解者的话语推理过程。例如：

（25）“怎么这一段这么忙，老加班，以前不这样啊？”丽鹃终于忍不住，没等亚平递台阶过来，自己凑了过去。

“别提了，游戏出了纰漏，被玩家发现了一个大的BUG，几个服务器都开始疯狂刷钱刷装备，游戏的秩序混乱了，我们加班加点在解决。压力大啊……”（六六《双面胶》）

（26）事实上，我是不想看到安妮夫人对我乐意暂时放弃的男孩装扮皱眉头。我越来越喜欢她，不愿意令她失望。

他露齿而笑。“你无法想象我有多么渴望听到你——”

“少来，我可没说我彻底改过自新了。”她咕哝道。（乔安娜·林赛《不可能的婚礼》）

例（25）中“别提了”和例（26）中的“少来”使得语句前后衔接自然，也对话语理解具有引导作用。

（三）隐含否定功能

有些否定性话语标本身并没有否定标记词，但是却表达否定义，所以我们说它们具有隐含否定功能，这些词是通过语法化和标记化成为话语标记的。例如鬼知道、谁知道呢、还说呢、何苦呢、至于吗、拉倒吧等。例如：

（27）“我国古代屯垦戍边的国策又作何解释呀？”我不屑置辩地咯咯一笑，鬼知道，他也回以大笑。我敢向毛主席保证，有生以来，我还没听过这种笑声，……（李斌奎《天山深处的“大兵”》）

（28）“你今天怎么没去？害得我等了半天，傻子似的一个人站在车站，人家都看我。”“还说呢，刚出单位门就碰上一个人，缠着

我没完没了地说话，走都走不开。”（王朔《给我顶住》）

例（27）中“鬼知道”是“没人知道”的意思；例（28）中“还说呢”是“别说了、不要说了”的意思，语言符号表层都没有否定标记词，但是语义深层表达否定义。

（四）人际互动功能

在交际过程中，说话人不但要传递命题信息，同时要顾忌到受话人对话语的理解，常常会采取一定的语言符号或非语言形式来实现人际互动，话语标记就是能起到人际互动功能的一种很重要的表达手段。例如：

（29）你第一稿有些地方催我泪下，我看这稿特意借了手绢，没想到看了一半倒给我看乐了。“你甭说，言情小说能出喜剧效果也不错。”戈玲在一边说。（王朔《修改后发表》）

（30）何宾一挥手：“我不听！事情已经很清楚了，没有什么好说的。”戈玲：“何必呢，老何，听听情况有什么不好，这也有利于你更好地解决问题。”（王朔《懵然无知》）

例（29）中“你甭说”在语句中虽然不表达命题意义，但是起到唤起对方注意的功能；例（30）中“何必呢”表达规劝义，表达没有必要做某事的意思。在语句中去掉它们句子命题意义不变，它们在语句中起到程序义，体现了话语标记的人际互动功能。

六　小结

本章对否定性话语标记进行了概述，首先根据是否带有否定标记词把其分为隐性否定性话语标记和显性否定性话语标记。再者，分析了否定性话语标记形成的动因和机制。否定性话语标记是在语言表达主观性和交互主观性作用下形成的，其形成机制是词汇化和语法化，最后进一步标记化一个不表达命题真值的话语标记；否定性话语标记主要来源于反问句、小句和短语。最后分析了否定性话语标记的主要语用功能是凸显主观情态、语篇衔接、隐含否定和人际互动功能。否定性话语标记是话语中常用的形式，对其来源、形成动因和机制、语用功能的分析有利于我们更好地理解和运用话语标记，还有很多否定性话语标记需要我们进一步挖掘和研究。

第二章　话语标记“何苦呢”

一　前言

“何苦”是口语中一个常用词语，前人对其成词过程已经有所研究，但对“何苦呢”的话语标记特征和功能还无人涉及。对“何苦”比较有代表性的研究有：姜宝英（2008）对“何X”类词研究时，涉及了“何苦”词汇化的条件；罗耀华、孙敏（2010）从词汇化和语法化角度分析了“何必、何苦”的演化过程。以上研究都涉及了“何苦”的词汇化过程，但是对“何苦”的词汇化的动因和机制还值得进一步探讨。对“何苦”的词性都承认是一个语气副词。《现代汉语八百词》（2003：264）对“何苦”的解释是：用反问语气表示不值得，词性定位为副词；李宗江、王慧兰（2011：420）对“何苦”解释为：表示做某事没有意义；定位为情态词。我们根据张谊生（2000a）对评注性副词[①]的界定，把“何苦”的词性定位为评注性副词，表示没必要和不值得的意义。“何苦”常常出现在反问句中构成“何苦呢”，已经标记化。“何苦呢”作为话语标记的用法，尚未引起学界的关注。本章首先分析“何苦”的词汇化过程，然后分析“何苦呢”标记化的动因和机制，并对其语用功能进行说明。

二　“何苦”的词汇化

根据刘红妮（2009）对非句法结构词汇化的定义：汉语非句法结构

---

① 张谊生（2000a）对评注性副词界定：评注性副词在句法上可以充当高层谓语；句中位序比较灵活，可以在句中，也可以在句首；主要是表示说话者对事件、命题的主观评价和态度的。文章把评注性副词从功能出发分为两类：a. 表达传信和情态；b. 表达语气与口气。

的词汇化是指两个没有直接组合关系，而只在句子线性序列上相邻的序列成分经由词汇化而成为一个独立的词的语言演化过程。我们分析得出“何苦”是在非句法结构基础上词汇化成词的。

（一）“何苦”非句法结构连用

从先秦开始，“何”和“苦”就开始连用，但是这时它们是以非句法结构形式出现的。由疑问词“何”和心理动词“苦”构成。连用形式常用于疑问句或感叹句中，表示询问义或感叹义。例如：

（1）虽我之死，有子存焉。子又生孙，孙又生子；子又有子，子又有孙：子子孙孙，无穷匮也；而山不加增，何苦而不平？（《列子卷第五汤问篇》）

（2）人之生也，与忧俱生，寿者惛惛，久忧不死，何苦也！其为形也，亦远矣！（《庄子集解卷六下》）

例（1）中“何苦而不平？”的意思是：“为什么要担心挖不平呢？”例（2）中“何苦也！”的意思是“这是多么痛苦的事啊！”以上例句中“何”与“苦”还是非句法结构连用，“苦”作谓语。

（二）“何苦”副词用法萌芽阶段

在汉代“何苦”还没有成词，但是“苦”后面带的谓词性成分开始增加，“何苦”后面由跟指称性成分变成陈述性成分，为其从非句法结构演变成副词提供了句法环境，当“苦”后面是指称性成分时或用在句末后面直接跟语气词时，它是句子的核心动词，不可能虚化；当“苦”后面有谓词性成分时，它处于状语的位置，这为“苦”意义走向虚化提高了句法环境。例如：

（3）前白良曰：“欲竟何时诣严将军所？”良意下，曰：“我为诈汝耳，当复何苦乎？”（《东观汉记卷七》）

（4）征拜讨虏校尉。灵帝召见，问：“天下何苦而反乱如此？”勋曰：“幸臣子弟扰之。”（《后汉书卷五八》）

（5）与布相望见，遥谓布曰：“何苦而反？”布曰：“欲为帝

耳。”上怒骂之，遂大战。（《史记卷九一·列传第三一》）

（6）吾以义兵从诸侯诛残贼，使刑余罪人击杀项羽，何苦乃与公挑战！（《史记·高祖本纪》）

例（3）中“苦”是句子的核心动词；例（4）中“苦”表示“痛苦”，“何”是表示反问的副词，这时两者连用还是非句法结构。例（5）中“苦”后面出现了动词性成分，这时“苦”可以当作“辛苦地”解，至此“苦”的意义开始虚化，“何苦而反？”其义可解释为“为什么这么辛苦还要造反呢？”“苦”处在状语的位置上为其虚化为副词提供了句法环境。例（6）中“何苦乃与公挑战！”其义可以理解为“为什么这样艰难还要与你直接战斗呢”和“我没有必要与你直接战斗”两种意思，这是“何苦”成词的临界环境。当一个词处于词汇化的临界环境之中时，在语义上会出现语义模糊和不稳定状态。

（三）“何苦”成词阶段

魏晋南北朝时期，“何”与“苦”连用开始增加，出现在反问句中为“何苦”表示“不必要、不值得”否定义提供了可能，也使得“何苦”出现了重新分析的可能。例如：

（7）夏四月，帝自帅中军，泛舟沿流，九日而到甘城。凌计无所出，乃迎于武丘，面缚水次，曰：“凌若有罪，公当折简召凌，何苦自来邪！”（《晋书卷一·帝纪第一》）

（8）处自知为人所恶，乃慨然有改励之志，谓父老曰：“今时和岁丰，何苦而不乐耶？”父老叹曰：“三害未除，何乐之有！”（《晋书卷五八·列传第二八》）

（9）及神武入洛，椿谓贺拔胜曰：“今天下事在吾，与君若不先制人，将为人所制。高欢初至，图之不难。”胜曰：“彼有心于人，害之不祥。比数夜与欢同宿，具序往昔之怀，兼荷兄恩意甚多，何苦惮之！”（《北史传四九·列传第三七》）

例（7）中“何苦自来邪！”可以用两者解读：一是为什么辛苦地亲自前来呢；二是没有必要亲自前来。因为句子最后是感叹号，所以我们把第二种意思作为优选项。这是“何”与“苦”连用从疑问走向反问阶段。例（8）中“何”与“苦”连用出现在反问句中，为其演化出否定义提供了句法环境。例（9）中“何苦”已经可以重新分析为一个副词表示“没有必要”的意义。“何苦”成词和否定义的形成是在反问句语境吸收作用下完成的。根据考证“何”与“苦”在南北朝时界限逐渐消失，开始凝固成一个表示评价义的副词，表示“没必要、不值得”的意义。

（四）“何苦”词汇化成熟阶段

通过语料分析得出，“何苦”副词用法萌芽于汉代，南北朝时已经成词，唐代开始使用频率大大增加并演变成一个典型的评注性副词。“何苦”在反问句的语境吸收作用下词汇化成词以后进一步语法化，语言表达的主观性使其具有了传递主观情态的特征，表示对事件或话语的规劝义，使其成为一个典型的评注性副词。“何苦”副词用法主要表现是：第一，不但用于反问句中，还可以用于感叹句中。第二，可以用“何必”替换。第三，可以与其他副词连用共同修饰后面谓词性成分。第四，表示主观评价。例如：

（10）太学既无非望之恩，又于乡举额窄处增之，则人人自安乡里，何苦都要入太学！（《朱子语类·朱子六·论取正》）

（11）建中初，族侄悦代承嗣领军政，志图凶逆，虑廷玠不从，召为节度副使。悦奸谋颇露，廷玠谓悦曰：尔藉伯父遗业，可禀守朝廷法度，坐享富贵，何苦与恒、郓同为叛臣？自兵乱已来，谋叛国家者，可以历数，鲜有保完宗族者。（《旧唐书卷一四一·列传第九一》）

（12）读书继晷怕黄昏，不觉西沉强掩门；欲赴海棠花下约，太阳何苦又生根？（《西厢杂剧·第二折》）

例（10）—（12）中“何苦”都可以换成“何必”，并且“何苦”后面都可以有其他副词，这里的“何苦”不但表示否定义，也传递了说话人的主观认识和评价。可以说“何苦”已经是一个很成熟的典型评注性副词了。

“何苦”由非句法结构凝固成一个评注性副词，是在语法化和词汇化共同作用下完成的，首先是“苦”的虚化和句法环境的变化，“苦”后面带谓词性成分和处于状语位置，是“何苦”词汇化的关键所在，语言表达的主观性是推动“何苦”词汇化的动因。反问句的语境吸收使得“何苦”具有了“没有必要和不值得”的否定义。“何”与“苦”连用从疑问句→反问句→否定义→规劝义形成了一个连续统，最后“何苦”在词汇化和语法化共同作用下演化成一个典型的评注性副词。

三　“何苦呢”的标记化

当“何苦”处于反问句中，并且后面谓词性成分省略时，构成“何苦呢”格式。“何苦呢”在句子中可以单独使用，它的有无不影响句子的语义真值，它在句子中起到语篇衔接、人际互动或传递主观情态的功能，这时“何苦呢”已经具有了话语标记的功能。下面我们来分析“何苦呢”标记化的动因、条件和机制。

（一）“何苦呢”的话语标记特征

根据 Schiffrin（1987：31）、Fraser（1999）、Traugott&Dasher（2002：154）、方梅（2000）、李佐文（2003）、董秀芳（2007）、乐耀（2011）等研究，话语标记是指序列上划分言语单位的依附成分。话语标记不表达命题意义，能对话语进行组织和调控，主要起到语篇组织和传递主观情态的功能。话语标记已经组块化，其意义不是字面意义的简单相加，还有其隐含的规约义。“何苦呢”在形式上，可以单独成句，与前后句子可以有逗号或感叹号隔开，韵律上独立，前后允许出现停顿；在句法上，不充当句子的句法成分，去掉以后不影响句子的命题意义；在语义上，和句子的真值语义无关；在语用上，主要起到衔接前后语段和凸显主观情态的功能。“何苦呢”已经具有了以上话语标记的特征，也就是说，已经标记化为一个典型的话语标记了。例如：

（13）你知道我是副局长，你也知道副局长毫无实权，何苦呢！先别捣乱，想高明的，想！只要你说出这道儿，我就去，我不怕跑腿；这回干脆不找犬稜，另起炉灶，找沉重的往下硬压。（老舍《东西》）

(14) 咱们已经大破费了，他还是吃得不好，也许挨饿呢。何苦呢？与其请吃不体面的饭，还是不请好。他多半是随说着罢了；他看过你，就算完了。这种人未必有工夫找到咱们家来。(钱锺书《纪念》)

在例（13）和（14）中“何苦呢”已经演变成话语标记，在句法结构上已经组块化，其意义不能拆开来理解；其意义是话语隐含义的规约化，表示“没必要、不值得”的隐含否定义和规劝义；韵律上具有独立性，前后可以停顿；在语义上具有很强的主观性，主要传递说话人的主观情态，所以在此“何苦呢”已经是一个典型的话语标记了。

（二）“何苦呢”的语境适切度

“语境适切度，即说话人在什么语境条件下会说这样的话，又是怎么说的。”（吴为善、夏芳芳，2011）话语标记“何苦呢”的语境适切度是：当说话人觉得交际对方的话语或行为是不适宜的或没有意义、价值时，对对方话语或行为进行规劝和否定性评价。其前面的话语或描述的事件是说话人评价的对象，是不好的或是不期望发生的事件；其后面内容是说话人提出的建议或者反对的理由。例如：

(15) 苏东坡怀古怀错了地方，现在我们再跑去认真凭吊，说得好听一点是将错就错，说得难听一点是错上加错，天那么热，路那么远，何苦呢？(余秋雨《苏东坡突围》)

(16)“赵，你饶了人家老李吧，何苦呢，人家怪老实的！”吴先生沉着气说。(老舍《四世同堂》)

例（15）中“何苦呢”在自述句中主要传递的是说话人对整个命题的主观评价。例（16）中“何苦呢”具有规劝和主观评价两种意思，后面内容是说话人给出没有必要做某事的理由。这里“何苦呢”主要起到人际互动和凸显主观情态的功能。

话语标记“何苦呢”还可以用于说话人对自己的规劝，当说话人对话语或事件不满或者无奈时，常常会使用“何苦呢”进行自我劝慰，这时主要凸显说话人的主观情态，体现了语言表达的主观性。例如：

(17) 多见一个人多减去我对“理想的人”的一分希望，多看一个机关多使我落几点泪，何苦呢！小蝎是可佩服的，他不领着我来看，也不事先给我说明，他先叫我自己看，这是有言外之意的。(老舍《四世同堂》)

(18) 就这么大咧咧的瞎混吧：没饭吃呢，就把车拉出去；够吃一天的呢，就歇一天，明天再说明天的。这不但是个办法，而且是唯一的办法。攒钱，买车，都给别人预备着来抢，何苦呢？何不得乐且乐呢？(老舍《四世同堂》)

例（17）—（18）中“何苦呢”都是说话人在规劝自己没必要做什么的意思，凸显了说话人自己那种无奈和否定的态度。

(三)“何苦呢”标记化的动因

“何苦呢”演变为话语标记是语用化的结果，其演变动因来自于语言系统外部，主要是来自语言使用者在语言表达中的元认知意识和主观性。“元认知是指认知主体利用元认知知识和元认知策略对认知过程所进行的调节和监控，在语言交际过程中发挥着重要作用。”（李佐文，2003）说话人在语言表达过程中会利用元认知知识和元认知策略对所说出的话语进行监控和调节，使得交际能够顺利进行，这时会采取某种表达手段或结构形式，话语标记是元认知监控下的产物，也是元认知的表现形式。同时语言都具有主观性，为了表达主观性说话人也会采用某种手段或结构形式，这就会使这些结构形式主观化，“主观化则是指语言为表现这种主观性而采用相应的结构形式或经历的相应的演变过程（沈家煊，2001）”。“何苦呢”是说话人在其元认知监控下为传递主观情态而采取的结构形式，使用过程中在主观化作用下语用化为话语标记的。例如：

(19) 于是产生一种变态心理：“既然疑心我是侦探，我就做一回！”正当他凑近大客厅门钥匙孔去偷听时，忽然又转了念头：“何苦呢！我以老赵的走狗自待，而老赵未必以走狗待我！”　(矛盾《子夜》)

(20) 我挂上个名，把你甩了，何苦呢！我闲也还闲得起，所以不肯闲着的原因，一来是我愿意提拔一些亲友，造成咱们自己的势

力，为咱们的晚辈设想，咱们自己不能不多受点累。（老舍《东西》）

例（19）和（20）中“何苦呢”的出现是说话人为了凸显主观情态所采用的结构形式，去掉它并不影响句子的真值，说话人之所以采用此结构是元认知监控和调节的结果。

（四）“何苦呢”标记化的条件和机制

“语言结构变化的机制，是指一个语言单位发生演变的方式和语言环境条件，它决定了一个语言单位遵循什么样的规律进行演化，机制一般来自于语言系统之内。”（乐耀，2011）“何苦呢”标记化主要是在语境吸收和语用推理作用下形成的，在反问句中“何苦”后面谓词性成分的省略，为“何苦呢”标记化提供了句法环境；反问句肯定形式表示否定义，否定形式表示肯定义，“何苦”没成词属于非句法结构连用时表达询问或感叹之义，当它越来越多处于反问句中时，在语境吸收的作用下就有了否定义，表示“没必要、不值得”之义。“何苦”刚开始出现在反问句中其隐含否定义需要人们根据语境进行语用推理才能得出，随着使用频率的增加，这种隐含否定义就会固化，人们在理解时就不再需要语用推理，这时“何苦呢”就具有了隐含否定义，传递出规劝义和否定性主观评价。“何苦呢”标记化成话语标记以后句法位置很灵活，可以处于句首、句中和句末，在语义上具有非真值性，不表达概念义，主要起到语篇组织、人际互动和主观评价等语用功能。另外，“何苦呢”作为话语标记还有一些变体如“何苦也”“何苦来”“何苦”等。例如：

（21）圆者之转，非能转而转，不得不转也；方者之止，非能止而止，不得不止也。因圆之自转，使不得止；因方之自止，使不得转。何苦物之失分？故因贤者之有用，使不得不用；因愚者之无用，使不得用。（《尹文子·大道上》）

（22）虬至见颙，颙求以己女妻虬。云：“先以结婚，不当再娶。”颙曰：“人神殊道，何苦也！”虬言：“已适有禄位，不合为君女婿。”（《广异记·裴虬》）

（23）但不晓得为什么喜欢沉沦于魔道之中，专干此伤天害理的

事情。纵使一时逃得天谴，久后大数一到，终不能免于雷击，何苦呢？（《八仙得道·第六十一回》）

（24）又拉那孩子过来道：“还不叩谢吴老伯！”那孩子跪下去，他却在孩子的脑后，使劲的按了三下，那孩子的头便嘣嘣嘣的碰在地上，一连磕了三个响头。继之道：“陈太太，何苦呢！小孩子痛呀！陈太太有事请便，这知启等我抄一份之后，就叫人送来罢。”（《二十年目睹之怪现状·第十四回》）

例（21）中“何”与“苦”处于非句法结构中，“何苦”表示询问和感叹之义。例（22）中“何苦”处于反问句中，已经具有否定义但是还不很明确。以反问的方式表示规劝义和否定性评价，表示不值得，不必自寻苦恼之义。到了清代“何苦呢”开始大量出现在反问句中，其隐含否定义已经固化，例（23）和（24）中“何苦呢”已经是一个典型的话语标记了。反问句是话语标记的一个主要来源之一，如“何苦呢”“何必呢”“至于吗”“谁说的”“谁说不是呢”“哪里的话”“谁知道呢”“谁知道”等都是在反问句中固化为话语标记的。“何苦呢”标记化途径可以概括为：短语→评注性副词→话语标记，其中包含了“苦”的语法化、“何苦”的词汇化和“何苦呢”的标记化过程。

四　话语标记“何苦呢”的语用功能

话语标记“何苦呢”在语句中不表示命题义，有无都不影响整个句子的真值，但是它体现了发话人的元认知意识，它对话语的生成和理解起到调控作用，它在语句中主要起到语篇衔接、人际互动、传递主观情态等语用功能。

（一）语篇衔接功能

话语标记在话轮中具有调节作用，使得前后话轮衔接更加连贯。话语标记“何苦呢”在句子中不表示命题义，但是它从程序上对话语的生成具有组织和调控功能，使得前后语句更加连贯，并使得语域之间发生联系，可以避免话轮转换的突兀，使得前后话轮衔接更加自然，减少受话人对话语理解时的推理过程。例如：

(25) 狗子：也随你的便！不吃软的，咱们就玩硬的！

赵老：爽性把刀子掏出来吧！

狗子：现在我还敢那么办？

赵老：到底怎么办呢？

赵老：说话！（怒）

狗子：（渐软化）何苦呢！干吗不接着钱，大家来个井水不犯河水？

赵老：没那个事！（老舍《龙须沟》）

(26) A 他（周仲伟）猛然跳起来拍着手，对陈君宜喊道："你这话对极了……我这份利益宁可奉送给益中公司，中国人理应招呼中国人！得了，我打算马上去找吴荪甫谈一谈！"

B "何苦呢，仲翁！我未卜先知，你这一去，事情不成功，反倒受了一肚子的气！"朱吟秋冷冷地又在周仲伟的一团高兴上浇了一勺水。（矛盾《子夜》）

例（25）和（26）在句子中把"何苦呢"省略掉对命题并无影响，因为它是句子中的附加成分不涉及语句的真值条件；但是"何苦呢"在此出现，体现了说话人对受话人的关注和规劝，体现出了语言交际的交互主观性，使得后面话语不突兀，前后话轮衔接上更加自然连贯。

（二）人际互动功能

在言语交际过程中，为了使得交际进行顺利，发话人在传递信息的同时会借助一些语言或非语言的策略来提示或引导受话人对话语的理解，实现交际过程中的人际互动，这则谓之交互主观性。话语标记"何苦呢"的运用是促进交际顺利进行的一种交际策略，它对受话人的言语和行为具有规劝义，吸引受话人的注意力，是调动受话人参与交际活动的一种语用策略。例如：

(27) 章一伟吼着："我只问事实！我花了钱是为了保护羊群，羊丢了我就要找她算帐！你护在里面算哪一门？我看你巴不得把我的家当全拿去送人呢！"

韦白劝解的说："好了，好了，一伟，为了一只小羊发这么大的脾气，何苦呢！你就饶了这孩子吧，她老老实实的，不像个会偷羊

的！”（琼瑶《寒烟翠》）

（28）梁先生，你把她们置于怎样痛苦的境地！如果你能放弃对我们的成见，这会是一团喜气，你不能放弃成见，那么，未来会发生怎样的悲剧，就非你我可以意料的了！你不妨想想看。何苦呢？以前的悲剧结束，新的喜剧开始，原是多理想的局面！（琼瑶《星河》）

例（27）和（28）中话语标记“何苦呢”的运用体现了语言表达的交互主观性，发话人用规劝的语气传递了自己观点，体现话语标记的人际互动功能。

（三）隐性否定功能

话语标记“何苦呢”从表层形式看没有否定词，但是在反问句语境吸收作用下具有了“没有必要、不值得”的否定义，所以“何苦呢”除了具有语篇组织和人际互动功能外，还表示否定性主观评价，因为其表层形式没有否定标记词，所以称其为隐性否定功能。“何苦呢”表示对前面话语或已然事件的否定性态度，后面说话人提出自己的观点。例如：

（29）奉我父亲的命令而来！想必是强迫你来的吧！何苦呢？古人不愿为五斗米而折腰，你今天就宁愿为一些看护费而降低身分了！（琼瑶《心有千千结》）

（30）可是，你在逃避现实呀！你这样会把自己弄出神经病来的！何苦呢？涵妮已经死了，你为什么要陪葬进去呢？理智一点吧……说不定，你在耶诞节里会有什么奇遇呢！（琼瑶《彩云飞》）

例（29）和（30）中“何苦呢”都是传递了说话人的否定性评价和态度，后面是说话人提出的看法和建议。

（四）凸显主观情态

话语标记在句子中起到的是元语言①功能，凸显说话人的主观态度和

① 元语言最早是由 Tarski 于 20 世纪 30 年代提出的，指用来对目标语（object language）进行描述、评论和观察的语言，即用来描述语言的语言（董秀芳，2007）。

立场，去掉它不影响句子的命题。话语标记“何苦呢”辖域整个句子，凸显说话人对前面话语或某一事件的否定态度和评价，认为做某事是不值得的或没有必要的，所以规劝对方不要做某事；后面内容提出了自己的主张和看法；“何苦呢”使得前后语句衔接自然，减少了受话人对话语理解的推理过程，同时传递了发话人的主观情态。例如：

(31) 我说：“武知县，你是敬酒不吃吃罚酒，何苦呢？今日你犯在我手里，想不交出县印能成么？”（姚雪垠《李自成》）

(32) 反而是蜜蜂，辛辛勤勤地工作，到头来蜜让人类采去，未必自己得益，何苦呢？而且，死的还是会死，好得到哪里？（邹厚虎《愿做蝴蝶》）

例（31）和（32）中“何苦呢”凸显了对前面话语的主观认识和否定性的评价，去掉它不会影响命题的真值。

五 小结

本文主要描述了“何苦”的词汇化和“何苦呢”的标记化过程，“何苦呢”标记化途径可以概括为：短语→评注性副词→话语标记，其中包含了“何苦”的词汇化和“何苦呢”的标记化过程。首先是“苦”的虚化和句法环境的变化；“苦”后面带谓词性成分和处于状语位置，是“何苦”词汇化的关键所在；语言表达的主观性是推动“何苦”词汇化的动因；反问句的语境吸收使得“何苦”具有了“没必要、不值得”的否定义。“何苦呢”标记化动因是语言运用中的元认知监控和主观性；标记化机制是语境吸收和语用推理；反问句为“何苦呢”标记化提供了句法环境。标记化的“何苦呢”在语义上主要是规劝对方不要做某事，在语用层面起到语篇衔接、人际互动、隐含否定和凸显主观情态的功能。研究发现反问句是否定性话语标记的主要来源之一，如：“何苦呢”“何必呢”“至于吗”“谁说的”“谁说不是呢”“哪里的话”“谁知道呢”“谁知道”等都是在反问句中固化为话语标记的。

第三章　话语标记“拉倒吧”的形成和功能

一　引言

“拉倒吧”是现代汉语口语中一个常用语，《现代汉语词典》（第六版）将“拉倒”解释为动词“算了、作罢”：你不去就拉倒。李宗江、王慧兰（2011：479；190）根据以下四个特征把“拉倒”判定为语气词：一、位于句尾，包括分句末尾；二、表达特定的情态意义；三、读音上不能重读；四、是句子命题意义构成中的非必要成分。解释为表示希望某种结果发生。将“拉倒吧”定位为关联语，解释为：第一，表示不同意或不相信对方的说法。第二，希望自己或对方停止某一动作行为。曹旸旸、秦兆平（2012）和蒋协众（2013）对“拉倒吧”从语义和语用功能上进行了分析，把它界定为一个话语标记，但是对其形成的动因和机制没有做深入分析。我们初步推断“拉倒吧”在实际语言运用中已经由一个短语结构演变为一个话语标记，在句子中起到的是语用功能。本章将分析“拉倒”的词汇化和语法化过程和“拉倒吧”的标记化过程，重点分析“拉倒吧”标记化的动因和机制以及语用功能。

二　“拉倒”的词汇化

Brinton & Traugott（2005：144）认为“词汇化（lexicalization）指的是这样一种演变：在特定的语言背景下，语言使用者用一种句法结构或构词作为一种新的实义形式，并且其形式和语义特征并不能完全从结构的组成或构词类型派生或推导出来；经过一定时间的演变，已经词汇化的项目还可能进一步丧失内部的组构性，进一步词汇化”（转自刘红妮，2007）。

“拉倒”是经历了词汇化→语法化→标记化后最后成为话语标记的。现代汉语中“拉倒”存在三种用法：一、述补式短语；二、动词；三、语气词。例如：

(1) 当比赛还有 4 分钟就要结束时，裁判帕巴雷斯卡判恩波利队门将拉倒了 AC 米兰丹麦前锋托马森，判给了 AC 米兰点球，并把对方守门员巴利红牌罚出了赛场。(新华社 2004 年新闻稿)（述补式短语）

(2) 前年的承包费就没交，说是赔了。前任许厂长屁也没敢放一个，就算拉倒了，去年吕厂长上台，就重新找人承包，可是赵明把价钱抬得高高的。(谈歌《大厂》)(动词)

(3) 她把门窗关好又反复检查，然后钻到被窝里，严严地蒙住，就盼望着自己能够赶紧睡着拉倒。（赵瑜《马家军调查》）（语气词）

“拉倒”的连用出现比较晚，在明代首次出现，在从短语到词汇化成词的过程中轨迹不是很明显。根据董秀芳研究：“从历时角度看，述补结构的词汇化开始得比较晚，这是因为述补短语作为一种短语结构类型出现时间就比其他类型的短语晚。”（董秀芳，2011：202）“拉倒”最初是一个述补短语，“拉”表示动作，“倒”表示动作的结果，后面常常可以跟宾语。例如：

(4) 那个敢望着他呲牙笑一笑儿？吊个嘴儿？遇喜欢骂两句，若不喜欢，拉倒他主子根前，就是打。(明《绣像金瓶梅词话・第二十二回》)

(5) 不料老者一手做个千金下坠之势，把他拉倒在地，鞭干中抽出一把锋利尖刀，指着骂道：“乳臭庸奴！老汉在渔阳道上往返五十余年，不知结果多少毛贼！将视我为鸡皮老翁可啖那！”（清《豆棚闲话・第九则》）

当“拉倒”连用经常出现在句尾，并且后面没有宾语，在这种句法环境中，“拉倒”有了词汇化的可能。“拉倒”就由短语形式凝固成一个词，表示“算了、作罢”的意思。其中“拉”和“倒”都失去了原来的单独作动词时的语义，“拉倒”已经凝固成了一个整体，语义也已经凝固，其意义不是语素义的简单相加，所以可以判定为已经成词。这时“拉倒”在句子中还是作谓语，表示人的认知已经从行域发展到知域。这时“拉倒”在语义上已经抽象化了。

(6) 九如忙说道：“叫海姐姐们对你说，看是谁的不是。”紫箫笑道：“夫妻姐妹们说闲话，谁也没有不是，咱们也不用问是为什么事，大家一笑拉倒。有谁不依的，众人罚他个大东道。”(《红楼复梦第五十八回》)

(7) 梦玉道：“我将来也要同琏二哥、宝二哥去出家。”宝钗道：“你若想要出家，再也别要同咱们好，从这会儿就拉倒，你别叫我宝姐姐了。”说着，流下泪来。(《红楼复梦第六十四回》)

例 (6) — (7) 中“拉倒”已经词汇化成一个动词了，表示“算了、作罢”之义，句子中不能去掉，去掉后句子将不完整。“拉倒”在句中还是作谓语，具体的动作义减弱了，意义比较虚化、抽象，后面一般不带宾语了。

“拉倒”演变成动词以后后面常常跟语气词“吧”，这为它演变成话语标记提供了可能，随着“拉倒”进一步语法化为语气词表达情态，并从句子中游离出来，语气词“拉倒”和“吧”叠加在一起强化说话人主观情态，话语标记“拉倒吧”就形成了。

(8)“日子好了，在哪达儿过不一样呀？非得像你们组那几个一样，跑回城里去？……说实话，干啥都是一辈子，过去的事，就拉倒吧！”(张贤亮《绿化树》)

(9) 这块儿太肥，那块儿太瘦；皮厚了，毛长了，满案子的大肉没有一块儿中意。看不上拉倒吧！他又不走，非得要买，要么“你给我便宜点儿？”零钱攥在手心，就是不给零头：“我没钱了。”(陆步轩《屠夫看世界》)

例 (8) — (9) 中“拉倒”还是动词表示“算了，作罢”的意思，只是后面常常跟语气词“吧”，更加凸显了主观情态，也为进一步语法化为话语标记提供了句法环境。

三 “拉倒”的语法化

“拉倒”词汇化成动词后进一步语法化，由实到虚，演变成传递情态的语气词。“语法化（grammaticalization）指的是语法范畴和语法成分产生和形成的过程或现象，典型的语法化现象是语言中意义实在的词语或结构式变成无实在意义、仅表语法功能的语法成分，或者一个不太虚的语法成分变成更虚的语法成分。”（转自吴福祥，2004）“拉倒”随着进一步语法化动作义减弱到一定的程度，“拉倒”就从行域通过隐喻机制演变为言域，这时“拉倒”凝固成为一个语气词，辖域的是整个命题，为进一步语法化为表达情态的话语标记打下了基础。随着语法化程度的加深，“拉倒”内部结构分界就消失了，不能按动补关系分析了，后面不能带宾语了，并且句法位置很灵活。例如：

（10）智能道：“请琏二爷过来磕头。”贾琏笑道：“真是野事！我又不是庵主，给我磕什么头！”智能道：“你是媒人，怎么不要磕头呢？”贾琏道：“拉倒，等着替你们做了媒，拢共拢儿给我磕总头罢。”（《红楼复梦第九回》）

（11）平儿道：“我说了两句，被宝姑奶奶说了一车。拉倒，咱们去睡觉，明日吃你两个一杯酒儿，使得使不得？”（《红楼复梦第七十四回》）

（12）秋瑞道：“那年老太太生日，我也是怄着玩，他也照着这样儿大哭。以后再不敢惹他。”宝钗劝道：“罢呀，拉倒！这么一位翰林老爷，动不动咧着嘴就哭，也不害个臊。”（《红楼复梦第九十六回》）

例（10）—（12）中在句法上“拉倒”完全可以去掉，不影响句子的真值，意思相当于语气词“算了”。刘红妮（2007）认为：“‘算了’是助词中的语气助词一类，也即后来的语气词。”因而可以断定在这里“拉倒”是一个语气词了。这时“拉倒”已经由命题功能转变为言谈功能，由客观意义转变为主观意义。

情态（modality）是语言学中一个重要的范畴，情态在语言中可以通过各种形式表达出来，汉语中语气词、话语标记语、副词和一些小句等都可以表达情态。彭利贞（2007：41）根据 Palmer（2001：24）、Loyns（1977：452）等的研究，把情态①定义为：就是说话人对句子表达的命题的真值或事件的现实性状态所表现的主观态度。并把情态分为认识情态、道义情态和动力情态。语气词“拉倒”在句子中传递的认识情态，主要是传递说话人的否定性态度和评价。例如：

（13）小两口子也难保不变心，加上两家大人不和，弄得面红耳赤，不欢而散，结果是离婚拉倒。（周而复《上海的早晨》）

（14）何应元父子没办法，看看做酒席的，管茶水的，都来了，料想客人不久就到，时间已经来不及，只好叫他把木牌打到后院茅房里，暂时搁着拉倒。（欧阳山《苦斗》）

（15）我是认了命了。我什么也不想望了。抡大锤就是！遇上你大姨爹发脾气，不讲亲戚情分，我也不吭声，悄悄走开拉倒。（欧阳山《三家巷》）

例（13）—（15）中的“拉倒”附在句尾，不参与句子的真值表达，去掉它句子的命题义不会改变，所以“拉倒”已经从知域发展到了言域，是一个语气词了，具有情态功能，凸显了说话人的主观态度和认识。

四　“拉倒吧”话语标记功能的形成

话语标记“拉倒吧”是在语气词“拉倒”进一步语法化基础上形成

① 彭利贞（2007：40—47）根据前人研究把情态类型总结为三种：认识情态、道义情态和动力情态。并将其定义为：“认识情态表达说话人对命题为真的可能性与必然性的看法，或态度，或者说，它表达说话人对一个情境出现的可能性的判断。也可以把认识情态看作说话人的心理状态，即他对有关情境的事实性信念的确定性。道义情态表达说话人对事件成真的可能性与必然性的观点或态度，涉及许可与必要等概念。动力情态表达说话者对一个事件成真的可能性或必要性的观点或态度，与能力或意愿的意义相关。”

的。下面来分析“拉倒吧”的话语标记特征，形成话语标记的动因和机制，以及语用功能。

（一）“拉倒吧”的话语标记特征

前一章已经提到话语标记是指序列上划分言语单位的依附成分，不表达命题的真值语义，在结构上已经组块化，有其隐含的规约义。“拉倒吧”在形式上，可以单独成句，与前后句子可以有逗号隔开，韵律上独立，前后允许出现停顿；在句法上，不充当句子的句法成分；在语义上，和句子的真值语义无关；在语用上，主要起到前后语段的衔接和凸显主观情态的功能。这时已经具有了以上话语标记的特征，也就是说，已经是一个典型的话语标记了。话语标记“拉倒吧”还有一些变体，如“你拉倒吧、拉倒吧你、你拉倒吧你”等。例如：

（16）便向褚一官道：“既这样，不用闹茶了。家里不是有前日得的那四个大花雕吗，今日咱们开他一坛儿，合你二叔喝。”

褚一官说：“拉倒罢，老爷子！你老人家无论叫我干甚么我都去，独你老人家的酒，我可不敢动他……”（文康《儿女英雄传第十五回》）

（17）萧麻子道：“生日的话，素常彼此都问过，装不知道也罢，只是看的冷冷的。”说罢，又看苗秃子。苗秃子道：“与他做什么寿？拉倒罢。”于是两人将银子各分开，抽起去了。（弗兰克·鲍姆《绿野仙踪第五十四回》）

（18）董乐群拍拍胸脯又装起英雄来：“没事，只要我董乐群在，决不会伤你一根毫毛。”

叶莹撇了撇嘴：“你拉倒吧你，到时候准比兔子溜得还快。”（白长信《官场小说》）

从清代开始“拉倒吧”已经语法化为话语标记，如例（15）—（16），清代后面用的是语气词“罢”，现代汉语已经都改成“吧”了。例（16）—（18）中“拉倒吧”都符合上面话语标记的特征，在句中不表达概念义，而是起到程序意义，具有组织语篇和传递主观情态功能。

（二）“拉倒吧”标记化动因

“拉倒吧”是在语气词“拉倒”进一步语法化，然后再和语气词“吧”叠加而成，其语法化的动因来自语篇交际过程中人类的元认知监控和语言表达的主观化，人们在交际过程中会利用已经掌握的元认知知识和元认知策略对交际和表达过程进行监控和调节，使得语言更加顺应语境的需要。同时，语言表达都具有主观性和交互主观性，说话人说出的话语都会表明自己的立场、态度和观点，传递出说话人的主观情感，而这些都会在语言中留下烙印，话语标记就是语言主观性的表达形式。在言语交际过程中，为了使得交际能够进行顺利，在元认知监控下说话人也会采取一些策略关注受话人的注意力或情感，这称为交互主观性。“拉倒吧”是在人类元认知和语言表达主观性和交互主观性作用下形成的一种表达手段，属于语言的元语言用法，传递了说话人的主观情感。一般是劝慰或阻止受话人终止某种行为或话题，或者自我安慰。说话人对语篇的使用和组织的主观意图等语用因素是导致标记化的一个重要原因。例如：

（19）就算是爱情也得回避，康伟业决定。情况太复杂了，一边自己有老婆，又是四十出头的人了；一边是刚刚开放的花朵，新派又时髦，会有什么好结果呢？拉倒吧！（池莉《来来往往》）

（20）我想：还要到四川去，穷家富路，钱也是我所十分缺少的东西。遂问：“你想给多少？”他朝我伸出了一只手。“五元？”他点点头。我一把夺过背心来：“拉倒吧！光我这件背心还是两元多买的呢！”他说：“可你这背心都快破了！”我说：“但它的纪念性是无价的！……”（梁晓声《一个红卫兵的自白》）

例（19）中“拉倒吧”是说话人劝慰自己放弃某种想法；例（20）中“拉倒吧”是说话人阻止受话人放弃买东西的行为。它们是说话人为传递否定性态度采取的一种表达形式，在句子中主要起到衔接话轮和凸显主观情态的作用，去掉后不影响句子真值，只影响对话语关系和说话人主观情态的理解。

（三）“拉倒吧”标记化机制

语言演变的机制一般来源于语言系统之内，语气词“拉倒”演变成话语标记，与它所处的句法环境，和语言使用过程的叠加强化和语用推理有着密切的关系。语气词“拉倒”常常处于句尾的位置是其演化成话语标记的重要句法环境，处于句尾并且不表达语义真值，去掉不影响句子的命题意义，这使得“拉倒”有了游离出来的可能，随着使用频率的增加，“拉倒”开始出现在句首、句中和句尾位置，并且可以单独成句，这就具有了语法化为话语标记的可能。在这里“拉倒”是一个语气词，说话人在使用时又叠加了一个语气词“吧”，这是为了强化。根据 Sypniewski（1996）的研究，张谊生（2011）总结出功能叠加（superposition）理论是指在一定语境中语言表达的基层功能被另一层功能所复叠而导致的新的双层功能。并将叠加分为蕴含叠加式、复置叠加式、交互叠加式三类。“拉倒吧”属于复置叠加式，把两个语气词叠加在一起是为了强化，使得说话人的否定性主观情态被凸显出来。因为“拉倒”在汉语中动词和语气词用法并存，所以“拉倒吧”刚开始连用时受话人需要根据语境进行语用推理才能得出其劝慰义和否定义，随着使用频率的增加，这种劝慰义和否定义就规约化，人们在理解时就不再需要语用推理，这时“拉倒吧”已经演变成一个典型的话语标记了，传递出说话人否定性主观评价和态度，劝慰别人或自己终止某一话题或事件，具有隐含否定义，隐含了“拉倒吧”前面的话语或事件是不合理、不能做的。作为话语标记的“拉倒吧”辖域的是整个语段或语篇，属于语言的元语言用法，从功能上来讲已经转变为言谈功能，从语义上看属于主观意义不涉及命题义，从情态上属于认识情态。所以“拉倒吧”已经语用化为一个典型的话语标记。例如：

（21）老寿并没有泄气，倒反更来了劲，干脆脱了褂子，单穿一件粗夏布的背心，跳上车又要走了。这时候那三个跟来的老头打退堂鼓了，说：“拉倒吧！老寿，咱几个上县里去算是哪门子呀！”（茹志鹃《剪辑错了的故事》）

（22）他不再去追袁天成，却反拉住能不够的胳膊说：“婶婶！拉倒吧！回去吧！叔叔是个老实人，不要再跟他闹了！”（赵树理

《三里湾》）

例（21）—（22）中话语标记“拉倒吧”传递的都是说话人的态度，都是劝慰停止某种不适宜的话语或事件。“拉倒吧”在句子中有利于识别说者所期待的语境和认知效果的程序信息，它的语境适切度是当说话人认为前面句子命题所传递的话题或事件是不适宜的或错误的时，给以劝慰使其停止某种行为，同时传递出说话人否定性主观态度。

五　话语标记“拉倒吧”的语用功能

吴福祥（2005）指出“话语标记是话语或篇章中常见的一种语言形式，其主要功能是表示说话人对话语流中话语单位之间的关系或者言谈事件中受话人角色的态度、视角和情感”。话语标记“拉倒吧”在句子中主要起到建构语篇、人际互动、隐含否定和凸显主观情态的功能。

（一）建构语篇功能

董秀芳（2007）指出“话语标记具有主观性和程序义”。程序义是与概念义相对的，它在句子中主要起组织语篇和衔接语篇功能，不影响句子的命题，去掉它不影响句子的完整和真值。话语标记“拉倒吧”在句子中起到的是程序义，主要起到衔接话轮的作用，用于结束一个话轮，开启一个新话轮，使话轮之间衔接自然。

（23）刘省长，你还不知道吗？这个工程是经书记直接抓的工程，我们能松懈吗？至于你来这里当办事处主任，拉倒吧，我看这里没有人敢用你，那不是大材小用吗？（白长信《官场小说》）

（24）本来女队长可以代替顾凤莲的，但是女队长有点架子，说求亲应该找媒人。舍儿也就顺势推托起来，说：我本来就不想去求嘛！拉倒吧！为这事儿，玉儿妈跟顾凤莲断绝了来往。（戴厚英《流泪的淮河》）

在例（23）—（24）中去掉“拉倒吧”，命题不受影响，所以“拉倒吧”在句子中起到的是程序义，用于组织语篇，使语篇前后更加连贯，话题的衔接更加自然。

（二）人际互动功能

在言语交际过程中，为了使得交际能够顺利进行，发话人不但要把信息传递给受话人，而且要关注受话人对信息的接收效果，所以发话人会根据语境借助一些语言或非语言的策略来提示或引导受话人对话语的理解，实现交际过程中的人际互动，这就是所谓的交互主观性。话语标记“拉倒吧”的运用是促进交际顺利进行的一种交际策略，它就有劝慰义，劝慰对方停止某一动作行为或话语。例如：

（25）“拉倒吧，别白话了！”高警长一挥手说，“今后如果在你这出了事没报告，我告诉你，本警尉（他把补字扔掉了）就让你吃不了兜着走”。（陈玙《夜幕下的哈尔滨》）

（26）到这时，他回来有段日子了，大家也都认识他。在食堂里大师傅劝他；小李呀，拉倒吧。瞧瞧你被人踢的那个地方，不好张扬。（王小波《似水流年》）

例（24）—（25）中“拉倒吧”都表示劝慰受话人停止某一动作行为或话语，“拉倒吧”可以引导受话人对后面话语的理解，体现了语言交际过程中的交互主观性。

（三）隐性否定功能

话语标记“拉倒吧”表示不同意或不相信对方的说法，其表面没有否定标记词，但是隐含了否定义。“拉倒吧”的否定义是在其语法化过程中固化而成的，“拉倒吧”表示一种否定性的主观评价，认为对方的话语或看法是不正确的，所以给以否定，后面说话人提出自己的见解和态度。例如：

（27）程掌柜的说高兴了，接着说道：“他当初是个家趁万贯的阔少爷呀，爹妈一死，烟花柳巷一逛荡，几年工夫就成这个样子了……”

“拉倒吧！他那笔账用不着你给算。”葛明礼一挥手说，“这样

吧，从你们柜上给他拿两套衣裳，让他穿得像个人样……”（陈玙《夜幕下的哈尔滨》）

(28) A 他分辩道：“我这会儿的潜意识，是空白而且干净无瑕的！”

B “拉倒吧！有干净无瑕的潜意识么？尤其你们男人的。”（梁晓声《京华闻见录》）

例（26）—（27）中“拉倒吧”隐含了对对方话语的否定，表示不相信对方的话语，用“拉倒吧”给予评价和反驳，同时后面提出了自己的看法。

（四）凸显主观情态

话语标记在句子中起到的是元语言功能，不表达命题意义，是一个主观性标记语，去掉不影响句子的语义真值，但是有它可以更多地传递出说话人的主观情态。“拉倒吧”传递了说话人否定性的主观评价，有两层主观意义：一是表示不相信对方的话语；二是劝慰自己或对方停止某一动作行为。例如：

(29) 宋丹丹：我想写本书。

赵本山：哎呀，打住。拉倒吧，看书都看不下来写啥书啊！（小品《昨天 今天 明天》，曹旸旸等用例）

(30) 场景：陈蓝捧着一大捧红玫瑰走出电梯，迎面遇到正要进电梯的简佳，简佳自然要盛赞那花，于是陈蓝告诉她是“一个读者托顾小西转交的”。

简佳：“没准是一个暗恋您的人哪。”

陈蓝：“拉倒吧。我不至于连这点自知之明没有。我专门写婚恋情感我还不知道男人？男人对女人的喜爱标准永恒不变——二十岁！……”（王海鸰《新结婚时代》）

例（27）—（28）中“拉倒吧”不但使得前后语句衔接自然，减少了受话人对话语理解的推理过程，同时传递了说话人否定性的主观评价。

六 小结

话语标记“拉倒吧”的形成经历了词汇化→语法化→标记化三个阶段。首先是述补短语“拉倒”词汇化成动词，然后动词在隐喻机制作用下进一步语法化为语气词，语气词“拉倒”和语气词“吧”叠加在一起，从句子中游离出来语法化为一个话语标记。话语标记“拉倒吧”在句子中主要起到程序义和传递主观情态的功能。从述补短语到话语标记“拉倒”经历了行域→知域→言域，经历了由句法成分到功能成分、由行为义到主观情态义、由句法功能到语篇功能的语用化过程。述补结构在历时阶段出现比较晚，“拉倒”作为述补结构从明代开始出现，从短语到词汇化的演变轨迹比较模糊，所以需要历时与共时相结合才能找出其演化理据。对话语标记“拉倒吧”形成过程的描写，可以看到话语标记的形成与词汇化和语法化都有着密切的关系，所以对话语标记的语法化过程和共时用法的概括描写都是我们应该重视的研究领域。

第四章 话语标记“要不”的形成及其语用功能

一 引言

各类词典中对“要不”的释义归纳起来主要有两种：一是在不同的情况下或在其他条件下，与“否则”相同——亦作“要不然”；二是引进与上文交替的情况，表示两者必择其一，与“要么”“或者”相同。以上两种都是“要不”的连词用法，但是目前有关“要不”的用法和意义已经超出了词典中归纳的范围。陈若君（2000）从功能语法的角度出发，从大量口语语料中归纳出“要不”的四类篇章连接功能，它们分别是：(1)逆因性结果；（2）非此即彼性选择；（3）理解性推论；（4）建议性转题。他已经注意到前三种类型具有篇章功能，最后一类具有人际功能。史金生（2005）[①] 通过对口语语料分析归纳出“要不”的四类用法：“要不$_1$”是连词，表示“否则”意义；“要不$_2$”是连词，表示“或者”意义；“要不$_3$”是副词，表示“建议”意义；“要不$_4$”是副词，表示“难怪”意义。钱瑜（2010）在前面两位研究的基础上归纳出“要不”的四个义项：（1）否则义；（2）选择义；（3）建议义；（4）推论义。文章对前两种义项论述比较充分，对后两项没有展开分析。他们分析的角度不同，但是结果是一致的，都注意到目前“要不”有四类用法。本章重点讨论作为话语标记的“要不”的形成过程、句法语义特征和语用功能。

---

① 史金生（2005）分析出来“要不”的四个义项，作为连词表示“否则”和“或者”义，作为副词表示“建议”和“难怪”义；并分析了“要不”的词汇化过程；并指出“难怪”义是从“否则”义演化而来；“或者”义是从“否则”义演化而来，“建议”义又是从“或者”义演化而来。

二 表建议义“要不”

到目前为止还没有文章专门研究“要不”的副词用法，我们认为表示建议义的“要不”虚化程度最高，已经演变为话语标记，在句子中只表示程序意义和人际意义，如果省去它不影响话语的命题意义。以往对“要不”的研究主要侧重其连词用法，分析所在句子的内部逻辑关系，或者其句法位置，以及它的形成过程；还很少有人关注它的话语标记功能，因此对“要不”的研究还缺少概括性和全面性。

表示建议义的“要不”已经演化为一个话语标记，一是说话人认为前面某种状况或做法不妥，从而提出改善的建议；二是蕴含了对其前面不妥状况或做法的否定义。所以前面不妥的状态和做法是提出建议的前提也是否定的对象。

三 话语标记“要不”的句法特征和表义特征

(一)“要不”的话语标记特征

根据 Schiffrin（1987）、Fraser（1999）等的研究，话语标记是指在话语序列上划分言语单位的依附成分，它不具有概念意义，不对命题的真值意义发生影响；它是指示前后话语之间关系的连接纽带；另外，它还可以表明发话人对话语信息的评价、态度、立场等（转自乐耀，2010）。表建议义的“要不”在句法结构、表义特征和语用功能上正好符合以上话语标记的特征：第一，它是话语的依附成分，去掉它话语照样可以成立，也就是说，它的存在不影响话语的命题意义。但是如果表“否则义”“选择义”和“推断义”的“要不”从话语中省去句子将不能成立，因为它们在句子中表示命题的逻辑语义关系。第二，它具有语篇功能和人际功能，它能使前后话语更加连贯更加具有交际互动性，体现了发话人商量、建议、劝告和间接否定的主观态度和交互主观性。“要不”的其他三个义项的语篇衔接功能很强，但是人际功能很弱。第三，表示建议义的“要不”句法位置很灵活，可以位于句首、句中和句尾。“要不”的其他三个义项的句法位置比较固定一般在中间，只有表示“选择义”的偶尔可以出现在句首。所以我们得出表示“建议义”的“要不”既是一个语篇连接成分，又具有明确的话语标记功能。

（二）句法特征

作为话语标记的“要不”属于句子的依附成分，其前后必须有话语成分，“要不”与其前面的话语可以属于同一个话轮也可以是跨话论的，“要不”是前后话语的纽带，指示前后话语的关系；后面话语可以是一个句子，也可以是多个分句，或一个话题链；后面连接的成分无论是哪种形式至少都表示一个完整的未然事件。

1. 句法关系

我们称“要不”前面话语为 X 段，后面话语为 Y 段。“要不”在 X 段和 Y 段之间起到话语连接功能，“要不”后面 Y 段话语表达了发话人的主观建议和看法，其 Y 段是对 X 段话语的否定，因为“要不”在此表示建议义，它是一个话语标记不表示真值语义所以这种否定义是话语蕴含的，“要不”对其 A 段的否定属于蕴含否定，需要逻辑推理才能得出。例如：

（1）女孩说：“父母都死了，家里还有个弟弟，想去梦城找点事干，好挣点钱供弟弟上学，可现在没学历找工作太难了。”我一惊，说：“梦城唐市长是我哥们，要不我给他打个招呼，给你安排个工作？”（陈启文《梦城》）

（2）夏天的时候，有队员们抱怨蚊子泛滥，“一个晚上，腿上被蚊子叮死了”。抱怨的是薛明。俞觉敏立马接话，“要不我给蚊子打个电话，让它别咬你了”。队员们笑成了一堆，“你有蚊子电话吗？”（腾讯网 2010 年 9 月 19 日）

（3）“你难道要我写上‘著、名、诗、人、已、回、全、国、各、地、你、们、不、要、白、跑、一、趟、了’这么多字吗？要不，你替我拟个稿子吧！”诗人一面说，还一面诙谐地掰着手指头算字数。（张贤亮《浪漫的黑袍》）

例（1）和（2）中“要不”前后话语属于不同的话论，“要不”后面 Y 段话语都是表示建议，同时蕴含了对 X 段话语内容的否定；例（3）

中“要不”前后话语属于同一个话论，“要不”后面的话语是对其前面话语的否定。但是“要不”前后话语的否定关系是语义上蕴含的，需要推理才能得出，有时甚至是很模糊的，是对其前面话语表达的存在的状况、做法或主观认识的否定。

2. 句法位置

表建议义的“要不”的句法位置比较灵活，如果在跨话轮中它常常位于句首，在同一话轮中可以用于句首、句中或句末，但用于句末的很少见到。无论在跨话论还是同一个话论中“要不”都起到人际互动和语篇链接的功能。例如：

(4) 彭飞说：“我是学员，现在的任务是老老实实训练，不想刚下部队就整出这么些跟训练无关的事来，出这种虚头巴脑的风头。”安叶霎时惭愧，沉吟了会儿：“要不，我请你吃饭，星期天？”（凤凰网读书频道《成长》）

(5) 她走后，母亲对我说：“要不，哪天，把他俩都找来，我出面，替他们做个主，把他们的事儿定下得了，也算我老了老了，又做了件成人之美的事儿……”（梁晓声《弧上的舞者》）

(6) 李素丽看出小伙子没买票，说：“你可能一时着急找不到票了，要不，你今天再买一张，下车后，你要是找到了，下次坐我的车就不用买票。”（新浪网《李素丽的事迹》）

(7) 她就在我这儿呢，让她自己跟你说，要不。（史金生用例）

例（7）的“要不”位于句末，这种情况比较少见，一般是发话人感觉前面话语过于直接，为了舒缓语气在最后加上“要不”，“要不”前面的紧邻话语也是被建议的内容，表达的事件具有未然性。

（三）表义特征

表示“建议义”的“要不”口语色彩比较浓，从表义特征上来看“要不”后面的话语带有很强的主观性，表示一种委婉的祈使义，“要不”后话语表达的事件是非现实的具有未然性，“要不”在表示对后面Y段事件建议的同时蕴含了否定其前面X段话语的状况或做法。

1. 主观性

表示“建议义”的“要不”作为话语标记其后面的话语具有很强的主观性，“建议义”本来就是发话人的主观看法，传递了发话人的主观情感和认识。再是，对其前面X段话语的否定也是从说话人的主观判断出发的，说话人认为其X语段话语是不适合的或需要改变的才提出进一步的建议。例如：

(8) 他压低嗓门告诉她：“好多这样的，都是公安局派来的——”她瞪了他一眼：“神经病！”可是当晚他们上床以后，她忽然对他说：“要不，咱们主动到派出所报案去，把黄伞交给他们？”(刘心武《黄伞》)

(9) 徐向前稍加思索，坚定而又心酸地说：“我绝不是叛徒，让组织去审查好罗，要不，我们可以离婚，免得你连我，我连你，说不清楚。”(凤凰网读书频道《徐向前传》)

例(8)和(9)中“要不”后面都是发话人的个人看法，具有很强的主观性，传递了发话人的主观情态。

2. 未然性

表示“建议义”的“要不”后面Y语段的话语是发话人的建议，还不是现实中已经发生的事件，所以具有非现实性，具体是否能够转化成现实事件，是由发话人话语的适宜性和受话人的选择性决定的。而“要不”前面X语段的话语都是已经发生或正在发生的事件。例如：

(10) 我也不是不讲理，咱们泥菩萨过河自身难保了，还顾得了那头畜生？要不，咱们表决，少数服从多数，大家都舍得死，何差我姓冷的一个！(孙少山《八百米深处》)

(11) 祥子看着掌柜说：“我今天真的没带钱，要不，我把车押这儿行吗？”(老舍《骆驼祥子》)

例(10)和(11)中“要不”后面的话语表达的只是发话人的主观意愿，属于未然事件，这一意愿是否能实现是由受话人是否答应或去实施决定的。

3. 选择性

“建议义”传递的是一种委婉祈使义，受话人对这一建议具有选择实施或者不实施的权利，所以“要不”后面的话语具有选择性特征。例如：

（12）见我“色眯眯”地盯着她不放，谢云一脸坏笑，问我：“要不，把她介绍给你认识一下?”我用胳膊捣了捣谢云的胸，让他闭上那张乌鸦嘴。（卞庆奎《中国北漂艺人生存实录》）

（13）老爷子的规矩，药丸子不能带出去一粒。要不，让您那朋友上北京来一趟?（陈建功《皇城根》）

从例（12）中我们可以推理出来，受话人选择了拒绝发话人的建议，这样“要不”后面的话语就不能转变为现实事件。例（13）中“要不”后面建议的话语是否能转变成事实，是由受话人的选择决定的。

四 话语标记“要不”的语用功能

作为话语标记的“要不”在语句中虽然不表示命题意义，但是它对话语的生成和理解起制约作用和调控作用，它主要起到组织语篇、传达情态、开启话题、舒缓语气、人际互动等功能。这些功能也体现了发话人的元认知意识，元认知意识在交际中的功能主要是认知主体利用元认知知识、元认知体验和元认知策略对话语的生成和理解过程进行调剂和监控。

（一）语篇衔接功能

语篇衔接功能指的是使话语本身前后连贯，并使语域发生联系的功能。话语标记“要不”的语篇衔接功能主要体现在它在语篇的连贯性上所发挥的作用，它从程序上制约话语的生成和理解，使发话人的话语更加连贯，使受话人能够以较少的心力获得较多的信息，减少受话人对话语理解时的推理过程。例如：

（14）我把桂英带回去了，你和孩子怎么办？这小的还要吃奶。要不，我把两个孩子也带上，你好安心养病。（蔡康《花烛泪诉人间情》）

（15）为的是在家里吃不上，才跑到你这里来，站到大河滩里去喝冷风呀！要不，给你家当个羊倌，求姐姐赏碗面吃吧！（孙犁《风云初记》）

例（14）和（15）中如果没有表示“建议义”的“要不”，前后连贯性就差。“要不”在此不表示命题的逻辑语义关系，但是它对组织话语起到调控作用，增加话语间的关联性，引导受话人理解话语，减少受话人理解话语时付出的努力。

（二）隐性否定功能

话语标记并不对命题的真值意义发生影响，基本不具有概念意义，它作为话语单位之间的连接成分，指示前后话语之间的关系（董秀芳，2007）。表建议义的“要不”在话语中不但连接前后话语成分，还表明前后话语之间的关系。“要不”后面的话语是发话人的主观建议和看法，同时它也蕴含了对“要不”前面话语所陈述的事件或状态的否定，即发话人认为“要不”前面的话语表达的状况、做法是不适宜的，所以进一步提出自己的主观建议和看法，希望对前面话语表达的事件或状态进行修正或改变，其中蕴含了对其 X 语段话语的否定。表建议义的“要不”已经标记化为一种话语标记，其本身并不表示否定义，但是通过句法结构上的特征和功能我们可以推理出其隐性否定功能，并且这种推理属于逻辑推理，不依靠语境，所以话语标记“要不”的否定功能属于规约性隐性否定。例如：

（16）这个节骨眼上，金小枫在一边很温和地插话了，她说公司成立也有一些年头了，公司的重要成员还从来没有去过各自的家中，这应该算作一个遗憾。公司要成长壮大就得发扬公司文化，相聚就是公司文化之一。要不，今年中秋就到她家去过吧……（王唯铭《迷城·伤》）

（17）肖莹说：“外公和外婆是离了婚的，他们不能住一个房间。”哎呀，魏乐不屑地说：“他们这么大年纪了，有什么关系，要不，你劝他们复婚好啦！”（王周生《生死遗忘》）

例（16）和（17）是发话人认为“要不”前面话语表达的事件和状态是不适宜的，所以提出建议想改变已经存在的状态，其中“要不”后面话语蕴含了对前面话语表达事件和状态的否定。

（三）开启话题功能

表示“建议义”的“要不”在话语中有开启和凸显话题功能，它可以开启一个新话题引起受话人对后面话语的关注。例如：

（18）孩子都成家了咱老两口却依旧操心：不知他们吃得咋样？是否常麦当劳了？会不会图省事又胡乱打发了？盘算着明天是否烧点菜送去？要不，双休日叫他们回来补补？（凤凰网读书频道《牵挂》）

（19）毛主席、周总理乘坐过的轿车，在北京的基本已报废，很难找到。要不，你到国务院机关事务管理局看看。（李天印、陈双平《领袖“坐骑”搜寻记》）

例（18）和（19）“要不”后面话语都是发话人提出新的话题，“要不”在此有开启和凸显话题的功能。同时，它是起到一个桥梁和纽带的作用，构建一种交际语境，使得前后话题衔接起来。

（四）人际互动功能

话语标记的运用是促进交际顺利进行的一种言语策略，表示“建议义”的“要不”具有表达交互主观性的功能。发话人如果直接否定别人的观点会威胁对方的面子，或者直接说出自己的观点显得有些突兀。所以发话人在交际过程中向受话人传递自己的主观建议和看法时，为了维护受话人的面子和遵循交际中的礼貌原则，会采取委婉和恰当的表达方式，发话人借助“要不”以劝解和商量的语气表达出自己的建议和看法，同时也间接否定了目前的状况、做法或观点。例如：

（20）司徒聪看到面对我们坐着正和石玉萍聊天的朱秀芬便改了主意，“要不，你对朱秀芬行功吧，如果你的理论成立，那对任何人都是适用的……”（王朔《痴人》）

（21）丘照又提议道：“要不，咱们把那姓郭的抓出来，再好好揍那小狗爪子一顿，也消消这股闷气。”（欧阳山《苦斗》）

例（20）和（21）如果去掉“要不”话语就属于命令的语气，这样会给受话人造成抵触心理，不利于交际的顺利进行，所以“要不”既有表达主观情态又有舒缓语气、维护受话人面子的作用，这样也体现了话语标记元语用功能的互动性特征。

五　话语标记“要不”形成的动因和机制

史金生（2005）对“要不”的成词过程以及“要不”表否则义、选择义、推理义和建议义四个义项的用法和演变过程做了详细分析，在此我们不再赘述。我们在前人研究的基础上，主要分析“要不”作为话语标记表示“建议义”是怎样产生的。表“建议义”话语标记“要不”的形成是一个语法化和主观化相互作用的过程，在这一过程中“要不”的概念意义逐渐消退，语用意义逐渐加强，随着使用频率的加强最终演化出话语标记的语用功能。在这一演化过程中其使用的语境和使用频率、言语交际的交互主观性和语用推理起着关键作用。

（一）“要不”标记化的动因

言语交际的主观性和交互主观性是“要不”标记化的主要动因，言语交际是一个交际双方积极参与的互动过程，在这一过程中，发话人话语中多多少少总会带有自己的主观态度和情感；同时为了达到互动的目的，发话人会用各种手段吸引受话人的注意力和顾及受话人的心理和面子问题，受话人也会对发话人的话语做出相应的反应，这就体现了言语交际的交互主观性。发话人想否定和改变已经发生的状况、做法或事件，如果直接给予否定就会威胁到对方的面子，甚至会影响交际的顺利进行。所以发话人就想采取一种比较委婉的表达手段，这时发话人常常采取建议或商量的语气，例如：行不行、要不要、要不、好吗等委婉的表达方式，在语境吸收的作用下随着使用频率的增加它们表建议义的用法就会固化，在理解时不用经过语用推理，这时它们就虚化为话语标记，具有了很强的主观性，“要不”作为表示建议义的话语标记，一是表示建议，二是表示间接否定，否定“要不”前面已经存在的状况和事件。例如：

(22) 你得搬到外屋来和铁军同住，那这屋里可就窄了，要不你就去住小厨房让铁军住外屋。(王朔《我是你爸爸》)

(23) 她仰着脸望着他说：“咱们不如聊聊天。要不，我再照几张照片，你对着黄河温温功课。”(张承志《北方的河》)

例(22)和(23)的“要不”可以做“或者义”和“建议义”两种理解，属于语言演变的临界环境，随着在表示委婉建议语境中的频繁出现，其建议义就会凸显和固化，交互主观性是其固化的成因之一。

(24) 以后，以后行不行？要不，夏天咱们回去！何必非过年回去，人又多，路上又挤！好不好？(王海鸰《新结婚时代》)

(25) “真没法交代，简直都不敢上班了。”李东宝闻之不忍，对大家说：“要不，咱们就给他们道个歉。”(王朔《懵然无知》)

(26) 那年，请几位医生会诊，查清楚不能生育，她偷偷地哭了多少次。“要不，咱俩离了，你另找一个。”她是诚心诚意为他着想。他不肯。(陆星儿《一个和一个》)

例(24)—(26)的“要不”都是表示“建议义”的话语标记，具有劝告和商议的语气，同时“要不”还蕴含了对前面已然事件的间接否定，言语交际都遵循礼貌原则，劝告和商议的语气可以维护受话人的面子，有利于受话人接受发话人的建议；如果不用话语标记“要不”，就具有了命令的语气，给受话人强硬的感觉，不利于言语的顺利交流。

(二)“要不”标记化的机制

话语标记“要不”形成的机制主要是语境吸收和语用推理。史金生(2005)分析得出“要不”表示“建议义”是从表示“或者义”演变而来的，我们赞同此看法，史金生的“或者义”等同于我们前面提到的“选择义”。我们认为“要不”表示“选择义”时隐含着一种主观选择和建议，它通过发话人提供多个建议让受话人作出选择，其中体现出发话人的主观看法和态度。这一语境为“要不”演化出“建议义”提供了句法环境。例如：

(27) 摊牌是什么意思？……决一死战？鱼死网破？要不，两败俱伤同归于尽。(王海鸰《中国式离婚》)

(28) 老嫂如母么，你不给，他们就捣乱，就说闲话，要不，就几个一起哭我死去的老祖父，似是老祖父一死，他们就没人管了。(林希《婢女春红》)

例（27）和（28）的“要不”表示“选择义”，其中隐含了发话人提出多个建议同时让受话人作出选择，这一句法环境与表示“建议义”在语义上具有同一性，所以随着使用频率的增加，通过语用推理这一表“建议义”的隐含义逐渐固化和明晰化。

(29) 明明闲着没事，也不去翻阅翻阅当天的报纸，关心一下国家大事，要不，学学外语、打打毛线、聊聊家政或议议昨晚电视剧观后感也好啊。(《读者》2005 年合订本)

(30) 姑娘便说：“那有什么难的！我回家查字典不结了！要不，明儿个问语文老师！”老头儿说：“只怕你查不出也问不出！”(刘心武《眼净》)

例（29）和（30）中“要不”既可作“选择义”理解，也可作“建议义”理解，属于语言演变的临界环境，当它频繁出现在这一语境中，它原来表选择的词义会逐渐淡化和消退，它表示“建议义”的标识功能逐渐加强，从而使“要不”虚化出话语标记的功能。在例（30）中应该把建议义当作优选项去理解。

(31) 这天，老两口又为这事长吁短叹发愁，何建国心思一动，道：“要不，我给我们家打个电话，让他们在那边帮着找一个？”(王海鸰《新结婚时代》)

(32) 女儿点了点头，接着又像发现新大陆似的，说：“爸爸，要不你也给我衣服上贴个条，叫‘新手走路’。那样所有的车都会让着我，我就可以自己上下学了！”(《京华时报》2009 年 3 月 19 日)

例（31）和（32）中的“要不”已经完全虚化为话语标记了。

语法化具有保留性特征，即词语虚化出新的功能和意义后原来的词义和功能保留，所以现在“要不”有四个义项。话语标记“要不”的形成经历了一个语用推理过程，其过程图示如下：

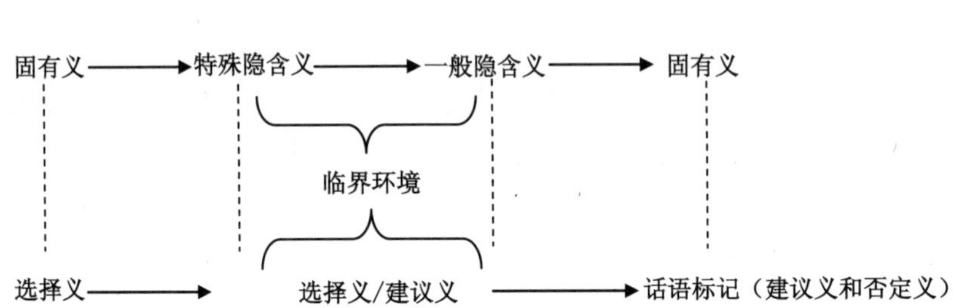

图 4-1 “要不”形成的语用推理过程

这一形成过程属于语用法的语法化，最初“要不”从否则义演化出选择义后，选择义逐渐成为其固化义，但“要不”表达的选择义都是发话人的主观意愿或判断，具有很强的主观性，这为选择义演化出建议义提供了条件，在发话人对受话人提出某种建议时在交互主观性和礼貌原则的作用下，为了避免强加于人或命令语气常常采取提供选择让对方自己决定的形式。“‘要不’表示的是一种排他性的选择，其所在小句是在假设排除别的选择之后提供一个新的选择。受话人根据‘建议’的语用法则，推导出发话人在建议我做某事这样的隐含义，这个过程反复进行，使得推导步骤逐步简化，受话人在特定的语境中听到‘要不’之后一下子就可以得出它的隐含义。”（史金生，2005）随着“要不”这类用法使用频率的增加，对“要不”建议义的理解步骤就会减少，这时“要不”的选择义和假设义逐渐弱化，而“要不”的建议义和情态义逐渐强化，最后根据话语语境就可以直接得出“要不”的建议义来，表建议义的“要不”表达的是发话人的主观建议和看法，在话语中起到语篇连贯和人际互动功能，所以已经标记化为一个典型的表建议义的话语标记。

表建议义的“要不”是从表选择义的“要不”演化而来，而表选择义的“要不”又来源于表否则义的“要不”，所以在表建议义“要不”

前后话语中还蕴含着一种否定关系；“要不”表示排他性的选择是“要不”表示隐性否定的前提条件，因为排他性选择也是选择一方而否定另一方，它蕴含了否定义，所以表示选择义的“要不”标记化为表建议义后此蕴含否定义保留，这为“要不”表示间接否定提供了语义条件，并且这一蕴含否定义已经固化，受话人只要根据逻辑推理就能得出，所以表建议义“要不”表达的是规约性隐性否定义。表否则义的“要不”没有直接演化出表建议义的义项的原因是，表否则义的“要不”书面语色彩较浓主观性相对较弱，所以不易演变为话语标记；而表选择义的“要不”口语性和主观性强所以易于演化成话语标记。

六　小结

“要不”是一个非常活跃的词语，在口语中它的义项不断增加，到目前为止前人主要研究的是它表示“否则义”和“选择义”的连词用法，对“要不”表示“推断义”和“建议义”还很少涉及，通过分析得知表示“建议义”的“要不”虚化程度最高，已经是一个话语标记，用于表示委婉祈使义和规约性隐性否定义，它在话语中不表达命题意义，只是对话语的生成和理解起到组织和调控功能。本章分析了作为话语标记的“要不”的句法结构和表义特征、语用功能以及形成的动因和机制。最后得出表建议义的“要不”已经虚化为一个典型的话语标记，“要不”话语标记功能的形成是语用法语法化的结果。通过对以上问题的分析以期对以往研究做些补充，使我们能对作为话语标记的“要不”有一个较为全面的了解。

结　　语

否定现象是一种非常复杂的语言现象，处于语言与逻辑的界面上，一直是哲学、逻辑学和语言学研究的热点和难点之一。否定范畴中的语用否定现象研究相对比较薄弱和零散，然而语用否定现象是言语交际中的普遍现象，是一种言语表达技巧和策略，能够传递主观情态，其生成与人类的认知心理有着密切的关系，所以对语用否定现象的研究具有学科的交叉性、前沿性和实用性。语用否定的表达形式具有多样性和复杂性，至今学术界对其还没有统一的归纳和分类，本书选取了元语否定、预设否定、羡余否定、隐性否定和否定性话语标记几种典型的语用否定形式进行研究。我们在前人研究的基础上更加注重对五类语用否定各自的生成动因和机制以及语用功能方面的研究。语用否定的研究对于理解语言的生成机制和动因、认知与语言关系有着重要的意义。

本书运用认知语言学和语用学理论相结合的方法来研究语用否定现象，两种理论研究各有侧重，又有其内在的联系，认知语言学力图勾勒出制约语言生成和使用的认知过程，以及人类的认知能力如何反映在语言使用中；而语用学是以语言使用和语言理解为研究对象，努力发掘语言使用和语言理解的客观规律，两者的结合为语用否定研究建立了更加宏观的理论框架。前人对语用否定的研究主要是运用语用学理论，近几年学术界开始有人尝试用认知语言学理论对其进行研究，认知语言学的观点和研究方法给各类语用否定现象研究提供了新的视角，使研究者能够跳出语义—语用的纠纷，从语言使用和人类认知的深层动因上对语用否定的生成动因和机制做出合理地解释。文中主要是运用了理想化认知模式、主观性、语法化、词汇化、隐喻机制、构式语法、概念整合、话语标记等理论并结合语用学的合作原则、关联理论、礼貌原则以及经济原则对五类语用否定作出分析和解释。

本书的创新之处主要表现在以下几个方面：第一，我们扩大了语用否定研究的范围，不仅仅局限于元语否定，把理解时需要语用推理的隐性否定和不否定语义真值的预设否定、羡余否定和否定性话语标记都归入了语用否定的范畴。第二，在理论运用方面，以往对语用否定现象的研究主要是运用语用学中的理论，外语界有人尝试运用认知语言学理论对某一类语用否定现象进行解释，但是只是处于起步阶段还有待深入。本文运用认知语言学和语用学相结合的方法，建立了更加宏观的理论框架，为各类语用否定现象研究提供了新的视角，从语言使用和人类认知的深层动因上对语用否定的生成动因和机制尽量做出全面而合理地解释。第三，以往研究多数是静态的研究，只是注重对语用否定现象的句法语义特征的分析，我们在静态研究的基础上，更加注重对各类语用否定现象生成动因和理解机制的分析和解释，使之不但要知其然还要知其所以然，我们的研究实现了静态与动态、理论与实践相结合。第四，以往对语用否定现象的研究注重总体分析，很少有个案进行论证，我们在对各类语用否定现象总体特征研究的基础上，又用个案进行了充分论证，以期对五类语用否定现象进一步作出较为全面地解释和充分地论证。相信这样的理论框架和分析方式对上述五类语用否定现象能做到全面而合理的解释，对其他否定现象的研究也会有所裨益。

本书研究的不足之处，第一，本文的研究属于专题研究，在系统性上存在不足，有很多语用否定现象我们还没有发掘和涉及，还无法建立语用否定的系统研究。第二，书中的五类语用否定现象之间既具有个性又有共性，我们还需要对它们进行对比研究，以期发现语用否定现象的规律性特征，本书对各类语用否定共性研究存在不足。第三，对元语否定的表达形式和表达手段有待深入挖掘；对两类预设否定在语义和语用上的差异还需要深入分析，对适宜性预设否定的性质和表达形式有待深入探讨；因为羡余否定的表现形式具有多样性，所以我们对其分类还欠精确，对各类羡余否定的生成动因和机制也有待深入研究；对隐性否定的表达形式分析不够全面，需要深入挖掘，对各类隐性否定的成因和理解机制需要多角度、全方位深入研究。第四，由于本人水平和时间所限对一些语用否定现象的解释还有待进一步充分论证。

对未来研究的展望，语用否定现象具有复杂性和多样性，以往研究一般只是关注某一类，语用否定现象还有许多表达形式需要我们去挖掘和研究，我们今后还需要建立一个语用否定现象的系统研究，寻找这种语用表达形式背后的共同规律和理解机制。再是，语用否定现象各个小类之间有交叉，边界是模糊的，这是我们研究语用否定现象的一个关键点和突破口，对其研究可能会揭示以往不曾认识的规律，我们的研究只是略有涉及，希望能起到抛砖引玉的效果。

参考书目

白荃：《“不”“没（有）”教学和研究上的误区》，《语言教学与研究》2000 年第 3 期。

曹婧一：《羡余否定的语用认知分析》，硕士学位论文，首都师范大学，2007 年。

曹旸旸、秦兆平：《论东北方言中的“拉倒吧”》，《吉林师范大学学报》2012 年第 4 期。

曹秀玲：《汉语话语标记多视角研究》，中国社会科学出版社 2016 年版。

曾莉：《非规约间接否定：作为语用策略的言语行为》，博士学位论文，华中科技大学，2009 年。

曾莉：《非规约间接否定言语行为的分类》，《南昌大学学报》2011 年第 2 期。

曾毅平、杜宝莲：《略论反问的否定功能》，《暨南大学华文学院学报》2004 年第 2 期。

常瑛华、兰成孝：《反问句语用否定功能论》，《社会科学家》2008 年第 7 期。

陈平：《英汉否定结构对比研究》，硕士学位论文，中国社会科学院研究生院，1985 年。

陈霞：《“险些”类句式探源》，硕士学位论文，中南民族大学，2010 年。

陈兴：《含蓄否定及其对语用原则的体现》，《湘潭师范学院学报》2002 年第 5 期。

陈一：《试谈“白 VP”结构的歧义性》，《汉语学习》1987 年第 4 期。

陈一、李广瑜：《“别+引语”元语否定句探析》，《世界汉语教学》

2014 年第 4 期。

陈垂民：《说“不”和“没有”及其相关的句式》，《暨南学报》1988 年第 1 期。

陈建锋：《现代汉语否定句研究》，硕士学位论文，福建师范大学，2004 年。

陈若君：《“要不（要不然）”的篇章连接功能》，《语言教学与研究》2000 年第 3 期。

陈天序：《基于集合概念的汉语疑问代词非疑问用法研究》，硕士学位论文，北京语言大学，2007 年。

陈小兆：《论预设与原句》，《外语与外语教学》2009 年第 5 期。

陈艳丽：《现代汉语中的隐性否定祈使句》，硕士学位论文，浙江师范大学，2007 年。

陈意德：《认知、预设及预设推理》，《中国外语》2005 年第 5 期。

戴耀晶：《汉语否定句的语义确定性》，《世界汉语教学》2004 年第 1 期。

戴耀晶：《句子语用意义的提取》，《当代修辞学》2011 年第 2 期。

戴耀晶：《试论现代汉语的否定范畴》，《语言教学与研究》2000 年第 3 期。

戴耀晶：《试说“冗余否定”》，《修辞学习》2004 年第 2 期。

邓晓华：《疑问句的功能偏离——转喻功能及其实现》，硕士学位论文，中国社会科学院研究生院，2001 年。

丁婵婵：《反诘类语气副词研究》，硕士学位论文，上海师范大学，2005 年。

董秀芳：《词汇化汉语双音词的衍生和发展》，商务印书馆 2011 年版。

董秀芳：《词汇化与话语标记的形成》，《世界汉语教学》2007 年第 1 期。

董秀芳：《汉语词汇化和语法化的现象与规律》，学林出版社 2017 年版。

杜莹、贾欣岚：《隐含否定的非规约性间接言语行为的语境阐释》，《北方文学》2010 年第 11 期。

杜宝莲：《反问的否定功能研究》，硕士学位论文，暨南大学，

2004年。

顿婷:《现代汉语“何X”类副词研究》,硕士学位论文,上海师范大学,2011年。

范莉:《儿童和成人语法中的否定和否定范畴》,安徽大学出版社2005年版。

范宁:《“何X”的词汇化研究》,硕士学位论文,黑龙江大学,2010年。

范晓民、崔凤娟:《隐含否定的类型探析》,《辽宁科技学院学报》2007年第3期。

方梅:《自然口语中弱化连词的话语标记功能》,《中国语文》2000年第5期。

方绪军:《析“好/好不+形容词”的同义现象》,《上海师范大学学报》1996年第3期。

冯学民、王珍:《浅析汉语交际中的隐性语用否定》,《河北北方学院学报》2007年第1期。

[德]弗雷格:《论意义和指称》,A. P. 马蒂尼奇编,牟博、杨音莱、韩林合等译,商务印书馆2004年版。

傅惠钧、陈艳丽:《略论隐性否定祈使句》,《汉语学习》2007年第3期。

季安锋:《汉语预设触发语研究》,博士学位论文,南开大学,2009年。

江蓝生:《概念叠加与构式整合——肯定否定不对称的解释》,《中国语文》2008年第6期。

姜宏、徐颖:《预设与否定的功能》,《中国俄语教学》1997年第2期。

姜宝英:《具有规劝义或提议义的“何X”的历时考察》,硕士学位论文,北京大学,2008年。

蒋勇:《语用三角模式对空间复合理论和关联理论的整合》,《语言的认知研究——认知语言学论文精选》,上海外语教学出版社2007年版。

蒋协众:《“拉倒吧”的话语标记功能及其来源》,《对外汉语研究》2013年第2期。

金立鑫:《预设的两大领域及其形式表达系统》,《修辞学习》2006

年第5期。

金兆梓：《国文法之研究》，中华书局1922年版。

景晓平：《元语否定机制简论》，《山西师大学报》2002年第1期。

韩力：《从三个平面分析汉语句式“小心（别）P”》，《信阳农业高等专科学校学报》2011年第2期。

韩力扬、陈红：《论预设的认知语境构建功能》，《河北学刊》2010年第3期。

郝雷红：《现代汉语否定副词研究》，硕士学位论文，首都师范大学，2003年。

何春燕：《语用否定的类型及使用动机》，《解放军外国语学院学报》2002年第3期。

何金松：《肯定式“好不”产生的时代》，《中国语文》1990年第5期。

何兆熊：《语用学概要》，上海外语教育出版社1995年版。

洪波、董正存：《“非X不可”格式的历史演化和语法化》，《中国语文》2004年第3期。

侯国金：《冗余否定的语用条件——以“差一点+（没）V、小心+（别）V”为例》，《语言教学与研究》2008年第5期。

侯瑞芬：《“别说”与“别提”》，《中国语文》2009年第2期。

胡德明：《从反问句产生机制看其核心语用功能》，《云南师范大学学报》2010年第1期。

胡德明：《从反问句生成机制看“不是”的性质和语义》，《安徽师范大学学报》2008年第5期。

胡乘玲：《话语标记“不对”的功能分析》，《汉语学习》2014年第3期。

胡建华：《否定、焦点与辖域》，《中国语文》2007年第2期。

胡清国：《否定形式的格式制约研究》，博士学位论文，华中师范大学，2004年。

胡裕树：《现代汉语》，上海教育出版社1995年版。

黄伯荣、廖序东：《现代汉语》，高等教育出版社1988年版。

黄喜宏：《“什么”的否定用法研究》，硕士学位论文，上海师范大学，2008年。

惠秀梅：《否定意义的主观性》，《外语学刊》2010 年第 6 期。

盖丽娜：《关于语用否定的语用分析》，硕士学位论文，上海外国语大学，2006 年。

高航：《元语否定的认知语用分析》，《四川外语学院学报》2003 年第 2 期。

郭锐：《过程和非过程——汉语谓词性成分的两种外在时间类型》，《中国语文》1997 年第 3 期。

郭锐：《推衍和否定》，《世界汉语教学》2006 年第 2 期。

郭继懋：《反问句的语义语用特点》，《中国语文》1997 年第 2 期。

孔庆成：《否定的语用学研究》，博士学位论文，上海外国语大学，1994 年。

孔庆成：《元语否定的类型》，《外国语》1995 年第 4 期。

孔庆成：《否定修辞作用的语用机制》，《语言文字应用》1998 年第 1 期。

来德强：《“哪儿”的非疑问用法》，硕士学位论文，河南大学，2001 年。

郎桂青：《双重否定的表示肯定的条件》，《语文研究》1989 年第 1 期。

黎锦熙：《新著国语文法》，商务印书馆 1924 年版。

李杰：《现代汉语状位语气副词的预设内容》，《暨南学报》2007 年第 5 期。

李捷、何自然、霍永寿：《语用学十二讲》，华东师范大学出版社 2011 年版。

李瑛：《“不”的否定意义》，《语言教学与研究》1992 年第 2 期。

李宝贵：《隐性否定的语用分析》，《辽宁师范大学学报》2002 年第 1 期。

李宝伦、潘海华：《焦点与“不”字句之语义解释》，《现代外语》1999 年第 2 期。

李福印：《认知语言学概论》，北京大学出版社 2008 年版。

李桔元：《“否定”的语用观》，《山东社会科学》2002 年第 3 期。

李明洁：《元认知和话语的链接结构》，华东师范大学出版社 2008 年版。

李思旭：《从词汇化、语法化看话语标记的形成——兼谈话语标记的来源问题》，《世界汉语教学》2012 年第 3 期。

李宇凤：《反问的回应类型与否定意义》，《中国语文》2010 年第 2 期。

李宗江、王慧兰：《汉语新虚词》，上海教育出版社 2011 年版。

李佐文：《论元语言对语境的构建和体现》，《外国语》2001 年第 3 期。

李佐文：《元话语：元认知的言语体现》，《外语研究》2003 年第 1 期。

梁锦祥：《元语言否定的否定对象》，《外语学刊》2000 年第 3 期。

梁晓波：《否定的认知分析》，《外语研究》2004 年第 5 期。

林文金：《关于双重否定的几个问题》，《福建论坛》1984 年第 3 期。

刘瑾：《汉语主观视角的表达研究》，博士学位论文，首都师范大学，2009 年。

刘焱：《反预期信息标记“别看”》，《汉语学习》2009 年第 8 期。

刘烨：《预设否定副词“白”和“瞎”的比较研究》，硕士学位论文，北京语言大学，2009 年。

刘红妮：《汉语非句法结构的词汇化》，博士学位论文，上海师范大学，2009 年。

刘红妮：《非句法结构“算了”的词汇化与语法化》，《语言科学》2007 年第 6 期。

刘丽萍：《先设、焦点和否定的辖域歧义》，硕士学位论文，北京语言大学，2003 年。

刘丽艳：《作为话语标记语的“不是”》，《语言教学与研究》2005 年第 6 期。

刘龙根、崔敏：《“元语言否定”的多维阐释》，《东北师大学报》2006 年第 3 期。

刘乃实：《先设和元语否定》，《外语学刊》2004 年第 3 期。

刘睿研：《“什么”的否定用法及其使用条件》，硕士学位论文，吉林大学，2006 年。

刘永耕：《从义素传承看“差（一）点儿 VP”“差（一）点儿没 VP”的语法化》，《福建师范大学学报》2007 年第 3 期。

刘长征：《“一会儿”和“不一会儿”》，《世界汉语教学》2006 年第 3 期。

刘正光：《Fauconnier 的概念合成理论：阐释与质疑》，《语言的认知研究——认知语言学论文精选》，上海外语教学出版社 2007 年版。

卢英顺：《一种新的“不是 A 是 B”构式》，《当代修辞学》2010 年第 2 期。

陆俭明：《构式与意象图式》，《北京大学学报》2009 年第 3 期。

罗耀华、孙敏：《“何必、何苦”的词汇化与语法化》，《汉语学习》2010 年第 2 期。

吕叔湘：《现代汉语八百词》，商务印书馆 1980 年版。

吕叔湘：《现代汉语语法纲要》，油印本 1976 年版。

吕叔湘：《疑问·否定·肯定》，《中国语文》1985 年第 4 期。

吕叔湘：《中国文法要略》，商务印书馆 1982 年版。

马清华：《现代汉语的委婉否定格式》，《中国语文》1986 年第 6 期。

毛修敬：《汉语里的对立格式》，《语言教学与研究》1985 年第 2 期。

聂仁发：《否定词“不”与“没有”的语义特征及其时间意义》，《汉语学习》2001 年第 1 期。

彭利贞：《情态动词受“没”外部否定现象考察》，《语言与认知研究》2007 年第 1 期。

彭利贞：《现代汉语情态研究》，中国社会科学出版社 2007 年版。

彭有明：《原型范畴理论视角下的语用预设》，《广西大学学报》2006 年第 12 期。

彭振川：《现代汉语假设句的认知语用研究》，博士学位论文，浙江大学，2009 年。

齐沪扬、胡建锋：《试论负预期量信息标记格式“X 是 X”》，《世界汉语教学》2007 年第 2 期。

钱琴：《隐含否定的表达方法及其语用分析》，《外语研究》2002 年第 1 期。

钱瑜：《汉语“否则”和“要不”的多维辨析》，硕士学位论文，浙江师范大学，2010 年。

钱敏汝：《否定载体“不”的语义—语法考察》，《中国语文》1990 年第 1 期。

乔东鑫：《现代汉语否定范畴的语用考察》，硕士学位论文，东北师范大学，2006 年。

冉永平、莫爱屏、王寅：《认知语用学——言语交际的认知研究》，上海外语教育出版社 2006 年版。

冉永平、张新红：《语用学纵横》，高等教育出版社 2007 年版。

冉永平：《语用学：现象与分析》，北京大学出版社 2006 年版。

冉永平：《元语用现象解析》，《当代语言学探索》，外语教学与研究出版社 2003 年版。

任瑚琏：《“白”类副词是具有特定预设的副词》，《西南民族学院学报》2002 年第 5 期。

邵敬敏：《现代汉语疑问句研究》，华东师范大学出版社 1996 年版。

邵敬敏、王宜广：《“不是 A，而是 B”句式假性否定的功能价值》，《世界汉语教学》2010 年第 3 期。

邵敬敏：《“不要白不要，要了白要”是悖论吗?》，《汉语学习》1986 年第 5 期。

沈家煊：《“差不多”和“差点儿”》，《中国语文》1987 年第 6 期。

沈家煊：《“好不”不对称用法的语义和语用解释》，《中国语文》1994a 年第 4 期。

Ruth M. Kempson：《预设，晦涩，歧义（下）》，沈家煊译，《国外语言学》1994b 年第 1 期。

沈家煊：《“判断语词”的语义强度》，《中国语文》1989 年第 1 期。

沈家煊：《“语用否定”考察》，《中国语文》1993a 年第 5 期。

Ruth M. Kempson：《预设，晦涩，歧义（上）》，沈家煊译，《国外语言学》1993b 年第 4 期。

沈家煊：《不对称和标记论》，江西教育出版社 1999 年版。

沈家煊：《复句三域“行、知、言”》，《中国语文》2003 年第 3 期。

沈家煊：《语言的“主观性”和“主观化”》，《外语教学与研究》2001 年第 4 期。

沈家煊：《英汉否定词的分合和名词的分合》，《中国语文》2010 年第 5 期。

沈开木：《“不”字的否定范围和否定中心的探索》，《中国语文》1984 年第 6 期。

盛银花：《答话中的无标记否定》，《武汉科技大学学报》（社会科学版）2007 年第 4 期。

石毓智：《对“差点儿”类羡余否定句式的分化》，《汉语学习》1993 年第 1 期。

石毓智：《汉语语法》，商务印书馆 2010 年版。

石毓智：《肯定和否定的对称与不对称（修订本）》，北京语言文化大学出版社 2001 年版。

史尘封：《论语用否定》，《修辞学习》2004 年第 2 期。

史金生：《“要不”的语法化——语用机制及相关的形式变化》，《解放军外国语学院学报》2005 年第 6 期。

寿永明：《疑问代词的否定用法》，《上海师范大学学报》2002 年第 2 期。

束定方：《语言的认知研究——认知语言学论文精选》，上海外语教学出版社 2007 年版。

束定芳：《关于预设理论的几个问题》，《外语研究》1989 年第 3 期。

束定芳：《认知语义学》，上海外语教育出版社 2008 年版。

水行：《“一会儿”和“不一会儿”的同值域》，《世界汉语教学》1987 年第 2 期。

宋冬冬：《元语言否定的认知分析》，硕士学位论文，河北师范大学，2007 年。

宋荣超：《“语用否定”考证》，《长春师范学院学报》2010 年第 1 期。

宋铁民：《元语言否定的认知语用分析》，硕士学位论文，河北师范大学，2005 年。

宋永圭：《现代汉语情态动词否定研究》，中国社会科学出版社 2007 年版。

孙亚：《语用和认知概论》，北京大学出版社 2008 年版。

唐敏：《副词“还”的“反预期”语用功能及“反预期”的义源追溯》，《江苏大学学报》2009 年第 4 期。

陶文娟：《试析“小心别 P”冗余否定格式》，《现代外语》2010 年第 4 期。

万一：《“不是……，而是……”新探》，《汉语学习》1986 年第

6 期。

王栋：《现代汉语疑问代词“什么”的否定量化语义研究》，硕士学位论文，山东大学，2009 年。

王会、陈霜：《元语否定句中的隐喻现象分析》，《辽宁商务职业学院学报》（社会科学版）2004 年第 2 期。

王力：《中国现代语法》，商务印书馆 1985 年版。

王敏：《“不要太 A”句式表达感叹的修辞基础探略》，《修辞学习》2000 年第 2 期。

王欣、祝东平：《用“不”和用“没”否定的区别》，《宁夏大学学报》2010 年第 2 期。

王寅：《构式语言研究（上下卷）》，上海外语教育出版社 2011 年版。

王寅：《认知语言学》，上海外语教育出版社 2010 年版。

王助：《汉语否定羡余词的特征》，《现代语文》2009 年第 3 期。

王助：《现代汉语和法语中否定赘词的比较研究》，《外语教学与研究》2006 年第 6 期。

王灿龙：《“非 VP 不可”句式中“不可”的隐现——兼谈“非”的虚化》，《中国语文》2008 年第 2 期。

王灿龙：《试论“不”与“没（有）”语法表现的相对同一性》，《中国语文》2011 年第 4 期。

王灿龙：《说“VP 之前”与“没（有）VP 之前”》，《中国语文》2004 年第 5 期。

王进文：《现代汉语羡余否定及其格式研究》，硕士学位论文，扬州大学，2008 年。

王文博：《预设的认知研究》，《外语教学与研究》2003 年第 1 期。

王晓飞：《元语否定标记性的静态研究》，《四川教育学院学报》2008 年第 5 期。

王晓飞：《元语否定的标记价值探析》，硕士学位论文，东北师范大学，2006 年。

王彦杰：《“宁可”句式的语义选择原则及其语篇否定功能》，硕士学位论文，北京语言文化大学，2002 年。

王跃平：《汉语预设研究》，中国社会科学出版社 2011 年版。

王正元：《概念整合理论及其应用研究》，高等教育出版社 2011 年版。

韦世林：《否定句的语形、语用初探》，《云南师范大学学报》1997 年第 5 期。

魏在江：《认知参照点与语用预设》，《外语学刊》2008 年第 3 期。

魏在江：《语用预设的元语用探析》，《外语研究》2006 年第 1 期。

魏在江：《预设三论：表达论、接受论、互动论》，《外语学刊》2010 年第 6 期。

魏在江：《预设研究的多维思考》，《外语教学》2003 年第 2 期。

温锁林：《一种特殊的语用否定：隐喻式否定》，《当代修辞学》2010 年第 3 期。

文炼：《语言单位的对立和不对称现象》，《语言教学与研究》1990 年第 4 期。

吴福祥：《汉语语法化研究的当前课题》，《语言科学》2005 年第 3 期。

吴福祥：《近年来语法化研究的进展》，《外语教学与研究》2004 年第 1 期。

吴海波译、冯奇审订、Adele E. Goldberg：《构式论元结构的构式语法研究》，北京大学出版社 2007 年版。

吴士艮：《单用“不”构成的一种辞格及句式》，《语文研究》1985 年第 1 期。

吴士艮：《试论故作否定式》，《浙江师范大学学报》1986 年第 4 期。

吴为善、夏芳芳：《“A 不到哪里去”的构式解析、话语功能及其成因》，《中国语文》2011 年第 4 期。

吴为善：《认知语言学与汉语研究》，复旦大学出版社 2011 年版。

席建国：《英汉语用标记语意义和功能认知研究》，浙江大学出版社 2009 年版。

谢朝群、陈新仁：《语用三论：关联论顺应论模因论》，上海教育出版社 2007 年版。

肖金香：《副词“白”的语法化及动因初探》，《湖北广播电视大学学报》2010 年第 2 期。

邢福义：《论“不”字独说》，《华中师范学院学报》1982 年第 3 期。

熊永红：《虚假语用预设及其认知解读》，《西安外国语大学学报》2010 年第 9 期。

徐杰、李英哲：《焦点和两个非线性语法范畴："否定""疑问"》，《中国语文》1993 年第 2 期。

许利英：《试论现代汉语否定句》，《安庆师范学院学报》1986 年第 3 期。

徐盛桓：《"否定范围"和"否定中心"的新探索》，《外语学刊》1983 年第 1 期。

徐盛桓：《否定范畴和否定中心的在探索》，《外国语》1990 年第 5 期。

徐盛桓：《新格赖斯会话含意理论和含意否定》，《外语教学与研究》1994 年第 4 期。

徐中华：《肯定、否定和反诘》，《语文知识》1959 年第 2 期。

杨翠：《语言学中的预设分析》，博士学位论文，上海师范大学，2006 年。

杨先顺：《语用否定的逻辑分析》，《自然辩证法研究》2005 年第 1 期。

杨信彰：《元语言与语言功能》，《外语与外语教学》2007 年第 12 期。

殷树林：《现代汉语话语标记研究》，中国社会科学出版社 2012 年版。

余晓环：《"不是……，而是……"格式新论》，《南京邮电学院学报》(社会科学版) 2004 年第 1 期。

袁宾：《"好不"续考》，《中国语文》1987 年第 2 期。

袁宾：《近代汉语"好不"考》，《中国语文》1984 年第 3 期。

袁圣：《谈双重否定》，《大公报》1951 年第 10 期。

袁毓林：《论否定句的焦点、预设和辖域歧义》，《中国语文》2000 年第 2 期。

袁毓林：《动词内隐性否定的语义层次和溢出条件》，《中国语文》2012 年第 2 期。

袁毓林：《反预期、递进关系和语用尺度的类型——"甚至"和"反而"的语义功能比较》，《当代语言学》2008 年第 2 期。

袁毓林：《论否定句的焦点、预设和辖域歧义》，《中国语文》2000年第2期。

袁毓林：《隐性否定动词的叙实性和极项允准功能》，《语言科学》2014年第6期。

殷树林：《说话语标记“不是”》，《汉语学习》2011年第1期。

乐耀：《北京话中“你像”的话语功能及相关问题探析》，《中国语文》2010年第2期。

乐耀：《从“不是我说你”类话语标记的形成看会话中主观性范畴与语用原则的互动》，《世界汉语教学》2011年第1期。

乐耀：《汉语中表达建议的主观性标记词“最好”》，《语言科学》2011年第3期。

张斌主编：《现代汉语描写语法》，商务印书馆2010年版。

张黎：《汉语句法的主观结构和主观量度》，《汉语学习》2007年第2期。

张楠：《元语否定的认知分析》，硕士学位论文，西南大学，2007年。

张伯江：《否定的强化》，《汉语学习》1996年第1期。

张伯江、方梅：《汉语功能语法研究》，江西教育出版社1996年版。

张伯江：《否定的强化》，《汉语学习》1996年第1期。

张宏国：《“够了”的语义演变与语法化》，《语言教学与研究》2014年第4期。

张克定：《汉语语用否定的限制条件》，《河南大学学报》1999年第1期。

张力飞、严辰松：《现实与非现实：现代汉语否定词语法意义的语义基础》，《外国语文》2010年第8期。

张喜芹：《汉语语用否定研究》，硕士学位论文，暨南大学，2009年。

张谊生：《预设否定叠加的方式与类别、动因与作用》，《语言科学》2011年第5期。

张谊生：《现代汉语副词探索》，学林出版社2004a年版。

张谊生：《现代汉语预设否定副词的表义特征》，《世界汉语教学》1996年第2期。

张谊生：《“白”类副词的表义特点及其潜在内涵》，《徐州师范学院学报》1994年第3期。

张谊生：《“不”字独用的否定功能和衔接功能》，《乐山师范学院学报》2004b 年第 8 期。

张谊生：《“非 X 不 Y”及其相关句式》，《徐州师范学院学报》1992 年第 2 期

张谊生：《近代汉语预设否定副词探微》，《古汉语研究》1999 年第 1 期。

张谊生：《论与汉语副词相关的虚化机制——兼论现代汉语的性质、分类与范围》，《中国语文》2000b 年第 1 期。

张谊生：《评注性副词功能琐议》，《语法研究和探索》（十），商务印书馆 2000a 年版。

张谊生：《试论叠加、强化的方式、类型与后果》，《中国语文》2012 年第 2 期。

张谊生：《试论主观量标记“没”“不”“好”》，《中国语文》2006 年第 2 期。

张谊生：《现代汉语副词“白”“白白”》，《淮北煤炭师范学院学报》（社会科学版）1993 年第 1 期。

张谊生：《现代汉语副词分析》，上海三联书店 2010 年版。

张谊生：《现代汉语副词研究》，学林出版社 2000b 年版。

张谊生：《现代汉语预设否定副词的表义特征》，《世界汉语教学》1996 年第 2 期。

张谊生：《预设否定叠加的方式与类别、动因与作用》，《语言科学》2011 年第 5 期。

张谊生：《汉语否定的性质、特征与类别——兼论委婉式降格否定的作用与效果》，《汉语学习》2015 年第 1 期。

张谊生：《从否定小句到话语标记——否定功能元语化与羡余化的动因探讨》，《语言研究集刊》（第十二辑）2014 年。

张谊生：《与汉语虚词相关的语法化现象研究》，学林出版社 2017 年版。

张尹琼：《疑问代词的非疑问用法——以“谁”“什么”为主要样本的探索》，博士学位论文，复旦大学，2005 年。

章礼霞：《元语否定复句结构式析因》，《中国矿业大学学报》（社会科学版）2006 年第 9 期。

赵宏：《预设与否定》，《修辞学习》2007年第3期。

赵旻燕：《汉韩“元语言否定标记”研究》，《解放军外国语学院学报》2010c年第5期。

赵旻燕：《汉语元语否定制约》，《华中科技大学学报》（社会科学版）2007年第6期。

赵旻燕：《元语言否定的认知语用研究》，博士学位论文，浙江大学，2010a年。

赵旻燕：《元语言否定歧义说商榷——对以“不”为否定载体的汉语元语言否定的考察》，《东北师大学报》2010b年第5期。

赵艳芳：《认知语言学概论》，上海外语教育出版社2001年版。

郑娟曼：《现代汉语习语性贬抑义构式研究》，中国社会科学出版社2015年版。

郑雷：《疑问代词的否定用法考察》，硕士学位论文，浙江师范大学，2007年。

郑亚南、黄齐东：《预设的认知语境研究》，《南京社会科学》2007年第10期。

周静：《汉语中无标记否定表达手段探微》，《商丘师范学院学报》2003年第1期。

周明强：《论“好不AP”“好AP”中的AP》，《汉语学习》1998年第1期。

朱岩、王红霞：《隐性否定的表达方式及其语用功能》，《海军工程大学学报》（综合版）2010年第4期。

朱德熙：《说“差一点”》，《中国语文》1959年第9期。

朱晓亚：《否定句研究概观》，《汉语学习》1992年第5期。

邹立志：《“好不A”诸现象的语义语用考察》，《世界汉语教学》2006年第3期。

Bache, Carl, “Constraining Conceptual Integration Theory: Level of Blending and Disintegration”, *Fournal of Pragmatics*, 2005 (37).

Bergs, Alexander & Gabriele Diewald, *Constructions and Language Change*, (Trends in Linguistics: Studies and Monographs 194), Berlin: Mouton de Gruyter, 2008.

Geurts, B. “The mechanisms of denial”, Language, 1998 (74).

Brinton, L.& E.C.Traugott, *Lexicalization and Language Change*, Cambridge: Cambridge University Press, 2005.

Carston, Robvn, "Metalinguistic Negation and Echoic Use", *Journal of Pragmatics*, 1996 (25).

Carston, Robvn, "Negation Presupposition and the Semantics Pragmatics Distinction", *Journal of Lingguistics*, 1998 (34).

Chapman, Siobhan, "Some Observations on Metalinguistic Negation", *Journal of Linguistics*, 1996, Vol.32.

Crismore, A., *Talking with Reader: Metadiscourse as Act*, New York: Peter Lang, 1989.

De Swart, Henriette, "Aspect Shift and Coercion", *Natural Language and Linguistic Theotry*, 1998 (16).

Ducrot, O., *La prevue et le dire* , Paris: Maison Mame, 1973.

Ducrot, O., *Dire et ne pas dire*, Paris: Herraann, 1972.

Fauconnier, G., *Mental Spaces: Aspects of Meaning Construction in Natural Language* , Cambridge, MA: The MIT Press, 1985.

Fauconnier, G., *Mapping in Thought and Language* , Cambridge: Cambridge University Press, 1997.

Fauconnier, G, & Turner, M., *The Way We Think: Conceptual Blending and the Mind's Hidden Complexities* , New York: Basic Books, 2002.

Fillmore, C. J., "Frames and the Semantics of Understanding" , *Quaderni Disemantica*, 1985 (6).

Flavell, J.H., *Speculations about the Nature and Development of Metacongnition*, *Metacongnition*, *Motivation and Understanding*, New Jersey: Lawrence Erlbaum Associates, 1990.

Fraser, B., "What are Discourse Markers", *Journal of Pragmatics*, Vol. 31, 1999 (7).

George Yule, *Pragmatics*, Oxford University Press, 1996.

Goldberg, Adele E., *Constructions at Work*, Oxford: Oxford University Press, 2006.

Goldberg, Adele E., *Constructions: A Construction Grammar Approach to Argument Structure*, Chicago: The University of Chicago Press, 1995.

Grice, H. P., "Logic and Conversation", in Cole, P. and J. Morgan (eds.), *Syntax and Semantics* vol. 3: *Speech Acts*, New York: Academic Press, 1975.

Heim, I., "Presupposition Projection and the Semantics of Attitude Verbs", *Journal of Semantics* , 1992 (9).

Heine, B., Claudi, U. & Hünnemeyer, F., *Grammaticalization: A Conceptual Framework*, Chicago: University of Chicago Press, 1991.

Horn, L.R., *A Natural History of Negation*, Chicago: University of Chicago Press, 1989.

Horn, L.R., "Metalinguistic Negation and Pragmatic Ambiguity", *Language*, 1985 (61).

Horn, L.R., "Pragmatic Theory", in Newmeyer, F.J. (ed.), *Linguistics: The Cambridge Survey*. Vol. Ⅱ.Cambridge: CUP, 1988.

Horn, L.R., "The Said and the Unsaid", *Paper on the* 2nd *Conference on Semantics and Linguistic Theory* (*Columbus*), 1992.

Hutchins, E., "Material Anchors for Conceptual Blends", *Fournal of Pragmatics*, 2005 (37).

Lakoff, G., *Women, fire, and Dangerous Things: What Categories Reveal about the Mind*, Chicago: The University of Chicago Press, 1987.

Langacker, R.W., *Foundations of Cognitive Grammar Vol.*2: *Descriptive Application*, Stanford: Stanford University Press, 1991.

Leech, G. "Principles of Pragmatics", London: Longman, 1983.

Levinson.*Pragmatics*, Cambridge: Cambridge University Press, 1983.

Lyons, J., *Semantics* (2 *vols*), Cambridge: Cambridge University Press, 1977.

Ochs, E. 8L Schieffelin, B. "Language Has a Heart", In Ochs, E. (ed.) The Pragmatics of Affect, special Issue of Text, Berlin and New York: Mouton de Gruyter, 1989.

Palmer, F.R., *Mood and Modality* (*2nd edition*), Cambridge: Cambridge University Press, 2001.

Schiffrin, D., *Discourse Markers*,Cambridge: Cambridge University Press, 1987.

Searle, J., "*Indirect Speech Acts*", in Cole, P.& Morgan, J.L. (eds.), *Syntax and Semantics* 3: *Speech Act*, New York: Academic Press, 1975.

Sperber, D. & Wilson, D., *Relevance*: *Communication and Cognition*, Oxford: Blackwell, 1986/1995.

Sperber, D.and Wilson, D., 蒋严译:《关联:交际与认知》, 中国社会科学出版社 2008 年版.

Stalnaker, R., "Pragmatics", *Synthese*, 1970 (22).

Stalnaker, R.C., "Pragmatic Presuppositions", in M. K. Munitz & P.K. Unger (eds.), *Semantics and Philosophy*, University Press, New York, 1974.

Sweetser, Eve, *From Etymology to Pragmatics*: *Metaphorical and Cultural Aspects of Semantic Structure*, Cambridge University Press, 1990.

Sypniewski, B. P., "Functional Superposition", The Twenty - Third LACUS Forum: provo. UT. http: //elvis. rowan. edu/~ bps/ling/Lacus96. pdf, 1996.

Traugott, E.C., "Why Most is not Mood", Paper presented at the Fourteenth International Conference on Historical Linguistics, Vancouver, Canada, August 1999.

Traugott, E.& Dasher, R., *Regularity in Semantic Change*, Cambridge: Cambridge University Press, 2002.

Traugott, E. C., "The Rhetoric of Counter _ Expectation in Semantic Change: A Study in Subjectification", in A.Blank & P.Koch (eds.), *Historical Semantics and Cognition*, Berlin and New York: Mouton de Gruyter, 1999.

Verschueren, *Understanding Pragmatics*, London: Edward Arnold, 1999.

Wilson, R.& Keil, F., *The MIT Encyclopedia of the Cognitive Science*, 上海外语教育出版社, 2000.

Williams, J.W. "Literary style: The Personal Voice", In Shopen 8L Williams (eds.) Style and Variables in English, Cambridge: Mass Winthrop, 1981.

后　记

本书是在我博士学位论文《现代汉语特殊否定现象认知研究》（2012）基础上修改而成的。在确定博士学位论文选题时和导师张谊生先生多次商榷，得到了老师的悉心指导。读博期间在导师的引导下对否定现象研究产生了兴趣；否定现象研究与哲学、逻辑学和语言学都密切相关，多学科的交叉性给研究带来了很大挑战，也迫使我在读博期间翻阅了大量的相关书籍，同时使得整个博士论文写作过程也学到了很多知识，整个论文的写作过程充满了凝思和纠结，在元语否定和间接否定（本书改为隐性否定）部分一直为是否表示否定而苦苦思索和论证；博士论文主要写了元语否定、预设否定、羡余否定、间接否定四部分内容，博士学位论文完成以后，我发现还有需要修正和完善之处，于是申请了教育部社科项目，并获得立项，本书《现代汉语语用否定研究》是教育部项目成果，在博士论文基础上主要做了以下几项补充。

第一，绪论部分增加了对否定性质的分类，对语义否定有关的否定标记词、否定范围、否定焦点、否定量级、双重否定以及肯定和否定的不对称现象等进行了详细述评，增加了对否定性话语标记的综述。因为前人对语义否定研究成果已经很多，所以我们没有展开深入研究只是对前人成果进行了述评。

第二，把第四篇间接否定修改成了隐性否定，因为通过对非规约性隐性否定和情态动词隐性否定功能研究，发现隐性否定一词更适合本篇内容，因为这类否定现象的否定义都是隐含在话语背后的，其否定义的形成和理解都需要语用推理和语境；本部分增加了“情态动词的隐性否定功能”的研究，扩大了隐性否定的研究范围。把话语标记“要不”一章归入了否定性话语标记章节。

第三，扩大了语用否定的研究范围，把否定性话语标记归入了语用否定的研究范围，因为话语标记在语句中不表达语义真值，只起到对话语的调节和监控作用，主要起到语用功能，否定性话语标记也没有否定语义的真值，所以属于语用否定的范畴。

我从2009年开始关注否定现象的研究，在《语言教学与研究》《外语学刊》《汉语学习》《社会科学家》《语言研究集刊》《励耘语言学学刊》等刊物发表与否定相关的论文近二十余篇，希望通过认知语言学与语用学相结合的方法为语用否定研究建立起宏观的理论框架，通过总论与个案相结合的方法对语用否定现象进行充分论证；这本书是我近几年所做工作的一个小结，由于能力有限只是做了专题研究，并非语用否定全面而系统的研究，所做的研究只是沧海一滴，也存在很多不足和争议之处，在今后的研究中我将进一步完善，希望该研究具有抛砖引玉之作用，为汉语否定系统研究奠定基础。

这本书的出版，首先感谢我的博士生导师张谊生先生，2009年很荣幸成为张老师的弟子，张老师研究视野开阔，语言功底扎实，授课生动活泼，他的课堂教学和课后指导开阔了我的研究思路，激发了我对语言学的更高热情。从毕业论文的选题、写作、修改、完稿、答辩直到书稿作序，每一个环节都凝聚了张老师的大量心血和汗水，张老师的敬业和负责精神，是我学习的榜样，也使我终身受益，张老师三年的言传身教，使我终生难忘，在此特向导师表示我最衷心的感谢！感谢我的大师兄宗守云先生，宗老师为人谦虚、热情、知识渊博，我每次向他请教问题，他都会给予热情指导和帮助；感谢王世凯先生帮助推荐出版社；感谢出版社任明先生为本书的辛苦付出；感谢家人多年的理解和支持，和无怨无悔地付出和奉献！在这里还要感谢我的一位恩师张旭先生，感谢您和师母多年在生活、学习和事业上的关心和帮助，在天津是您的相助才使我一路走到了今天，借此机会表示我衷心的感谢！

非常荣幸当年能进入上海师范大学浓厚的语言学氛围中学习，当年张斌先生年已九旬还为博士生授课，张先生一丝不苟的作风，严谨求实的治学态度；齐沪扬老师深邃敏锐的学术思想和幽默风趣；陈昌来老师渊博的学识和睿智幽默；吴为善老师渊博的理论知识和富有启发性的课堂教学；都给我留下了深刻的印象，他们的课使我受益匪浅，为我未来的教学和科研奠定了基础，谨此一并致谢。

我资质有限，但是永远不变的是对语言学那份执着与热爱，我会继续努力，以不断的成熟和进步回报所有关怀和帮助我的人。